ECP
Estrategia, cognición y poder

ALBERTO LEVY

DIRECTOR DE LA DIVISIÓN DE CONSULTORÍA
EN PLANEAMIENTO ESTRATÉGICO Y ALINEAMIENTO COMPETITIVO
DELOITTE LATIN AMERICA

ECP
Estrategia,
cognición
y poder

Cambio y alineamiento conceptual
en sistemas sociotécnicos complejos

GRANICA

ARGENTINA - ESPAÑA - MÉXICO - CHILE - URUGUAY

© 2007 *by* Ediciones Granica S.A.

ARGENTINA
Ediciones Granica S.A.
Lavalle 1634 3° G / C1048AAN Buenos Aires, Argentina
Tel.: +54 (11) 4374-1456 Fax: +54 (11) 4373-0669
granica.ar@granicaeditor.com
atencionaempresas@granicaeditor.com
MÉXICO
Ediciones Granica México S.A. de C.V.
Valle de Bravo N° 21 El Mirador Naucalpan - Edo. de Méx.
53050 Estado de México - México
Tel.: +52 (55) 5360-1010 Fax: +52 (55) 5360-1100
granica.mx@granicaeditor.com
URUGUAY
Ediciones Granica S.A.
Scoseria 2639 Bis
11300 Montevideo, Uruguay
Tel.: +59 (82) 712 4857 / +59 (82) 712 4858
granica.uy@granicaeditor.com
CHILE
granica.cl@granicaeditor.com
Tel.: +56 2 8107455
ESPAÑA
granica.es@granicaeditor.com
Tel.: +34 (93) 635 4120

www.granicaeditor.com

Levy, Alberto
    ECP estrategia, cognición y poder : cambio y alineamiento conceptual en sistemas sociotécnicos complejos - 1a ed. - Buenos Aires : Granica, 2007.
    320 p. ; 22x15 cm.

    ISBN 978-950-641-502-0

    1. Sociología. 2. Comportamiento Organizacional. 3. Estrategias. I. Título
    CDD 338.7

B´H

A Rafael Levy, Z´L, mi padre.
Que para siempre su memoria
sea el modelo a imitar por mis hijos.

Falta tu estrella.

ÍNDICE

RECONOCIMIENTOS

Agradezco a Carlos Haehnel, *chairman* y *managing partner* de Deloitte Argentina y CEO de Deloitte LATCO, y a Alberto Allemand, director del Departamento de Consultoria de Deloitte LATCO que fueron quienes primero confiaron en mí y me ofrecieron sumarme a este viaje al incorporarme a Deloitte Latin America como director de Consultoría en Planeamiento, Cambio y Alineamiento Estratégico. Juntos tuvimos la oportunidad de mantener largas charlas sobre los temas de este trabajo.

Mi agradecimiento a Miguel Maxwell, Carlos Iannucci y Miguel Arrigoni, miembros del Comité Ejecutivo de LATCO.

A mi gran amigo Santiago Lazzati, también director de Deloitte, con quien hemos comprobado que es posible desarrollar conocimiento válido y aplicable en el día a día, y que su empleo cotidiano en las organizaciones es una excelente oportunidad para ello.

Mi reconocimiento a los colegas argentinos Alejandro Adem, Fermín Del Valle, Fabián Djurinsky, Sebastián Domínguez Dib, Claudio Fiorillo, Fabiana Gadow, Armando Guibert, René Hardy, Gustavo Hinz, Alejandro Jaceniuk, Alberto Laurnagaray, Alberto López Carnabucci, Santiago Morgan, Leonardo Pena, Diego Pérez Santisteban, Constantino Torres, Alberto Tulosai, Daniel Vardé y Esteban Villar, casi todos ellos con responsabilidades en muchísimos países de América Latina. Y mis colegas en el exterior: Pedro Correa y Domingo Latorraca, de Panamá; Alfonso Lema y Roberto De Luca, de Uruguay; Daniel Laniado, de México; Ignacio Tena, de España; Vicente Picarelli, de Brasil; Rafael Muñoz y Roberto Estrada, de Ecuador; Oscar Darío Morales Rivera, Gonzalo Arias, Andrés Espinosa y Jesús Salcedo, de Colombia; Carlos Brown, de Venezuela, y Federico Chavarria, de Costa Rica.

A Alberto Terol, managing director de LACRO, Latin American and Caribean Region Organization, y a Luis Toro, director tegional de Consultoria de LACRO.

En los temas de cambio y alineamiento, agradezco a María Teresa Garzón y a Marcela Montenegro, de Deloitte Colombia, la riquísima interacción que me permitió explorar y desarrollar conceptos y modelos sobre la transformación de sistemas sociotécnicos complejos.

Quiero agradecer también a Carola Bedouret, Luis Gómez Centurión, Paula Macedo, miembros del equipo que ingresó conmigo a Deloitte después de haber trabajado juntos en muchos desafíos en América Latina. A Bárbara Federico y a mi secretaria Mariana "Chispita" Taramasco.

Mi agradecimiento al ingeniero Juan M. Segura, al general Julio Hang, al doctor Jorge Del Águila, al doctor Alejandro Cardoso y a todo el cuerpo docente del área de Estrategia de la Universidad Argentina de la Empresa, por su invalorable interés y aporte en la organización de la Deloitte Academy of Strategy.

Mi reconocimiento a Alberto Ibáñez, de la Escuela de Negocios de Navarra, quien me ha honrado con el nombramiento de profesor en el Master Internacional en Business Administration que dictamos juntos en la maravillosa Pamplona.

Mi agradecimiento a mi querido amigo Itamar Rogovsky, director general del Institute for Organizational Developement de Israel.

Al comodoro Ricardo Vivardo, subdirector de la Escuela de Guerra Aérea de la Fuerza Aérea Argentina; al general Juan Manuel Durante, director de la Escuela de Guerra Conjunta de las Fuerzas Armadas; al general Aníbal Laiño, director de la Escuela de Defensa Nacional; al contralmirante Guillermo Delamer, investigador del Centro de Estudios Estratégicos de la Armada Argentina, y a mis colegas de la Academia de Estrategia.

Mi gran agradecimiento a Punit Renjen, responsable global de Strategy and Operations por su gran apoyo en la reunión de socios de Consultoria en Estrategia de Los Ángeles, en noviembre de 2006.

A Juanita Brown, fundadora, inspiradora y líder de *The World Café Community* por sus aportes científicos, sociales y humanos para la construcción de un mundo mejor.

A mi querido amigo, el coronel Justino Bertotto, director de la Maestría en Estrategia y Geopolítica de la Escuela Superior de Guerra del Ejército Argentino, con quien seguimos estudiando, investigando y enseñando todos los temas relacionados con los sistemas sociotécnicos complejos.

A Adriana Roldán, quien ha sido para mí la diferencia entre que este libro exista o no. Hubiera sido absolutamente imposible hacerlo realidad sin su constante ayuda, no sólo desde el punto de vista editorial, como inicialmente su colaboración había sido pensada, sino –y sobre todo– por el sustento académico transdisciplinario que me proporcionó. Espero tener el honor de enseñar juntos los modelos teóricos y las metodologías de ejecución en que se fundan.

Albert Einstein ha expresado mi sentimiento cuando dijo; "Todos los días me recuerdo a mi mismo que mi vida interna y externa están basadas en el esfuerzo de otros, vivos y muertos, y que debo esforzarme para dar en la misma medida que he recibido y que sigo recibiendo".

Hasta hace poco, todos los prólogos de mis libros los terminaba con el siguiente párrafo: *"Cualesquiera que sean los logros de un hombre, ellos serán incuestionablemente el producto de gente afectuosa que alimentó sus aspiraciones. Aquellos que a uno le brindan estima, que lo alientan en momentos de confusión y desánimo, que lo apuntalan hacia el futuro por su expresada fe en sus capacidades, son, seguramente, los agentes de su desarrollo. Muchos han hecho esto por mí. Algunos, como mis padres, mi mujer y mis hijos, han sido verdaderamente excepcionales aliados."*

Desgraciadamente, este es el primer libro en el que ya no cuento con uno de los respaldos más importantes de mi vida. Me he quedado sin Rafael Levy, mi padre. He perdido a mi héroe. Por eso hoy, más que nunca, sigo trabajando para ser digno de sus enseñanzas.

Avi Levy
Buenos Aires, abril de 2007

LOS CAMINOS DE LA BÚSQUEDA COLECTIVA

Estrategia, cognición y poder es el título de este libro. Poner a la cognición entre la estrategia y el poder es un valiente acto de libertad intelectual por parte de Alberto *Avi* Levy. Demasiado frecuentemente, en la teoría y en la práctica, la estrategia es usada como un principio explicativo que a su vez no necesita ser explicado. "*Tal cosa se hace o se hizo o se hará porque es una estrategia de la organización*", lo cual significa también "*no se debe preguntar por qué*", es lo que el "Poder" (que a su vez significa "*no preguntes quién*") ha decidido. La estrategia como motor inmóvil, como explicación no susceptible de ser explicada es una forma de evitar el aprendizaje organizativo como cualquier otro.

Es instaurar, en algún lugar de la organización, un supuesto de racionalidad ilimitada que desafía todo lo que hemos aprendido sobre la realidad organizativa. En palabras de Avi: "*La arrogancia determinista se niega a reconocer, en función de los desarrollos científicos más modernos y potentes, que la mayoría de las cosas que suceden a nuestro alrededor son impredecibles.*"

Lo notable es que este veto a preguntar sobre las causas de la estrategia no solamente es para quienes están jerárquicamente subordinados a los estrategas. Suele regir para los estrategas mismos. "*Hacemos esto porque es nuestra estrategia*", suele ser la forma de evitar preguntarse por qué esa estrategia y no otra. Muchas veces apenas una forma de decir "*porque es en lo que nos pudimos poner de acuerdo*", cuestión de evitar el conflicto que a lo mejor nos hubiera permitido aprender algo más sobre nosotros mismos o sobre nuestra organización, esto es decir la evitación de toda metacognición.

Decir como dice Levy que desde el punto de vista epistemológico, toda estrategia es una teoría, es decir que es provisoria y que debe ser sistemáticamente desafiada para poder verificarla. Esto significa que contra los supuestos comunes, la estrategia no agota la actividad inteligente de la organización sino que la inicia. Y si no la inicia, en vez de una estrategia es un cepo para evitar cualquier aprendizaje.

Para poder ver la estrategia de esta forma, que es en sí misma una forma de ver la organización, también es necesario concebir el conocimiento de alguna manera que no sea una foto estática de la realidad. Para hacer un paralelo sensorial, el conocimiento de la complejidad se parece más al que nos da el tacto, tocando un objeto con las manos, o el gusto, moviendo un sabor dentro de la boca que a la imagen aparentemente terminada que nos da la visión. El conocimiento es una trabajosa construcción provisoria y nunca un modelo terminado. Como diría Piaget, a quien Avi cita, no es una representación de lo real sino una construcción que permite al individuo adaptarse al entorno. Si no hay una verificación continua de esa adaptación, el conocimiento puede ser no mucho mas que una ilusión compartida.

En cualquier caso, ya sea ilusión o conocimiento deberá ser más o menos compartido. La década del 90 fue llamada la de la *revolución cognitiva*, pero el grueso de los libros de administración, aunque este sea una excepción, intenta explicar la cognición de a un solo cerebro por vez. El conocimiento, ya se sabe, aunque los libros de administración y de educación no se den por enterados, es principalmente social, ya que el conocimiento individual, y aun la identidad personal, se adquiere de otras personas y se comparte con ellas. El conocimiento depende de conceptos y creencias construidos por otros.

Bloquear los caminos de la búsqueda colectiva es bloquear la implementación de cualquier estrategia, no es solamente impedir cuestionar lo que hicieron los otros, es impedir ponerlo en práctica, porque la puesta en práctica es una acción inteligente que siempre modifica al modelo original del cual se parte. Esa complejidad, que muestra al conocimiento como un producto del sistema y no solamente como su insumo es lo que vigorosamente captura el modelo PENTA.

El modelo PENTA es un salto de la teoría al diagnóstico y a la intervención. Ese salto que resultaría extraño en cualquier otro contexto, no lo debería ser en el de este libro que comienza precisamente planteando la estrategia como una teoría que debe ser verificada. Es menester identificar, describir y tipificar los modelos mentales presentes en cada miembro de un sistema socio técnico complejo y establecer los vínculos que van entrelazando y constituyendo entre sí la trama del sistema mismo.

La sencillez con que el PENTA presenta los componentes del sistema facilita la revisión y la construcción de los modelos mentales compartidos que sirven a la organización de la acción de cambio y de alineamiento conceptual en sistemas sociotécnicos complejos, que es el subtítulo preciso de este libro.

Florencio Escardó solía decir que el prólogo de lo un libro es lo que se imprime primero, se escribe último y no se lee nunca. Si usted lector, ha sido una excepción y ha leído este prólogo, no lo demoro más y lo invito a transitar el texto mismo.

Ernesto Gore

Director del Departamento Académico de Administración
Universidad de San Andrés - Buenos Aires
Director de la colección Management de Ediciones Granica

DEJANDO HUELLA

Durante toda esta década, una buena parte del debate empresarial se ha centrado en la cuestión de la estrategia y la competitividad. Pero buena parte de los enfoques que han sido presentados no siempre están acompañados por el rigor científico necesario para alcanzar el objetivo buscado.

El libro que el lector tiene en este momento en sus manos, *Estrategia, cognición y poder* del Dr. Alberto Levy, presenta de manera rigurosa las claves para desentrañar lo que el autor denomina *Sistemas sociotécnicos complejos (SSTCs)*, nombre que define, mejor que "organizaciones", la realidad y su carácter de sistema finalista.

El Dr. Levy aporta en este libro una visión distinta de la realidad empresarial con una perspectiva sistémica y cognitiva. Integra el valor añadido de su formación y experiencia en psicología organizacional en el diseño y desarrollo organizacional, la estrategia competitiva y la planificación estratégica. Por ello, en su pensamiento, estrategia y cultura se unen e interactúan. El resultado de esta fusión es el modelo PENTA, una herramienta de diagnóstico e intervención. El objetivo fundamental de un director general no consiste sólo en analizar la situación actual, generar una situación futura y desarrollar las acciones necesarias para pasar de una a la otra. No basta con anticiparse al futuro como un mero espectador derrotista y acomodarse a él: es preciso ser capaz de diseñar ese futuro, de actuar en él, de generarlo. Y eso se consigue accionando en la estrategia y en la cultura de la organización.

El modelo PENTA permite definir la situación actual, detectar y describir los modelos mentales y la cultura empresarial de los agentes implicados. Asimismo, proporciona las herramientas necesarias para provocar los procesos necesarios y adelantar el futuro, promoverlo y alcanzar la posición óptima respecto de él.

El papel que en todo ello juega el liderazgo es fundamental. Si el modelo PENTA aporta la practicidad de la actuación, el sistema, el modelo de liderazgo del Dr. Levy impacta de lleno en las personas, verdaderos agentes del cambio. No basta para el liderazgo de las organizaciones el establecimiento de estrategias que generen el futuro: el futuro se genera con las personas, no sin ellas y nunca a pesar de ellas. El líder de verdad mueve al compromiso total de las personas, cognitivo y emocional, principalmente con su ejemplo de acción y como persona. Y será a través de este impacto en la(s) cultura(s) de la organización como se obtiene su éxito. Puede decirse que la cultura es el camino de la estrategia.

Todo ello es presentado por el Dr. Levy envuelto de una enorme sencillez conceptual –propia de la impronta docente del Dr. Levy, y su calidad humana personal- que facilita su asimilación por parte del lector.

En efecto, el Dr. Levy transmite en este libro los conceptos clave del proceso del cambio en las organizaciones, mejor SSTCs, con la misma excelencia didáctica que demuestra en su labor como profesor. En Foro Europeo, Escuela de Negocios de Navarra, tenemos el privilegio de contar con el Dr. Levy como profesor emérito y, año tras año, sus ponencias y seminarios sobre alineamiento estratégico y competitividad dentro del Master Internacional en Dirección de Empresas son valorados como auténticos rayos de luz que, por su rigor, didáctica e implicación personal, dejan huella en todos y cada uno de los participantes.

Si en el aspecto profesional el Dr. Levy representa el máximo exponente del rigor investigativo, del conocimiento de sistemas y gestión de las palancas de cambio para la consecución de los objetivos de las organizaciones, en el apartado personal supera todas las expectativas, siendo una persona entrañable y tremendamente humana, cuya sinceridad y total entrega, hacen sentir el orgullo de poder llamarlo amigo. Gracias, Alberto por todo ello. Y por la pasión que pones en todo lo que haces. Enhorabuena.

José Ramón Lacosta
Presidente de FORO EUROPEO,
Escuela de Negocios de Navarra

PARA REPENSAR Y DAR RESPUESTA

En nuestro muy incierto y altamente complejo mundo actual, la sociedad y sus organizaciones requieren el desarrollo de un amplio espectro cultural fluido y flexible, útil para orientarse en los vendavales con los que deben enfrentarse y con los problemas casi imposibles de conocer antes que ocurran.

Se hace cada vez más necesario crear una atmósfera en la que la gente en general y los miembros de las organizaciones en particular, a todos los niveles, estén preparados no solamente para responder a las vicisitudes en forma rápida sino para reorientar el curso de los acontecimientos.

En este sentido, cuatro son los componentes necesarios para crear e internalizar un paradigma proactivo que permita repensar y dar respuesta a las nuevas situaciones creadas.

En primer lugar, teorizar sobre los fundamentos cognitivos, emocionales y volitivos de la conducta humana a partir de la experiencia de las nuevas situaciones, efectuando una revisión critica de las bases sobre las que se sustentan las teorías actuales.

En segundo lugar, teorizar sobre los fundamentos sistémicos de las organizaciones, practicando una revisión crítica de la teoría organizacional, que considere las nuevas circunstancias.

En tercer lugar, conjugar la teoría y la práctica de tal modo que, unidas a la investigación, configuren una identidad dinámica.

Finalmente, en cuarto lugar la creación de métodos que hagan esto posible.

El trabajo del Dr. Alberto Levy es en nuestra opinión un destacado hito en esta dirección. Para los estudiosos y profesionales del desarrollo social y organizativo, su aporte es una significativa contribución y fuente de consulta e intercambio de ideas y experiencias. Especialmente para los que, al igual que nosotros, se encuentran empeñados en la construcción de una sociedad donde impere el desarrollo sostenible a través de renovados procesos organizacionales e institucionales.

Intentamos materializarlo cotidianamente en el ejercicio de nuestra profesión en la universidad y en el desarrollo del Neguev, no sólo como un proyecto tecnológico avanzado, sino especialmente en la cristalización de un nuevo concepto y prácticas innovadoras.

Profesora Beatriz Priel
Departamento de Ciencias de la Conducta
Universidad Ben Gurion en el Negev,
Beer Sheva, Israel

INTRODUCCIÓN

"If we have to have precise definitions of complex problems before we can proceed, and if in order to obtain such precise definitions we need to base them on the adoption of a single scientific discipline or profession, then precision and clarity may lead us deeper into deception and not rescue us from it. By selecting a single scientific discipline or profession, we cut off innumerable other pathways that we could have chosen to explore the nature of our problem. In this sense, precision and clarity are too high a price to pay for reaching solutions to our problems."

Ian Mitroff y Harold Linstone

Hace ya muchos años –realmente muchos– acepté una invitación sin saber que sería tan extraordinariamente desafiante como para convertirse en el norte de mi preocupación profesional, intelectual y, principalmente, personal. Aquella invitación decía: "Hagamos una suposición acerca de la naturaleza de las cosas, a saber, que los posibles resultados opuestos que un hombre imagine respecto de un acto que él pueda ejecutar no se pueden enumerar a partir de un conocimiento, por completo que sea, de lo que es y de lo que ha sido. De aquí se deducen, entre otras, dos cosas. La decisión, mediante la cual un hombre identifica y elige aquel de sus posibles actos que promete o sugiere el resultado que más desea, no es una mera respuesta a las circunstancias, y contiene un elemento al que podemos llamar inspiración, que introduce una novedad esencial en la secuencia histórica de las situaciones. La decisión se convierte así en el centro de una incesante creación de historia, y adquiere el significado que le dan la intuición y una actitud activa ante la vida, en lugar de ser, como suponen quienes tratan de hacer un cálculo secuencial de la conducta humana, un pasivo eslabón en cadenas de sucesos inevitables. En segundo lugar, al analizar la decisión, el empleo de una variable de incertidumbre distributiva, es decir, la probabilidad, resulta en principio inadecuado, y ha de dar paso al de una variable de incertidumbre no distributiva, como la posibilidad, entendida como una variable diferenciable de alguna manera en grados; por ejemplo, identificándola con sorpresa potencial" (Shackle, 1966, p. 11).

El desafío había quedado planteado. Libertad, inspiración, comprensión del mundo, fijación de propósitos, voluntad y poder para alcanzarlos. La decisión como "centro de una incesante creación de historia". El reto era concreto, aunque nada sencillo: abandonar cualquier determinismo y aceptar la complejidad y la incertidumbre como los puntos de partida de toda decisión. Este es el guante que recogí y que guió mi derrotero intelectual y personal.

Las ideas que tienen un arraigo superficial pueden cambiarse fácilmente, pero no ocurre lo mismo con las que nos exigen reorganizar nuestra imagen del mundo. Por el contrario, estas despiertan hostilidad. No obstante, desde hace mucho tiempo, escuchamos hablar cotidianamente de cambios profundos, significativos, velocísimos y amplios, es decir, de cambios que exigen transformar nuestra imagen del mundo. Pero la frecuencia con que se pronuncian esas palabras hace que ya no nos conmuevan, que carezcan de verdadero significado y que hayan pasado a engrosar el nutrido conjunto de clichés con que nos sentimos seguros y confiados en nuestra vida diaria. Para las organizaciones humanas, en particular, ese nuevo cliché se ha convertido en la amenaza más peligrosa, incluso fatal, porque una vez vaciado de sentido, el cambio ya no les preocupa ni inquieta, cuando –en verdad– debería estremecerlas.

Las fuerzas del cambio actúan como avalanchas que pueden destruir a las organizaciones y a sus líderes. Sin embargo, los mapas conceptuales con que tratamos de comprenderlas y enfrentarlas están profundamente impregnados de determinismo y reduccionismo. Los desarrollos en torno a la estrategia, su formulación y ejecución no han escapado de esa influencia sino que, por el contrario, han intentado resolverse mediante abordajes analíticos y mecanicistas, preocupados por la modificación de las partes e incapaces de alentarnos a percibir totalidades complejas.

En consonancia con el cambio de paradigma que hoy atraviesan las ciencias, el dominio de la estrategia y del comportamiento organizacional comienza a incorporar el desorden, lo discontinuo y lo impredecible como coordenadas de sus desarrollos conceptuales. Debido a que las organizaciones humanas comienzan a interpretarse como *sistemas adaptativos*, que responden a una dinámica no lineal y se encuentran en constante interacción con su entorno, tienden ahora a ser abordadas como procesos caracterizados por un perpetuo "estar haciéndose". Así, a diferencia del procedimiento analítico, el enfoque sistémico de la organización-proceso postula que sólo es posible comprenderla *en* la dinámica compleja que despliega con su entorno, y que es preciso enfocarse en el todo e integrar las partes para entenderlas *por* su vinculación con las demás.

Convertir a la complejidad en un aspecto central del fenómeno implica ampliar el foco tradicional –puesto en la organización, sus competidores y el mercado al que sirve– e incluir al *cluster* en que se inserta la organización, lo que impone identificar:

- los distribuidores, el mercado, los competidores y los consumidores o destinatarios finales de la oferta de la organización;
- los proveedores de todos los insumos necesarios para el funcionamiento de la organización, desde las materias primas y las tecnologías, hasta los servicios financieros y de control del riesgo;
- las instituciones vinculadas a la actividad, ya sean estatales o mixtas; y
- las instituciones y las organizaciones privadas de soporte.

El *cluster* como marco de inserción e interpretación de la organización no sólo se aplica al diseño estratégico de las empresas. El *cluster* debe contemplarse también como un aspecto clave del proceso de *estrategización* de las organizaciones gubernamentales, no gubernamentales, de bien público, políticas, etcétera. En todos los casos, es preciso siempre considerar el macrosistema en que la organización está inserta.

Dado que la viabilidad de una organización está fuertemente conectada con el comportamiento que decida desarrollar cada uno de los muchos actores que intervienen en el *cluster*, y que dicho comportamiento es en la mayoría de los casos imprevisible, es necesario que las organizaciones acepten como norma al (ya demasiado manoseado) cambio revolucionario y que entiendan que el riesgo del equilibrio es mucho más peligroso que el caos estratégicamente comprendido y respetado.

La arrogancia determinista se niega a reconocer, en función de los desarrollos científicos más modernos y potentes, que la mayoría de las cosas que suceden a nuestro alrededor son imprevisibles. Que sabemos muy poco. Sin embargo, admitir que debemos convivir con el caos es un factor crítico de éxito y supervivencia, mucho más eficiente y efectivo que lamentarse por no poder vivir en un mundo más previsible pero –por eso mismo– gravemente distorsionado.

Nuestro objetivo en este libro es cubrir una brecha de muy antigua data en las ciencias humanas, proveyendo una teoría descriptiva de amplio espectro sobre cómo los seres humanos enfrentan los conflictos decisorios. Con este propósito, hemos intentado integrar los resultados de las investigaciones realizadas por una gran variedad de ciencias cognitivas, por el dominio de la estrategia y por las disciplinas y teorías que abordan la decisión humana, individual o grupal, desde los ángulos de la sociología, la teoría de la comunicación, la teoría general de sistemas, el cambio actitudinal, el compromiso, la dinámica de grupos, la biología y el poder. Particularmente, apuntamos a construir una noción de desarrollo sustentada en la diferenciación y en el contraste, no en la reproducción de similitudes, porque creemos que esto permite a las personas, así como a las organizaciones que integran, interpretar el mundo a la luz de sus propios motivos y participar en la creación de significados compartidos.

Este libro es sobre aprendizaje, es decir, sobre cambio. Ha sido pensado como una invitación a la construcción de una síntesis conceptual, capaz de cabalgar la complejidad y de permitir al lector elaborar conjuntos de conocimientos más abarcadores. Esperamos que la obra no sólo estimule un pensamiento crítico y novedoso, sino también el desarrollo de nuevas investigaciones sistemáticas sobre los problemas en torno a cómo y por qué la gente fracasa al poner en juego sus recursos cognitivos a la hora de enfrentar el conflicto en la toma de decisiones.

Nuestro libro no se propone enseñar una estrategia, pues eso equivaldría a intentar establecer una receta universal acerca de cuál es el propósito básico "correcto" que toda persona u organización debe perseguir. Pretender que alguien pudiera realizar semejante prescripción no sólo sería ingenuo: constituiría una falta de respeto, una negación de su capacidad de convertirse en *centro de una incesante creación de historia*. El reconocimiento de la libertad y de la capacidad creadora de todos los seres humanos es uno de los valores trascendentes de nuestra visión y de nuestras aspiraciones. Lo que buscamos es explicar cuáles son las posibilidades de un *poderoso pensamiento estratégico* a través del cambio representacional.

El desafío actual consiste en entender e incorporar el cambio. Como señala Itamar Rogovosky, "se trata de un cambio filosófico y psicológico, de un cambio de las categorías con que pensamos la realidad y un reencuentro de la organización consigo misma, de las personas en interacción consigo mismas, interpretando y dando sentido a sus acciones en las nuevas circunstancias. [Porque] más que una nueva arquitectura de la organización, deberemos crear la química de la organización, cuidando que no se convierta en alquimia". Esperamos que este libro signifique una contribución útil a este proceso.

CAPÍTULO 1

LOS SISTEMAS SOCIOTÉCNICOS COMPLEJOS Y LA ESTRATEGIA

*The present is the future
in its most creative state.*

T. Irene Sanders

¿Qué es una organización? Para Russell Ackoff (1960) es un sistema capaz de autocontrolarse –por lo menos, parcialmente– que posee ciertas características esenciales:

- algunos de sus integrantes son animales;
- la responsabilidad por lo que se elige –a partir de un conjunto de actos posibles respecto de una situación específica– se distribuye entre dos o más individuos o grupos de individuos;
- los subgrupos del sistema, definidos por áreas funcionales, conocen la conducta de los demás por medio de la comunicación o la observación; y
- el sistema goza de cierta libertad de elección respecto de los fines a perseguir y los medios a emplear.

Así, la definición de organización se ofrece como el denominador común de las empresas, las organizaciones no gubernamentales (ONGs), los gobiernos y los *clusters*, entre otros. El concepto de Ackoff se inscribe dentro de la teoría general de sistemas, que busca identificar sus propiedades, principios y leyes distintivos.

1.1. Los sistemas sociotécnicos complejos

La teoría general de sistemas (TGS) nació en la década de 1950. Los desarrollos fundacionales fueron realizados por Ludwig von Bertalanffy, un biólogo preocupado por las limitaciones que el enfoque analítico cartesiano y el mecanicismo de Newton imponían tanto a las ciencias naturales como sociales. Así, "[...] el principio clave en que se basa la TGS es la noción de totalidad orgánica, mientras que el paradigma anterior estaba fundado en una imagen inorgánica del mundo" (Arnold y Osorio, 1998, p. 1).

La TGS se propone establecer cuáles son los isomorfismos entre los modelos que las diversas disciplinas construyen para estudiar sus objetos. Por esta razón, sus aportes conceptuales y epistemológicos no sólo han sido capitalizados por diversas ciencias (desde la biología hasta la politología), sino que también han permitido el desarrollo sistemático del trabajo interdisciplinario, en especial, en el campo de las ciencias cognitivas.

Un sistema es un complejo de elementos en interacción ordenada. "Siempre que se habla de sistemas se tiene en vista una totalidad cuyas propiedades no son atribuibles a la simple adición de las propiedades de sus partes o componentes. (...) se identifican los sistemas como conjuntos de elementos que guardan estrechas relaciones entre sí, que mantienen al sistema directa o indirectamente unido de modo más o menos estable y cuyo comportamiento global persigue, normalmente, algún tipo de objetivo" (Arnold y Osorio, p. 2). Un sistema es, por ejemplo, un átomo, una célula, un cerebro, un grupo de seres humanos, una galaxia o un *cluster* de galaxias.

La TGS permite abordar el estudio de los sistemas desde dos puntos de vista. Por una parte, aquel que se concentra en las interrelaciones de sus componentes. Por otra, la que investiga los procesos de frontera, es decir, los que se verifican entre el sistema y su entorno o ambiente. Ambas perspectivas, que se vinculan de manera sistémica, serán retomadas una y otra vez a lo largo de este libro.

Según mantengan o no intercambio con el medio, puede diferenciarse entre sistemas abiertos y cerrados. Ludwig von Bertalanffy (1950) distingue unos de otros del siguiente modo.

De acuerdo con la segunda ley de la termodinámica[1], los sistemas cerrados deben alcanzar un estado de equilibrio, en el cual el sistema permanece constante en el tiempo y los procesos se detienen. Los sistemas abiertos, en cambio, pueden alcanzar un estado estable (*steady state*), aunque, dado que los procesos de intercambio con el medio continúan, nunca entran en reposo por completo.

El estado de equilibrio de los sistemas cerrados depende de las condiciones iniciales. En cambio, los sistemas abiertos pueden alcanzar un mismo estado final a partir de condiciones iniciales diversas y habiendo seguido caminos distintos. Esta propiedad de los sistemas abiertos se denomina equifinalidad.

Mientras que los sistemas cerrados tienden a estados de máxima entropía (estados de probabilidad y desorden crecientes), los sistemas abiertos despliegan procesos

---

[1] "La segunda ley de la termodinámica da una definición precisa de una propiedad llamada entropía. La entropía se puede considerar como una medida de lo próximo o no que se halla un sistema al equilibrio; también se puede considerar como una medida del desorden (espacial y térmico) del sistema. La segunda ley afirma que la entropía, o sea, el desorden, de un sistema aislado [cerrado] nunca puede decrecer. Por tanto, cuando un sistema aislado alcanza una configuración de máxima entropía, ya no puede experimentar cambios: ha alcanzado el equilibrio" (*Enciclopedia Encarta*, 2006).

antientrópicos, que apuntan al establecimiento de un orden, diferenciación y organización superiores.

Un sistema no es un agregado de elementos sino una totalidad, cuyos componentes y atributos sólo pueden interpretarse y comprenderse en función del conjunto. La distinción entre sistemas abiertos y cerrados introducida por von Bertalanffy permitió avanzar en la investigación de los fenómenos físicos, biológicos y sociales (Berthier, 2001). En esta línea, Katz y Kahn (1969) afirman que, en tanto sistemas abiertos, las organizaciones humanas no sólo importan energía (*inputs*) desde sus entornos para transformarla –por medio de un proceso característico del sistema– en productos (*outputs*) que luego exportan al entorno. Desarrollan, además, entropía negativa mediante la promoción de un mayor ordenamiento interno.

Conviene señalar que la expresión "energía importada desde el entorno" debe entenderse en sentido amplio. Refiere a todo aquello que el sistema toma para convertirlo –mediante alguna clase de trabajo– en un producto. Así, según el caso, la noción de energía puede traducirse en materias primas, información, conocimientos científicos o tecnológicos, demandas del mercado, etcétera.

El funcionamiento de los sistemas abiertos no se reduce a una reproducción continua del circuito "recursos → procesos → productos". Una vez generado el primer *output*, el ciclo se reinicia tomando como *inputs* no sólo la energía que provee el entorno sino también las señales acerca de la estructura del ambiente y el modo en que el sistema está funcionando respecto de este. La retroalimentación (*feedback*) "[...] puede ser negativa (cuando prima el control) o positiva (cuando prima la amplificación de las desviaciones). Mediante los mecanismos de retroalimentación, los sistemas regulan sus comportamientos de acuerdo con sus efectos reales y no con programas de *outputs* fijos. En los sistemas complejos están combinados ambos tipos de corrientes (circularidad, homeostasis)" (Arnold y Osorio, pp. 8-9).

La retroalimentación descansa sobre un mecanismo selectivo, ya que los sistemas no pueden tomar cualquier clase de *inputs* sino sólo aquellos para los que están preparados (por ejemplo, el cuerpo humano sólo puede metabolizar algunas sustancias). La noción de codificación resume los mecanismos selectivos del sistema que determinan si ciertos *inputs* serán rechazados, o aceptados y trabajados por la estructura. Gracias al proceso de codificación, el sistema reduce la variedad y multiplicidad del mundo a unas pocas categorías significativas y simplificadas. La naturaleza de las funciones, los trabajos o las actividades realizados por el sistema determina cuáles son sus mecanismos de codificación y perpetúa el funcionamiento (Katz y Kahn, p. 96). Por lo tanto, para que se verifique la retroalimentación no sólo se necesita un *input* sino también una disposición inherente al sistema que habilite su procesamiento.

Como ya se ha señalado, los sistemas abiertos intentan alcanzar un *steady state*, un estado en que el comercio entre el sistema y su medio, así como las relaciones entre las partes, se mantienen estables. La aproximación a un estado estable exige al sistema autorregular sus funciones en consonancia con las alteraciones del entorno mediante el *feedback*, a fin de preservar su misión esencial. Un ejemplo elemental de este proceso es la alteración de los ritmos de producción de acuerdo con la estacionalidad de la demanda: el procedimiento no busca otra cosa que mantener una tasa de ganancia más o menos constante.

La autorregulación se enlaza también con los procesos de diferenciación, mecanismo que favorece tanto la supervivencia como el crecimiento del sistema. A través de la especialización, el sistema se torna capaz de aprovechar mejor un mayor número y diversas clases de recursos. De este modo, los conceptos de retroalimentación, autorregulación y diferenciación contribuyen a explicar la equifinalidad.

La caracterización de los sistemas abiertos brindada hasta aquí puede aplicarse tanto a los seres vivos (plantas, animales, personas) como a las organizaciones creadas por el hombre. A continuación, nos centraremos en los atributos distintivos y definitorios de estas últimas.

Como cualquier sistema abierto, las organizaciones buscan alcanzar un estado estable en el intercambio con su entorno. Esta meta depende de factores internos y externos. Entre los primeros se cuentan la disponibilidad de recursos materiales y humanos (insumos, herramientas, personas interesadas en y capaces de llevar a cabo las tareas que el proceso exija, etcétera); y la habilidad para emplearlos y organizarlos de manera racional, predecible y eficiente para la consecución de los propósitos de la organización. Entre los factores externos, existe un amplio abanico de variables –más o menos independientes respecto del quehacer de la organización– que pueden impactar en la estabilidad del intercambio entre el sistema y su entorno (cambios tecnológicos, modificación de hábitos culturales, disminución de la mano de obra disponible, agotamiento de materias primas y demás).

Las organizaciones son sistemas abiertos en los que pueden identificarse aspectos sociales y técnicos, cuyas interacciones determinan el desempeño (Emery y Trist, 1960). El subsistema técnico incluye la maquinaria, los procesos, los procedimientos, y el espacio donde se ubican y desarrollan. El subsistema social comprende a las personas, las relaciones que establecen entre sí, los estilos de comportamiento, las actitudes, los hábitos y los valores. El subsistema social opera de acuerdo con una estructura formal e informal de poder y un sistema explícito de recompensas.

En el marco de sus estudios laborales en el Instituto Tavistock de Londres, Emery y Trist desarrollaron el concepto de sistema sociotécnico como modelo de análisis organizacional. Aunque la noción surgió de la investigación acerca de las condiciones de organización del trabajo en la industria, pronto se reveló apta para el análisis y la intervención en las organizaciones en general. El concepto de sistema sociotécnico fue elaborado para enfatizar la correlación recíproca entre hombres y máquinas, y para diseñar condiciones laborales –tanto técnicas como sociales– que permitieran integrar de manera armónica la producción y la atención de los aspectos humanos. Así, los autores buscaron entender la complejidad de las situaciones verdaderas en vez de analizarlas en aspectos artificialmente separados (Ropohl, 1999).

El vínculo entre el subsistema social y el subsistema técnico en el marco de las organizaciones ofrece la particularidad de no ser lineal. La organización (que, provisoriamente, podríamos llamar el "sistema abierto madre") no es el resultado de una simple adición de dos subsistemas (técnico y social), sino un emergente sistémico de la interacción entre esos subsistemas y el entorno. La vida cotidiana ofrece muchos ejemplos de esto. Una oficina pública (sistema abierto madre) no se torna *necesariamente* más eficiente sólo porque adquiere tecnología informática para sus procesos (subsistema técnico). Por el contrario, si el cambio no ha sido acompañado por acciones tendientes a la modificación de los hábitos del personal y a su capacitación (subsistema social), el trabajo puede verse entorpecido y los destinatarios (entorno) privados del servicio.

De manera intencional, hemos destacado la palabra "necesariamente". Las organizaciones son sistemas sociotécnicos complejos, ya que las relaciones entre sus elementos desarrollan una dinámica que no puede determinarse *a priori*. No es posible predecir, con certeza y al margen de la experiencia, el rumbo que seguirá la interacción entre cierta *clase* de sistema y el entorno.

Los sistemas difieren en su complejidad. El universo permite observar un proceso continuo de cambio por medio del cual sistemas nuevos, con diversas formas de organización, hacen su aparición a expensas de otros. Los sistemas evolucionan inexorablemente hacia nuevos niveles de orden u organización y, por lo tanto, de complejidad. Sin embargo, todos esos sistemas, más ordenados y organizados, se encuentran inmersos en un océano de sistemas desordenados y desorganizados, en una interacción indeterminable (Alonso, 1990).

En lo que sigue, hemos optado por emplear el concepto de sistema sociotécnico complejo (SSTC) en vez del término "organización", porque consideramos que refleja con mayor rigor el carácter sistémico de nuestro enfoque y recuerda el principio de equifinalidad, clave para el tratamiento de la estrategia. Más adelante profundizaremos en las implicancias ontológicas y epistemológicas de nuestra elección.

1.2. La estrategia: definición de propósitos en el marco de la incertidumbre

La estrategia orienta la actividad de los SSTCs estableciendo sus propósitos, la lógica dominante de los procesos de frontera entre el sistema y su entorno (cfr. *ut supra*). La creación de valor sostenible es el propósito fundamental y rector. En el caso de las empresas, se trata de valor económico; en el de las ONGs, de valor social; para los gobiernos, de valor público. El incremento continuo del valor puede considerarse como el fin estratégico por excelencia. Por eso, fijar la estrategia constituye el proceso de toma de decisiones más importante, porque implica definir el ser (misión) y el norte vital (visión).

Toda estrategia supone una situación de conflicto respecto de otros SSTCs, que compiten por la captura de un blanco u objetivo (*target*) situado en un teatro de operaciones (por ejemplo, un mercado). El resultado de esa lucha significa siempre el triunfo de un SSTC sobre otro (competidor, enemigo). Todo conflicto deviene indefectiblemente en la conquista de una posición sólo para una de las partes, incluso a pesar de los pactos que se hayan establecido o de las negociaciones realizadas. Cada vez que un SSTC decide avanzar sobre un blanco de su teatro de operaciones, acepta participar en un conflicto.

El rasgo distintivo de la decisión estratégica consiste en que se desarrolla en el marco de la incertidumbre, a partir de diversas informaciones que no admiten ser relacionadas de manera lineal ("si A, entonces B"). La estrategia no es la solución a un problema estructurado y limitado, sino más bien una respuesta posible a una pregunta que admite infinitas soluciones. Trazar la estrategia implica adoptar una decisión contando con datos igualmente creíbles, pero incompatibles entre sí. La ambigüedad es la característica esencial de este particular nivel de incertidumbre.

Quienes toman decisiones estratégicas trabajan sobre la base de posibilidades y supuestos, nunca de probabilidades. Lo que confiere verdadero carácter estratégico a la decisión es la imposibilidad de confiar en un análisis probabilístico. Cuando pueden ser estimadas las probabilidades de ocurrencia de distintos movimientos externos (ya sea por parte de los competidores, del enemigo, del público-objetivo o del escenario general), la incertidumbre se reduce y el SSTC puede recurrir al pronóstico estadístico, plataforma de las decisiones administrativas o tácticas, pero no de las estratégicas.

La decisión estratégica se adopta en un marco que no permite determinar –es decir, establecer con precisión– la totalidad de las variables que intervienen, sus valores e interrelaciones y, por lo tanto, resulta imposible comprender y establecer cabalmente cuál es el emergente sistémico. Esto nos devuelve a los contenidos conceptuales profundos de la teoría general de sistemas tratados en el parágrafo anterior. Si abordamos el análisis empleando como puntos de partida las definiciones de sistemas abiertos y de complejidad, debemos aceptar, en primer lugar, que ninguna decisión estratégica puede garantizar *a priori* sus resultados y, en segundo lugar, que la equifinalidad esencial de los sistemas abiertos niega la posibilidad de convertir una estrategia particular –cualquiera sea– en un protocolo canónico. No hay garantías. No hay recetas.

1.3. La estrategia como proceso

La estrategia es el resultado de un despliegue cognitivo realizado por un SSTC. El proceso presenta tres momentos principales (Wells, 1998): la percepción, la comprensión y el razonamiento.

La percepción de lo que está sucediendo dispara, por una parte, la adquisición de un *insight* respecto de la red de relaciones e interdependencias que definen el campo o entorno y, por otra, el desarrollo de una prospectiva (ideas acerca del futuro, construcción de escenarios hipotéticos, evaluación de alternativas de interpretación, etc.).

La comprensión del futuro a enfrentar permite comenzar a identificar los apalancamientos de las ventajas competitivas (diferenciaciones valoradas y factores críticos de éxito) a fin de compatibilizarlos con las habilidades distintivas, existentes o potenciales, del SSTC.

El razonamiento, por último, apunta a la elección del núcleo estratégico, a la toma de decisión. Así, define la misión y establece la visión tras la cual se alineará el conjunto del sistema, reservando la capacidad de maniobra suficiente para fijar rumbos contingentes. Una vez alcanzado este grado de desarrollo del proceso, la conducción del SSTC asegura que la estrategia impregne al todo, y se traduzca primero en objetivos, luego en planes, después en programas y presupuestos, hasta manifestarse en los controles e incentivos.

Desde el punto de vista epistemológico, toda estrategia es una teoría. Como tal, debe ser considerada como un *constructo* cognitivo provisorio, que debe ser desafiado sistemáticamente mediante el reinicio del ciclo percepción-comprensión-razonamiento. En los siguientes parágrafos nos detendremos en las principales fases de este proceso.

1.3.1. Percibir qué está sucediendo

A causa de la ambigüedad, los estrategas se encuentran obligados a elaborar sus decisiones a partir de posibilidades y no de probabilidades. En la medida en que el emergente sistémico se convierte en un dato que elude la determinación, los SSTCs deben asumir el desafío de tratar de saber todo cuanto sea posible acerca de sí mismos y del entorno, de "lo que está ahí afuera". Deben tratar de aprender a desarrollar representaciones cada vez más ricas y abarcadoras. Y deben aprender a desaprender para no transferir en forma mecánica la experiencia pasada a las circunstancias actuales o futuras.

Durante las últimas décadas, se ha cuestionado duramente el valor de la experiencia hasta convertir su rechazo casi en un eslogan. Y si bien acordamos con la esencia del cuestionamiento, consideramos que vale la pena aclarar el fundamento conceptual, ya que si este es omitido −como ocurre con frecuencia en los materiales de divulgación−, el sentido epistemológico del planteo queda desvirtuado.

Si la estrategia exige pensar posibilidades, la experiencia resulta una fuente riquísima de aprendizaje, porque permite *reconstruir ejercicios de construcción de modelos de la realidad.*

La experiencia no sólo provee un dato, una noticia acerca de qué ha ocurrido en el pasado. Sobre todo, ofrece la oportunidad de aprender sobre la habilidad, la dificultad o la incapacidad que un sstc demostró para entender (representar) y actuar en una situación particular. Desde esta perspectiva, la experiencia constituye un extraordinario disparador, que amplía nuestro repertorio representacional.

Para el estratega, el recurso a la experiencia sólo se transforma en un obstáculo serio cuando se la aborda con un espíritu mecanicista. Si se estudia el pasado desde una óptica determinista, si se apela a él con la convicción de que los resultados de una estrategia se repetirán necesariamente en futuras circunstancias análogas, la experiencia pierde su poder inspirador de un proceso creativo de ideación. Por supuesto, evitar el mecanicismo jamás justifica desconocer o subvalorar lo ocurrido, ya que una decisión semejante sólo disfrazaría que se ha optado por la ignorancia.

1.3.2. Hipotetizar escenarios futuros

De acuerdo con Bertotto (2002), los escenarios "(...) son imágenes de la realidad (...) en un momento futuro, obtenidas a partir de las diferentes posibilidades de evolución de las variables que sean escogidas, conforme al análisis realizado de la situación nacional e internacional". Se trata de una construcción representacional que busca abarcar todos los hechos, las circunstancias y las contingencias que podrían componer el entorno general en un momento determinado. Los escenarios se construyen con el objetivo de que sirvan a la dirección del sstc para adoptar decisiones respecto del empleo de su poder.

"El escenario estratégico es una hipótesis. Permite imaginar eventos de distinta naturaleza (políticos, económicos, sociales, militares, etcétera) con el propósito de centrar la atención en los procesos causales y los problemas que ori-

ginan para adoptar –según la conveniencia del SSTC que elabora esa hipótesis– la estrategia aplicada o sectorial orientada a la concreción de los objetivos previstos en el mediano y corto plazo" (*id.*).

La construcción del escenario incluye todos los conflictos que abarca el empleo del poder. Así, ante un problema de orden estratégico, el SSTC puede "(...) evaluar las
alternativas y escoger la solución más apta, factible y aceptable "(*id.*) respecto de sus intereses y en función de la magnitud, la calidad y las posibilidades del sistema en un
momento dado. Según Bertotto, el proceso de elaboración
del escenario exige:

- identificar los actores;
- definir los intereses propios y ajenos en juego;
- determinar cuáles son los obstáculos, actuales o
  potenciales, que afectan la consecución de los objetivos previamente establecidos, explicitados y aceptados;
- relacionar intereses (esto supone que el SSTC posee
  la capacidad de síntesis necesaria para armonizar
  intereses contrapuestos y lograr la cooperación entre
  los actores); y
- atribuir poder, dosificar los medios y posicionar las
  fuerzas de acuerdo con el escenario alternativo seleccionado.

Cualquiera que sea el escenario, el empleo del poder
debe confrontarse con intereses antagónicos internos y
externos que generan conflictos. Esto hace preciso formular hipótesis que contemplen cómo aplicar el poder para
superarlos. "Además de un ámbito estratégico, en todo escenario se deberán considerar o determinar los sistemas de
alianzas, los cuales pendularán entre la cooperación y la
competencia" (*id.*).

La calidad de la estrategia depende siempre de la calidad de los escenarios que la dirección del SSTC es capaz de inventar. Por esta razón, y a fin de generar un abanico variado de escenarios posibles, la estrategia debe ser el fruto de un trabajo de equipo. Entre esos escenarios, deben incluirse al menos tres: el más probable, el peor y el mejor.

1.3.3. Identificar fortalezas, debilidades, oportunidades y amenazas

Todo SSTC se orienta hacia un propósito fundamental y permanente: aumentar su valor. Este, según el tipo de sistema de que se trate, puede ser económico, social o público. La estrategia establece cuál es la misión mediante la cual el sistema alcanzará su propósito y, con este fin, decide en qué *clusters* operará.

Desde el punto de vista de la oferta, la postura estratégica expresa el grado en que un SSTC aprovecha los recursos para consolidar sus habilidades distintivas. Desde el punto de vista de la demanda, permite detectar los factores críticos de éxito respecto de un teatro de operaciones o mercado específico a fin de generar ventajas competitivas. Aunque términos tales como "oferta" y "demanda" remitirán al lector al dominio de la economía, conviene recordar que los empleamos en un sentido amplio y respectivamente, como aquello que un sistema se propone entregar al entorno (ya sea que se trate de un producto elaborado por una empresa, el servicio educativo que provee el Estado o una prestación asistencial ofrecida por una ONG) y lo que un *target* particular espera recibir de un sistema.

Para definir la misión deben tenerse en cuenta seis aspectos: la plataforma de recursos, los segmentos a servir (*target* seleccionado), la logística, las unidades de negocios o áreas estratégicas, las habilidades distintivas y el vector estratégico.

La plataforma de recursos tangibles e intangibles totales operados por las personas es algo diferente de la suma de sus partes y, por lo tanto, debe evaluarse de modo sistémico. El resultado de esta evaluación es un emergente sistémico denominado productividad.

Detectar y comprender la interrelación entre los recursos a fin de captar el todo y no la parte son acciones que dependen de la habilidad cognitiva particular del evaluador. El emergente sistémico –con frecuencia, difícil de estimar en términos monetarios– no puede establecerse substrayéndose de quiénes son los individuos que realizan la evaluación, ya que nada es un recurso *per se*, sino según la representación que construye la persona o el equipo evaluador.

La elección de los teatros de operaciones y *targets* exige explicitar y especificar las características que los hacen atractivos para el SSTC. Este análisis permite establecer el emergente sistémico resultante denominado posicionamiento. De manera análoga a lo señalado acerca de la plataforma de recursos, ningún teatro de operaciones es atractivo por sí mismo. No depende sólo de características intrínsecas (por ejemplo, el *cluster* en que está imbricado), sino también de lo que el evaluador le atribuye de acuerdo con sus propósitos y recursos.

Para crear valor, el SSTC debe ser capaz de diseñar un portafolio de productos dotados de atributos diferenciales (fuertes y valiosos) respecto de la oferta de sus competidores. Así, un sistema puede calificarse como innovador cuando crea productos que su *target* necesita pero que, hasta ese momento, ni siquiera había imaginado.

La logística, por su parte, conecta los recursos con el teatro de operaciones. Impacta en y, a su vez, es afectada por la productividad y el posicionamiento. Considerada desde el punto de vista de la oferta (plataforma de recursos), la logística provee la posibilidad "F5" (*"focused, first,*

47

flexible, frequent, fast") y, desde el punto de vista de la demanda (*target*), de accesibilidad y disponibilidad.

La creación de unidades de negocios o áreas estratégicas se corresponde con la elección de los *clusters* en que el SSTC participará. Significa decidir dónde se arriesgarán los recursos y se buscará desarrollar la competitividad por la vía de la productividad y el posicionamiento.

Dado que el atractivo de un teatro de operaciones se establece en función de los recursos, la elección del *cluster* requiere detectar las habilidades distintivas del SSTC. Estas habilidades representan las capacidades diferenciales en el manejo de los recursos que el sistema posee respecto de sus competidores. Las habilidades distintivas constituyen la piedra de toque para decidir si un *target* bajo análisis resulta atractivo o no.

Las habilidades distintivas, en su calidad de fuente de las ventajas competitivas, son un recurso crítico. Deben protegerse, consolidarse y comunicarse entre todos los miembros del SSTC, con independencia de sus áreas de trabajo, funciones y niveles jerárquicos. Para los estrategas, resulta imprescindible entender la relación entre una o más habilidades distintivas y la generación de ventajas competitivas. Si bien las ventajas competitivas están en el campo simbólico del *target*, el SSTC nunca debe perder de vista que son generadas desde el sistema por medio de la articulación de una o más habilidades distintivas.

La capacidad de crear y desarrollar habilidades distintivas –a menor costo y más rápidamente que los competidores– incide de manera directa en el logro de la competitividad, en particular cuando esas habilidades permiten presentar una oferta cuyo grado de innovación significa un quiebre respecto de lo disponible hasta ese momento. Estos conceptos se aplican tanto a una empresa como a un gobierno o a una ONG.

Junto con la definición de unidades de negocios o áreas estratégicas y las habilidades distintivas, el vector estratégico o impulso básico constituye un tema clave para la definición de la misión. Señala para cada unidad o área qué se propone conseguir el SSTC en el largo plazo. Así, el vector estratégico fija cuál es el foco de la competitividad. Sólo después de que la dirección del sistema comprende y comunica en forma clara cuál es la fuerza competitiva central, resulta posible establecer los objetivos de cada unidad o área que deberán orientar las macroactividades de conversión e impulsión.

La identificación de fortalezas, debilidades, oportunidades y amenazas requiere desarrollar un conocimiento respecto del *cluster* (cfr. Introducción), del competidor (oponente, enemigo), del demandante (consumidor, destinatario) y del ámbito (mercado, teatro de operaciones). Ese conocimiento es el fruto de un "(...) proceso humano, social e histórico en el que intervienen tres elementos: el sujeto cognoscente (el conductor estratégico), el objeto de conocimiento (la voluntad opuesta y el ámbito de desempeño) y el conocimiento como producto del proceso cognitivo (la inteligencia estratégica)" (Bertotto, 2002). El carácter dinámico, sistémico y dialéctico del conocimiento elaborado explica en buena medida por qué los SSTC no pueden fijar su estrategia de una vez y para siempre, sino que, por el contrario, deben someterla a una revisión y desafío metódicos.

1.3.4. Validar la estrategia y tomar decisiones

En el planteo estratégico pueden distinguirse tres niveles o estratos de decisión: el de la estrategia propiamente dicha, el operacional y el táctico.

- **Nivel de la estrategia propiamente dicha.** Establece los fines y propósitos que persigue el SSTC. Define los objetivos (*goals*) respecto del teatro de operaciones. Se trata de una decisión tomada a partir de información ambigua y, por lo tanto, no puede programarse.

- **Nivel operacional.** A partir de información probabilística, fija dónde, cuándo y en qué circunstancias el sstc se enfrentará con otros o rehusará la batalla en pos de un objetivo superior. Implica tomar decisiones, que pueden programarse, respecto de los productos y su competitividad en cada *cluster*, asignando medios para la consecución de los fines estratégicos.

- **Nivel táctico.** Prevé cómo se emplearán los recursos asignados, en línea con los propósitos y objetivos estratégicos, para actuar en un teatro de operaciones específico. Las decisiones tácticas pueden formularse como un algoritmo.

Los tres niveles señalados muestran que el problema estratégico consiste en definir a qué productos se asignarán recursos, para operar competitivamente en cuáles *clusters* y en qué teatro a fin de crear valor sostenible. Entendida dentro de este concepto, la estrategia se presenta como un problema global, pues abarca aspectos tecnológicos, de marketing, financieros, de recursos humanos y de sistemas.

Las habilidades distintivas ofrecen un criterio de decisión sólido. Por ejemplo, la creación de productos fundada en habilidades distintivas aplicables en todos los *clusters* de los que el sstc forma parte, o en varios de ellos, hace de la diversificación un proceso sano. Las habilidades distintivas no sólo deben guiar las políticas sino, además, brindar un patrón para la fijación de prioridades en la asignación de los recursos.

Por eso, la cultura organizacional debe asegurar la protección, la consolidación y el cultivo de las habilidades distintivas. Estas deben convertirse para la dirección de cualquier SSTC en una obsesión, transmitida como tal a todas sus áreas estratégicas, en todos los niveles y en todas las funciones, fomentando el cuidado y el incremento de las tecnologías y el *know how* que potencian estratégicamente a cada unidad del sistema.

La misión expresa la vinculación lógica entre los requerimientos del portafolio de *clusters*, el portafolio de negocios, de los teatros de operaciones en los que el vector estratégico de cada unidad del sistema interviene, y las habilidades distintivas con que el SSTC decide actuar. Ninguno de estos elementos puede comprenderse en forma aislada respecto de los demás, porque su interacción produce un emergente sistémico.

La situación de conflicto (competencia) impone que el proceso decisorio tome en cuenta no sólo la interdependencia de propósitos entre el SSTC y los competidores, sino también los intereses y propósitos del conjunto de actores implicados. Según la índole del sistema, esos actores pueden ser los accionistas, los proveedores y los clientes de una empresa, los fieles de una congregación, los contribuyentes de un municipio, los votantes de un partido político o los voluntarios de una ONG. Por lo tanto, la estrategia exige a los niveles decisorios del SSTC pensar en función de *clusters*, a fin de que la visión quede formulada desde un punto de vista sistémico del conjunto de unidades que lo integran.

1.3.5. Alinear planes/administración/operaciones y programas/técnicas/tácticas con la estrategia

Las decisiones estratégicas deben traducirse en los niveles operacional y táctico para garantizar su ejecutabilidad. En el nivel operacional, la estrategia comienza a concretarse en la forma de planes y administración. El nivel táctico, a su vez, convierte las decisiones operacionales en programas y técnicas.

La articulación entre los niveles estratégico, operacional y táctico exige a cada uno el desarrollo de características y competencias específicas. Así, la flexibilidad (entendida como resiliencia) y la capacidad de aprender (adquisición de un conocimiento nuevo) resultan imprescindibles en el nivel táctico. En el operacional, es preciso contar con plasticidad (capacidad de auto-regenerarse en pos de lograr mejor un objetivo) y aprender a aprender (es decir, desarrollar el criterio de discernimiento valorativo y selección de conocimientos a incorporar). Por último, la libertad de acción y el aprender a desaprender (desafío metódico de lo dado por cierto) quedan reservados al nivel de la estrategia.

1.3.6. Internalizar la estrategia como visión del todo

La implementación de la estrategia conduce a una mayor organización, que suele traducirse en la división del SSTC en áreas funcionales altamente profesionalizadas. Si bien la especialización constituye un requisito indispensable para la ejecutabilidad de la estrategia, como efecto colateral, potencia la dispersión cognitiva del sistema.

Cada sector tiende a desarrollar una cultura y una visión particulares. Se trata de un fenómeno que se percibe con frecuencia en los SSTC. Así, por ejemplo, mientras las áreas de sistemas suelen alinearse tras el valor del rigor metodológico, las de ventas exaltan la ductilidad negociadora. A mayor fraccionamiento organizativo o estructural, mayor es el riesgo de funcionamiento aislado y de adopción de una "visión túnel", propia de cada área.

La estrategia debe asegurar el equilibrio entre la especialización –que incrementa la eficiencia y la efectividad–

y el alineamiento de todo el SSTC tras una visión comprendida, compartida y comprometida.

1.3.7. Evaluar la validez, internalización y ejecutabilidad de la estrategia, y reiniciar el ciclo

Los SSTC definen la estrategia tomando como *input* la información del ambiente (entorno, estrategias de los competidores y exigencias de su *target*) y el *feedback* correspondiente a su propio desempeño.

Los factores ambientales mencionados no son estáticos. Están sometidos a una perpetua y cada vez más acelerada dinámica de cambio, que al impactar sobre la estrategia trazada por el SSTC la convierte en una decisión necesariamente provisoria. Esto significa que la formulación de la estrategia constituye un proceso continuo y entrelazado con la acción. Por fuerza, el proceso estratégico es reflexión-en-la-acción.

Además de la fijación de la estrategia, compete a la dirección del SSTC supervisar la consistencia de las decisiones operacionales y tácticas respecto de los propósitos y los fines trazados. Se trata de asegurar que la visión internalizada penetre en todos los estratos y sectores del sistema.

La decisión estratégica debe fijar los propósitos principales del SSTC a partir de muy poca información, para lo cual la dirección necesita desarrollar un aprendizaje continuo. Dada la ambigüedad de los datos con que se cuenta, el SSTC está obligado a convertirse en un sistema inductivo de aprendizaje. Los supuestos en que se funda la decisión estratégica necesitan ser sometidos, por medio del método inductivo, a un proceso constante de ajuste, corrección y mejora. La estrategia es una hipótesis de trabajo, de la que se vale la conducción para tratar de alcanzar el propósito principal del SSTC: la creación de valor sostenible.

Niveles de decisión	Función	Facultades	Habilidad distintiva	Misión		Proceso			
				Específica	Carácter	Puntos de partida	Prospectiva	Lógica de validación	Productos
Nivel I: ESTRATEGIA	Heurística y hermenéutica	Libertad de acción	Aprender a desaprender	Fijación de fines	No programable	Pocos hechos conocidos y supuestos	Hechos posibles	Prueba y error	Teoría
Nivel II: PLANEAMIENTO ADMINISTRACIÓN OPERACIONES	Heurística	Plasticidad	Aprender a aprender	Asignación de medios a fines	Programable	Varios hechos conocidos y supuestos	Hechos probables	Conectividad	Arte
Nivel III: PROGRAMACIÓN TÁCTICA TÉCNICA	Prescriptiva	Flexibilidad	Aprender	Empleo de medios	Programada	Hechos	Hechos	Cálculo	Doctrina

Cuadro A. Niveles de decisión

1.4. El alineamiento y la dispersión cognitivos

Hasta aquí hemos presentado la estrategia como un proceso de interpretación, hipotetización y decisión, a partir de interpretar el SSTC como un todo capaz de generar una cognición más o menos compartida. Si bien esto vale como una primera aproximación a nuestro tema, es momento de analizar si el desarrollo de una cognición común a todos los miembros constituye un estado que el sistema alcanza espontáneamente.

Cada integrante de un SSTC construye una representación particular del sistema y de cómo este opera en su entorno. El conjunto de representaciones individuales puede ser parcialmente coincidente, divergente o complementario. Por ejemplo, podría ocurrir que, mientras que la conducción ve al SSTC como un equipo de personas fuertemente comprometidas con un determinado conjunto de valores, los subordinados lo perciban como una organización que no tolera ninguna clase de discrepancia y que expulsa a cualquiera que busque desarrollar algún grado de autonomía. Unos y otros aseguran referirse al mismo SSTC. Pero, ¿cuál es *el verdadero*?

Con frecuencia, las representaciones de los miembros no coinciden lo suficiente como para asegurar que sus creencias, opiniones, expectativas, decisiones se refieran efectivamente al mismo objeto, es decir, al mismo SSTC. Los desacuerdos y los conflictos dentro del sistema suelen tener su origen en la dispersión cognitiva. Sin embargo, tanto el proceso de toma de decisiones como la ejecutabilidad de la estrategia descansan, como hemos visto, sobre el alineamiento de todo el sistema tras una visión internalizada, comprendida, comprometida y compartida. Como señalan Gore y Dunlap (2006), "(...) cambiar la conducta humana no requiere cambiar a los individuos, en el sentido de cambiar sus personalidades o enseñarles formalmente nuevas habilidades. Alcanza con que la organización cambie las premisas y los supuestos sobre la base de los cuales esos individuos deciden" (p. 48). Por esta razón, resulta imprescindible conocer las representaciones elaboradas por sus integrantes. Contar con un modelo, que permita identificar las representaciones individuales y monitorear el grado de dispersión cognitiva, posibilita la elaboración y puesta en marcha efectiva de la estrategia.

La comunicación es el procedimiento por el cual un individuo intenta dar a conocer a otro una representación que ha construido en su mente. Con este fin, elabora un mensaje que el destinatario deberá interpretar. Sin embargo, la coincidencia entre la representación que se desea comunicar y la interpretación no puede ser comprobada. Esto significa que resulta imposible saber si el mensaje enviado fue recibido tal como su emisor quería. Y, no obstante, la comunicación ocurre.

Como explican Gore y Dunlap, las organizaciones –y por extensión los sstcs– no son "(...) una cosa sino un sistema de acuerdos y supuestos entre personas, (...) es siempre una historia de conversaciones y compromisos derivados de esas conversaciones. (...) Una organización es precisamente una coordinación de acciones entre personas y, si no hay conversación, o historia de conversaciones, no hay coordinación posible" (p. 150).

Para que la comunicación sea posible, es necesario crear un dominio consensual entre el dominio del emisor y el dominio del receptor a través de una sucesión de experiencias iterativas destinadas a aproximar los dominios individuales (Maturana, 1996). El dominio consensual se construye en el lenguaje, "(...) en un fluir en interacciones recurrentes que constituyen un sistema de coordinaciones conductuales consensuales de coordinaciones conductuales consensuales" (*id.*, p. 87). Maturana, quien elige la reiteración de la fórmula "coordinaciones conductuales consensuales" para subrayar el carácter recursivo del proceso, agrega que "(...) son palabras sólo aquellos gestos, sonidos, conductas o posturas corporales, que participan en el fluir recursivo de coordinaciones conductuales consensuales que constituyen el lenguaje" (*id.*). El fluir recursivo permite desarrollar una suerte de interfaz en la que los sujetos interactuantes han adaptado recíprocamente sus conceptualizaciones.

En los SSTCs de mediana o gran envergadura, el desafío de construcción de dominios consensuales se ve profundizado por el fenómeno de la especialización. Por lo general, esta clase de sistemas necesita formular un diseño de su organización o estructura claro, preciso y ajustado a la índole de las diferentes tareas que deben desplegarse. Este procedimiento trae como consecuencia la partición del SSTC según las funciones a cumplir, y el establecimiento de niveles jerárquicos claramente definidos. Así, cada área funcional tiende a concentrar actividades similares, realizar controles específicos de acuerdo con criterios válidos dentro de su dominio y desarrollar una especialización cognitiva focalizada. Como ya se señaló, este producto positivo y eficiente del arreglo organizativo provoca, de modo paradójico, la construcción de subdominios consensuales dentro del sistema que incrementan el riesgo de dispersión cognitiva y ponen en peligro el imprescindible alineamiento tras la estrategia del conjunto.

El grado de dispersión cognitiva entre los integrantes de un SSTC denuncia el éxito o las dificultades que se presentan en la construcción de un dominio consensual básico para desarrollar y ejecutar la estrategia. En la mayoría de los casos, el objetivo central de una intervención externa consiste en proveer al sistema las herramientas necesarias para construir la interfaz.

1.4.1. La representación y los modelos mentales

Los SSTCs de cualquier tipo son instituciones humanas en las que se desarrollan, configuran y perfilan modelos mentales. Estos constituyen las bases implícitas y explícitas a partir de las cuales se toman las decisiones estratégicas y se fijan los objetivos. Con frecuencia, los integrantes de los SSTCs presentan modelos mentales con perfiles marcadamente diferenciados, es decir, dispersión cognitiva.

Como señala Bar-Tal (1990), los miembros de un grupo comparten creencias que lo definen como un todo. Dado que la dispersión cognitiva impide la construcción de modelos mentales compartidos, queda obstaculizado el alineamiento cognitivo de las representaciones y las creencias en torno a los vectores más importantes de los SSTCs: la misión, la visión, los valores, los objetivos y las metas. Cuando existe una dispersión cognitiva severa, es posible que el analista identifique tantas misiones, visiones, valores, objetivos y metas como miembros tenga el sistema.

La teoría de los modelos mentales se propone dar cuenta de los procesos cognitivos superiores, tales como la comprensión y la inferencia. Los modelos mentales son representaciones de una situación real o imaginaria que construye el individuo. De este modo, las personas traducen los hechos externos en modelos internos y razonan manipulando esas representaciones simbólicas. De acuerdo con Kenneth Craik (1943), creador de este concepto, gracias a esos "modelos a escala" de la realidad externa y de las acciones que se presentan como posibles en la cabeza del sujeto, este puede evaluar diversas opciones, concluir cuál es la más conveniente para él, prepararse para situaciones futuras, de modo de aprovechar sus experiencias pasadas para hacer frente al presente y al porvenir, y reaccionar de una manera mucho más completa, segura y competente ante las emergencias.

Los modelos mentales constituyen básicamente una simulación del mundo, construida a partir de la percepción, la comprensión de un discurso o la imaginación. El modelo mental es la representación del contenido referencial. Desde la década de 1980 y aún en la actualidad, la teoría de los modelos mentales ha estado experimentando un fuerte desarrollo que se refleja principalmente en las explicaciones brindadas respecto de la percepción, la comprensión del discurso y el razonamiento.

Según Philip Johnson-Laird (1983), su teórico más importante, la percepción constituye una fuente primaria de las representaciones mentales. En estas, los seres humanos integran en un modelo mental la información proveniente de los sentidos y su conocimiento general para anticipar otros estados del mundo o tomar decisiones. Así, a diferencia de lo que podría afirmarse desde una postura ingenua o acrítica, las personas no perciben el mundo tal como es, sino una representación. Si bien lo que percibe el individuo depende de lo que hay en el mundo, también incluye lo que está en su mente. Por eso, el autor afirma que los límites de nuestros modelos definen los límites de nuestro propio mundo.

En cuanto a la comprensión del discurso, el autor señala que un argumento a favor de la teoría de los modelos mentales es que permite explicar una de sus características centrales: la de ser el resultado de una actividad constructiva de la mente. Cuando una persona dice a otra "los lápices están sobre el escritorio", el contenido explícito de la proposición opera simplemente como una guía o indicio de cierto estado de cosas, en tanto que la mente del oyente debe encargarse de desarrollar en todos sus aspectos los detalles implícitos, como, por ejemplo, en qué consiste la relación espacial "estar sobre". Desde luego, estas inferencias son muy rápidas y se encuentran tan automatizadas que –por lo general– pasan inadvertidas para el intérprete de la proposición. Por lo tanto, comprender implica construir un modelo mental de la situación descripta por el discurso. La verdad del discurso, por su parte, dependerá de que el modelo construido a partir de él pueda encajar dentro de un modelo mental del mundo real (Johnson-Laird, 1983).

Mientras que el modelo mental representa el contenido referencial atribuido por una persona, la representación lingüística contiene el significado; por ejemplo, el conjunto de todas las situaciones o contenidos referenciales que pueden ser descriptos por un mismo discurso. El lenguaje es capaz de representar no sólo lo perceptible, sino también al entorno interno del individuo (estados mentales, procesos y sentimientos), así como nociones abstractas (posibilidad, causalidad, etc.) que remiten a un curso de sucesos hipotéticos o futuros. La coherencia del discurso depende en gran medida de la facilidad que ofrezca para construir un único modelo mental. Veremos más adelante que esto resulta clave a la hora de conceptualizar estrategia y alineamiento.

Por último, la teoría de los modelos mentales desempeña un importante papel en la elucidación del problema del razonamiento, entendido como el proceso sistemático por el cual de un conjunto de proposiciones (premisas) surge otro (conclusiones). Entre las diversas teorías elaboradas al respecto, pueden distinguirse dos posturas bastante diferenciadas: por una parte, la que presenta como fundamento reglas deductivas; por otra, la que sostiene que los procesos deductivos se basan en modelos mentales.

Las teorías del razonamiento fundamentadas en reglas de deducción o inferencia sostienen que existe una lógica de la mente que se presenta bajo la forma de un sistema lógico natural. A fin de llegar a una conclusión, los mecanismos de razonamiento aplican un cierto número de reglas de deducción a la forma lógica abstracta que un mecanismo de codificación ha extraído del conjunto de premisas. El rendimiento de un individuo que razona puede predecirse a partir del número de reglas requeridas para realizar la deducción y de la probabilidad de que estén disponibles para ser usadas por él (Roberts, 1993).

Por su parte, la teoría de los modelos mentales afirma que el razonamiento depende de tres procedimientos semánticos. El primero es la construcción de un modelo mental del estado de cosas descripto en las premisas o antecedentes, tomando en cuenta el conocimiento general y específico relevante. Este procedimiento corresponde a la comprensión ordinaria del discurso. El segundo consiste en la formulación de una conclusión basada en el modelo. Se trata de la descripción de un estado de cosas que debe establecer –a partir de los antecedentes– una relación que no se hallaba declarada en forma explícita en las premisas. El tercer procedimiento apunta a encontrar modelos alternativos que refuten la conclusión supuesta o preliminar extraída en el paso anterior. Esta búsqueda de contraejemplos –rasgo particular del proceso de inferencia según Johnson-Laird– puede mostrar que la conclusión es verdadera cuando no se detectan modelos refutatorios; tentativa o probable, cuando no resulta claro si existe o no contraejemplo; o falsa, cuando sí lo hay. En este último caso, debe volverse sobre las premisas para formular por inferencia una nueva conclusión.

En suma, un modelo mental es una suerte de diagrama mental. Las deducciones se realizan empleando recursos almacenados pero no presentados de manera explícita en las premisas. En ocasiones, la información contenida en las premisas puede utilizarse para construir distintos modelos a fin de asegurar que la deducción sea válida. Sin embargo, las características de la memoria de trabajo limitan la capacidad de construcción y comparación de modelos alternativos. Por lo tanto, cuanto mayor es el número de modelos requeridos para validar la deducción, más difícil se torna realizar la inferencia (Roberts, p. 571).

A pesar de los muchos desarrollos que intentan establecer si los mecanismos de razonamiento se fundan en reglas de deducción o en modelos mentales, no se ha alcanzado todavía un acuerdo unánime que permita construir una teoría universal del razonamiento. La investigación empírica permite ver que no todas las personas emplean las mismas estrategias de razonamiento para resolver problemas deductivos. No obstante, no es posible especificarlas, ya que los procesos que las sustentan no pueden ser claramente observados. Asimismo, es difícil distinguir empíricamente el proceso y la estrategia, ya que ambos podrían implicar fundamentos idénticos. De acuerdo con Roberts, aunque la creación de una teoría universal del razonamiento resulta atractiva, su posibilidad se ve todavía cuestionada debido a una incapacidad persistente de los desarrollos realizados para explicar el funcionamiento de todos los temas abarcados. Sin embargo, dado que la teoría de los modelos mentales de Johnson-Laird centra el problema de los procesos cognitivos superiores en el carácter analógico de las representaciones de las que estos se valen, consideramos que ofrece mayores ventajas a la hora de explicar no sólo los errores en el razonamiento, sino también una gran variedad de fenómenos tales como las diferencias individuales en el desempeño de esos procesos y la dispersión cognitiva, entre otros.

De acuerdo con Molinari Marotto y Duarte (1998), los modelos mentales presentan las siguientes propiedades respecto de los procesos de comprensión e inferencia:

- representan la situación (actual, pasada o futura) descripta por el discurso o el razonamiento. Los modelos mentales no son una representación del discurso o razonamiento en sí, sino de aquello que estos describen;
- son el producto de una actividad constructiva del individuo y, por lo tanto, exigen una interacción con-

tinua entre el discurso o razonamiento y el conocimiento de la persona que los interpreta;

- dado que la representación puede modificarse en el transcurso del proceso de interpretación por el agregado de información nueva, los modelos mentales son actualizables;
- los formatos representacionales de los modelos mentales son analógicos o "cuasi-perceptivos", ya que "(...) su estructura mimetiza en cierto grado la estructura de los objetos o sucesos que representa. (...) Las entidades en los modelos actúan como claves indicativas de conjuntos de información almacenados en la memoria de largo plazo".

Los modelos mentales correspondientes a los procesos de comprensión e inferencia tienen su origen en representaciones lingüísticas. Tal como postula la semántica formal, una aserción del tipo "los lápices están sobre el escritorio" puede ser verdadera para un número infinito de situaciones posibles. Esto significa que una misma afirmación podría ser representada por un número infinito de modelos mentales. Sin embargo, la capacidad humana de construirlos es –por definición– finita. Por lo tanto, la teoría de los modelos mentales supone que, ante la primera representación lingüística de una aserción, las personas construyen un único modelo mental, y que este opera como una muestra representativa, provisoria y revisable de los infinitos modelos mentales posibles para esa afirmación.

La experiencia muestra que los procesos cognitivos superiores de comprensión e inferencia no se llevan a cabo de la misma manera en todos los casos. Algunos individuos comienzan por construir un modelo que después revisan, mientras que otros –que, por lo general, tienen un mayor entrenamiento lógico– se percatan de la existencia de diversos modelos posibles desde el primer momento. Así, a menor entrenamiento lógico, mayor es la tendencia a crear un único modelo.

Para Johnson-Laird, cualquier forma de razonamiento deductivo dentro de un dominio finito se basa en procedimientos semánticos, estrechamente vinculados al contenido de las premisas y destinados a construir, interpretar y manipular modelos mentales. Sin embargo, el estrés, las emociones, el prejuicio o una psicopatología pueden conducir al fracaso en cualquier etapa del proceso, en especial a la hora de elaborar o buscar los contraejemplos que podrían refutar las conclusiones.

En tanto mantienen una interacción permanente con el entorno, los SSTCs están comprometidos en un proceso constante de interpretación de *textos*, es decir, de situaciones internas o externas, reales o imaginarias. La interpretación se traduce en la construcción de modelos mentales que pueden ser modificados, ampliados, corregidos o desechados en el transcurso del tiempo. Dado que los modelos mentales permiten comprender información, predecir hechos y tomar decisiones, los SSTCs que desarrollan una mayor capacidad de construir modelos alternativos, que desafían las conclusiones más obvias a que inducen sus lecturas del entorno y del contexto interno, se encuentran mejor posicionados a la hora de desarrollar su estrategia. Esos sistemas no sólo logran elaborar lecturas mejor contrastadas de los escenarios presentes. También resultan mucho más competentes en la proyección de los posibles escenarios futuros.

Por lo tanto, los SSTCs deben aumentar la habilidad de aprender acerca de sí mismos y del entorno, mediante la explicitación de los modelos mentales tanto del sistema considerado en su conjunto, como de los miembros que lo integran. Necesitan conocer cuál es el grado de dispersión cognitiva interna del sistema y trabajar en pos de su alineamiento, identificando y modificando las "visiones túnel" que los procesos de organización y especialización interna –con frecuencia– fomentan y producen. Por esta razón, el aprendizaje en el marco de los SSTCs implica un desafío cognitivo individual y grupal tendiente al establecimiento de una suerte de control de la dispersión cognitiva.

1.4.2. La posibilidad de alineamiento

Los conceptos expuestos indican que el alineamiento cognitivo de los integrantes de un SSTC constituye un requisito indispensable para el diseño y la ejecución de la estrategia. En consecuencia, es necesario trabajar en la detección, el reconocimiento y –cuando corresponda– la reformulación de los modelos mentales operantes dentro del sistema.

Uno de los objetivos centrales de este libro es determinar cuáles son las condiciones que permiten el cambio de los modelos mentales individuales orientado hacia una construcción consensuada respecto de las dimensiones críticas de la dinámica del sistema. Esto significa asumir el desafío de generar, alentar y acompañar una modificación en las representaciones individuales de quienes conforman un SSTC.

¿En qué consiste y cuál es la magnitud de ese desafío? Se trata de estimular una reformulación de las representaciones construidas por cada persona sobre la base de una teoría implícita, no formalizada y personal (Pozo y Rodrigo, 2001). La teoría implícita se ofrece al sujeto como un conjunto coherente de ideas, construido a partir de sus experiencias en el mundo físico y social, que le permite interpretar, predecir y tomar decisiones. Las teorías implícitas "(...) son el fruto de procesos y estrategias mentales que responden a las necesidades constructivas de los escenarios cotidianos" (*id.*, p. 409). Para estos autores, su función clave es dar sentido al mundo que rodea al individuo. El alineamiento representacional y la modificación de los modelos mentales requiere:

- explicitar las teorías implícitas mediante la toma de conciencia de los principios, presupuestos y reconocimientos construidos por los miembros del SSTC; y
- confrontar los modelos mentales vigentes con fenómenos que no pueden interpretarse ni predecirse a partir de ellos.

Mientras que la explicitación significa un esfuerzo de análisis importante, la contrastación implica una movilización profunda, porque cuestiona la potencia de los modelos propios.

En el contexto de los SSTC, son pocas las ocasiones en que los modelos mentales personales se confrontan con los hechos y/o con los modelos construidos por otros integrantes. Por lo general, la puesta en común se limita a los miembros de un área, pero sólo excepcionalmente ese ejercicio se realiza en forma transversal. Por esta razón, promover la explicitación de los modelos mentales, de las teorías implícitas que los individuos mantienen, a fin de contrastarlas recíprocamente y con los datos objetivos, constituye un proceso esencial e ineludible para propiciar un cambio tendiente a disminuir la dispersión cognitiva dentro del SSTC.

Según Pozo y Rodrigo, pueden distinguirse cuatro dimensiones del cambio representacional:

- pasaje de una visión realista a otra perspectivista; significa aceptar que pueden formularse representaciones alternativas de un mismo objeto o dominio, así como adoptar una visión flexible del mundo. "Las

personas enfrentadas a representaciones heterogéneas se verían abocadas con más facilidad al cambio
representacional que aquellas que procesan representaciones homogéneas" (*ib.*, p. 415);

• organización jerárquica de las representaciones; la
coexistencia de representaciones múltiples mueve a
su organización jerárquica. Los criterios de jerar-
quización aplicados pueden ser diversos (por ejemplo, nivel de abstracción, potencia descriptiva, pertinencia, etc.);

• nivel de consistencia y coherencia; "(...) a medida
que las representaciones progresan en otras dimensiones aumenta también su consistencia, entendida
como su uso sistemático por una misma persona en
escenarios o contextos diferentes. Las representaciones más explícitas o más científicas son más consistentes que las representaciones implícitas. A su
vez, en escenarios interpersonales, en los que el contraste de argumentos se hace necesario, las representaciones avanzarían en coherencia argumental
(Correa y Rodrigo; también Mortimer), que reque-
riría ser capaz de discriminar e integrar perspectivas
heterogéneas en una argumentación" (*ib.*, p. 416);

• códigos y lenguajes nuevos que, con frecuencia, se
tornan necesarios para realizar el cambio representacional; en este sentido, herramientas como el
modelo PENTA (cfr. Capítulo 4 de este libro) constituyen nuevos "formatos representacionales" que, en
tanto se ofrecen a los miembros del SSTC como un
lenguaje común, facilitan el relevamiento, la problematización, la re-construcción y el alineamiento
de los modelos mentales.

No obstante, aunque pueda llevarse a cabo un proceso
de cambio y alineamiento representacional que repercuta

positivamente sobre la viabilidad del SSTC, es probable que subsista una considerable dispersión cognitiva y que los modelos mentales alternativos, lejos de ser eliminados, se mantengan. Esto no es necesariamente negativo, ya que el cambio operado no busca el reemplazo sino una re-construcción, capaz de permitir que representaciones diversas del mismo dominio coexistan en la mente del individuo.

De lo expuesto puede inferirse, entre otras cosas, que el foco de la intervención del consultor o copensor necesita replantearse. Ya no debe orientarse a lograr que las personas abandonen sus modelos mentales para reemplazarlos por otros, sino a que los individuos puedan confrontar modelos alternativos de un modo dialéctico. Retomando las cuatro dimensiones del cambio representacional reseñadas, el objetivo de la intervención debe apuntar a generar niveles superiores de consistencia y coherencia en las representaciones que los miembros del SSTC desarrollan respecto de diferentes situaciones y tareas, proveyendo herramientas que brinden nuevos formatos representacionales.

Hemos señalado que en un sujeto pueden coexistir representaciones alternativas, como, por ejemplo, conocimientos científicos y teorías construidas intuitivamente acerca de un mismo fenómeno. Su aplicación es decidida por el individuo de acuerdo con su potencia cognitiva o pertinencia respecto de distintos contextos. Por lo general, en la interacción social, las personas tienden a emplear en pos de una acción o de la consecución de un propósito común aquella representación que brinde un marco más fácilmente aceptable para las partes. En los SSTC puede observarse un fenómeno similar, pero que ofrece una dificultad particular: en este ámbito no existe un conocimiento cuyas formas de construcción y validación susciten un grado de aceptación y autoridad que permita alcanzar rápidamente el consenso.

Por otro lado, así como las teorías intuitivas acerca del mundo llevan las marcas de sus modos de construcción y de sus objetivos, las representaciones que los miembros forjan respecto de un SSTC se fundan en sus conocimientos, perspectivas y motivaciones particulares. Por esta razón, cabe suponer que siempre coexistirán visiones alternativas dentro del sistema, ya que en cualquier grupo es posible identificar metas e intereses diferentes y, eventualmente, conflictivos. El alineamiento cognitivo no se propone la eliminación de las perspectivas e intereses idiosincráticos de los integrantes del SSTC. No se orienta hacia la alienación de los miembros en pos del sistema. El alineamiento promueve la toma de conciencia de los diferentes modelos mentales y su crítica racional con el fin de construir un consenso en torno a puntos claves que permita la sinergia entre los integrantes y el aumento de la potencia cognitiva del conjunto.

LA CONSTRUCCIÓN DEL CONOCIMIENTO

Intelligence organizes the world
by organizing itself.

Jean Piaget

La teoría general de sistemas (TGS) significó la inaugura-
ción de una visión novedosa, que buscaba "(...) investigar
el lsomorfismo de conceptos, leyes y modelos en varios campos y facilitar las transferencias entre aquellos" (Arnold y
Osorio, p. 1). Como ya señalamos, este abordaje permite:

- estudiar las interrelaciones que desarrollan los elementos o componentes de un sistema sociotécnico
  complejo (SSTC), así como los procesos de frontera
  que se despliegan entre el SSTC y su ambiente;
- comprender que ambos aspectos se encuentran sistémicamente vinculados.

A partir de este marco conceptual, comenzamos a delinear una definición de estrategia que subraya la relación
sistémica entre los componentes de un SSTC (alineamiento
o dispersión cognitiva de los modelos mentales elaborados
por sus miembros), y la percepción y comprensión del entorno que ese SSTC realiza guiado por su propósito fundamental: crear valor sostenible.

Dado que los SSTCs desarrollan sucesiva y recursivamente percepciones, comprensiones y razonamientos, tanto

© GRANICA

71

acerca de sí mismos como del teatro de operaciones, puede definírselos –de acuerdo con el concepto de Mitroff y Linstone (1993)– como sistemas de ideas, de representaciones. No sólo elaboran –según su naturaleza– bienes y servicios de diversas índoles *a partir* de ideas. Constituyen, además, usinas que *producen y prueban* ideas, de las que la estrategia es, sin dudas, la más importante.

Bateson (2001) definió la epistemología como "una rama de la ciencia combinada con la filosofía. Como ciencia, la epistemología es el estudio de la manera en que determinados organismos *conocen, piensan y deciden*. Como filosofía, es el estudio de los límites necesarios y otras características de los procesos del conocimiento, el pensamiento y la decisión" (p. 201). De allí que caracterizar la estrategia como un proceso cognitivo implica la adopción de fuertes compromisos epistemológicos. En el presente capítulo, profundizaremos en los supuestos filosóficos que subyacen a nuestro enfoque. Asimismo, presentaremos el origen, la definición y el objeto de las ciencias cognitivas en tanto encuadre científico adoptado.

2.1. Cognición: ¿descubrir o construir la realidad?

El proceso de percepción, comprensión y razonamiento implicado en la estrategia parte de una *cognición de lo real*. Puntualizaremos las características de esa cognición y qué significado atribuimos a "lo real".

Intuitivamente, se tiende a identificar el conocimiento con la descripción fiel del objeto. Así, las personas suelen afirmar que una proposición del tipo "la ventana está abierta" es verdadera –y, por tanto, amplía su conocimiento del mundo– cuando refleja sin distorsión un dato provisto por los sentidos a los observadores que participan de la experiencia. Sin embargo, esta visión asume *al menos* tres supuestos. En primer lugar, que efectivamente hay un mundo en el que existen entes, algunos de los cuales pueden ser –por ejemplo– ventanas, que a su vez pueden estar abiertas o cerradas. En segundo lugar, que hay alguien (el observador que formula la proposición) capaz de ser –en ciertas circunstancias– un espejo fiel de ese mundo cuyas imágenes se expresan a través de descripciones. En tercer lugar, que se dispone de alguna clase de procedimiento por el cual se puede corroborar (probar) la coincidencia entre objeto y descripción (por ejemplo, la observación).

En esta línea intuitiva, la "objetividad del conocimiento" aparece como el resultado obtenido luego de haber despejado cualquier perturbación que pudiera introducir un observador particular. Por ejemplo, las crónicas de la conquista de México se refieren a los aborígenes como personas sin pudor. El "dato" en que el cronista (observador) fundaba esta descripción era que los aztecas no cubrían sus cuerpos al modo en que la moral europea lo exigía. Como "lectores objetivos", tendemos a rescatar del relato aquello que cualquier persona, conocedora de la diferencia entre estar vestido y desnudo, podría haber *observado* en esas circunstancias. Esto nos conduce a pensar que debemos suprimir la noción de pudor (marcada por la particularidad cultural de don Bernal Díaz del Castillo, el cronista en cuestión) y quedarnos sólo con la idea de que los pueblos originarios de América vestían de una manera diferente de la europea, tal vez elaborada sobre la base de un concepto de recato también sensiblemente diferente del europeo.

Las nociones y los supuestos intuitivos que acabamos de presentar operan en forma implícita en la vida cotidiana de la mayoría de las personas y, por supuesto, en el pensamiento estratégico de muchos SSTCs. Sin embargo, qué existe, qué es lo real, así como qué significa y cómo es posible conocer, han sido temas problematizados por la filosofía desde sus albores y, en particular, por la metafísica y la gnoseología. Retomaremos algunas de las elaboraciones que consideramos más relevantes para nuestros propósitos.

En consonancia con el renovado interés por la investigación científica que había inaugurado el Renacimiento, la filosofía desarrollada durante la Edad Moderna dedicó importantes esfuerzos a estudiar y proveer un fundamento sólido para la ciencia, ese "edificio del saber" de la metáfora cartesiana. Se trataba de legitimar el conocimiento científico mediante la definición de sus condiciones de posibilidad, su objeto y su método.

Partiendo de supuestos y convicciones con frecuencia diferentes, las elaboraciones filosóficas se ocuparon de lo que Ceruti (1994) denomina "la búsqueda de un lugar fundamental de observación", desde el cual se pudiera construir conocimiento, juzgar sus logros y disciplinar sus desarrollos. Así "(...) el *Método* constituiría una especie de instrumento de *purificación* de la actividad intelectual que permitiría introducir una escisión entre un 'antes' y un 'después' en los desarrollos del conocimiento. Esta idea está estrechamente asociada con la posibilidad de encontrar el punto de Arquímedes, a partir del cual, en cuanto es *inicio absoluto,* se puede construir el edificio coherente y compacto de los conocimientos. Por lo tanto, el ideal gnoseológico a perseguir se convierte entonces en el de una transparencia y de una visibilidad gnoseológica inmediatas a través de las cuales se pueda alcanzar un objetivo de perfecta *adaequatio rei et intellectus*" (pp. 35-36). De manera similar a la concepción intuitiva e implícita del conocimiento que reseñamos al comienzo, la búsqueda de adecuación entre cosas y pensamiento instala al sujeto cognoscente en el lugar de un espejo, que debe estudiarse, trabajarse y "pulirse" para que, sin introducir deformaciones, refleje lo real. Si transfiriéramos este planteo al dominio de los SSTCs y la estrategia, podríamos realizar inferencias como las que siguen.

- "Existe una única representación verdadera (conocimiento) de la realidad. Por lo tanto, existe una única representación verdadera de cada SSTC y de su teatro de operaciones."
- "La dispersión cognitiva en los miembros de un SSTC dado indica el grado en que cada uno de ellos distorsiona la percepción del sistema."
- "El alineamiento cognitivo de un SSTC se resuelve modificando las representaciones equivocadas y reemplazándolas por la correcta."

La tradición escéptica, por su parte, se ocupó de discutir la posibilidad de aquella *adaequatio rei et intellectus*. "Los escépticos sostenían", explica von Glasersfeld, "que lo que llegamos a conocer pasa por nuestro sistema sensorial y nuestro sistema conceptual, y nos brinda un cuadro o imagen; pero cuando queremos saber si ese cuadro o imagen es correcto, si es una imagen verdadera de un mundo externo, quedamos completamente trabados, ya que cada vez que contemplamos el mundo externo lo que vemos es visto, de nuevo, a través de nuestro sistema sensorial y nuestro sistema conceptual" (1994a, p. 118). ¿Cómo comprobar, entonces, que nuestros sentidos y conceptos no han distorsionado los datos si, para hacerlo, debemos recurrir a ellos?

En buena medida, el concepto ingenuo de lo objetivo es heredero del programa que se había impuesto la ciencia clásica: conocer la realidad en sí. Así, para conocer el mundo, "(...) debía ser alejada de ese mundo toda contaminación subjetiva, por lo tanto *también el observador*" (Watzlawick, 1994, Prólogo, p. 11). Este supuesto epistemológico operó con fuerza en las ciencias hasta el siglo XX, aun cuando ya en el XVIII Inmanuel Kant había introducido con la *Crítica de la razón pura* su "revolución copernicana" en la teoría del conocimiento.

Según el gran filósofo alemán, tanto el racionalismo como el empirismo, si bien daban respuestas opuestas al problema gnoseológico, coincidían en su punto de partida: conocer significa aprehender lo real en sí, captar lo que está allí independientemente de nosotros, los observadores. Así, la diferencia entre ambas posturas no se encontraba en el nivel de las suposiciones metafísicas, sino en la respuesta –afirmativa o negativa– a la pregunta acerca de la posibilidad del conocimiento. Kant modificaría este planteo radicalmente.

En su visión, el científico no es un explorador ni *descubridor de leyes ocultas en la naturaleza*. Por el contrario, como todos los seres humanos, es un sujeto cognoscente activo, que construye el objeto imponiéndole a lo dado sus propias condiciones trascendentales (las intuiciones puras de la sensibilidad y los conceptos puros del entendimiento). Así, la innovación revolucionaria de Kant apuntó a modificar de raíz el planteo del problema del conocimiento. Ya no se trataba de investigar nuestra aptitud para reflejar el mundo tal como es en sí mismo, sino de establecer en qué consiste esa actividad humana por la cual operamos sobre las cosas de modo de *convertirlas* en un objeto de conocimiento. De acuerdo con Kant, lo cognoscible se instituye como tal en la medida en que puede ajustarse a las condiciones que le impone el sujeto. No al revés.

La revolución kantiana, sin embargo, no logró terminar con algunas aspiraciones humanas. Las personas "(...) queremos que la realidad exista *independientemente* de nosotros en tanto que observadores de la misma. En segundo lugar deseamos que la realidad sea *descubrible*, que nos sea accesible. En tercer lugar, queremos que estos secretos estén sujetos a una legalidad con la que podamos predecir, y en última instancia, controlar la realidad. En cuarto lugar, deseamos la certeza; deseamos saber que lo que hemos descubierto acerca de la realidad es cierto" (Segal, 1994, p. 25).

La epistemología tradicional asumía como propias esas aspiraciones. Para alcanzarlas, introdujo una distinción entre un mundo subjetivo y un mundo real, y sostuvo que el conocimiento es verdadero cuando se prueba a través de ciertos métodos que lo descripto por un enunciado se corresponde con el mundo externo al sujeto. Hacer ciencia, entonces, consiste en desarrollar una observación del universo en sí, incontaminada de condicionamientos o distorsiones subjetivos, y orientada hacia la revelación de la legalidad inherente a lo real. En esencia, estos serían los propósitos y la mecánica del descubrimiento científico.

Pero, ¿cuál es el supuesto metafísico implícito en esta clase de epistemología? Podría formularse del siguiente modo: la realidad existe *aun cuando no haya ningún sujeto para dar cuenta de ella*. Claro que cabe preguntarse cómo lo sabemos (o *conocemos*) si no estamos allí nosotros –los sujetos cognoscentes– para aportar nuestro testimonio. ¿Quién podría observar la realidad para comprobar su existencia y formular las descripciones verdaderas correspondientes?

No obstante la predominancia de este enfoque, desde comienzos del siglo XX algunos investigadores comenzaron a explicitar la paradoja de un objeto sin sujeto que entrañaban la epistemología tradicional y su concepto de objetividad. Una manera de evadir este callejón sin salida parecía consistir en adoptar un punto de partida diferente, emparentado con el criticismo kantiano y opuesto a la tradición filosófica realista. El constructivismo hizo propio este desafío.

Los constructivistas sostienen que no hay observaciones independientes de los observadores, y que la legalidad o la certeza que atribuimos a los fenómenos son, en rigor, propiedades de quien describe y no de lo descripto. Por esta razón, para comprender el mundo debe conocerse al observador. Debe construirse una nueva epistemología, una observación de segundo orden. "Un observador de segundo orden es un tipo de observador externo, orientado a la observación de observadores y sus respectivas observaciones. Desde su posición no sólo puede observar lo que sus observados indican y describen –*el qué observan*–, sino también, captar los esquemas de diferencias con que marcan tales observaciones y trazan sus distinciones –*el cómo observan*–" (Arnold Cathalifaud, 1998, p. 2). Los estudios de Piaget acerca de la construcción de lo real en el niño, por ejemplo, constituyeron una de las primeras y más importantes experiencias de observación de observadores.

Entre los principales autores de la corriente constructivista se destaca Heinz von Foerster (1991), quien sostiene que no hay descubrimiento sino construcción de lo real. De este modo, busca salvar la dificultad que ofrece la suposición de una realidad independiente del sujeto. La radicalidad de su constructivismo supera, por una parte, la relatividad propuesta por Einstein de la observación respecto del observador y, por otra, el postulado de la relación borrosa de Heisenberg (la observación influye en lo observado). En oposición a la epistemología de la correspondencia que ya hemos descripto, el constructivismo postula una epistemología del encaje: el conocimiento no es aquello que se corresponde (en inglés, *match*) con una realidad en sí, sino lo que encaja (*fit*) dentro de una construcción cognitiva. "Para ser viable", explica von Glasersfeld (1994a), "todo nuevo pensamiento debe adaptarse al esquema previo de estructuras conceptuales de un modo que no provoque contradicciones. Si las hay, o cambia ese nuevo pensamiento o deberán cambiar las viejas estructuras" (p. 121). El conocimiento no es descubrimiento. No es acceso a una realidad absoluta, nouménica, independiente del sujeto. Es una construcción que encaja y que, eventualmente, puede ser reemplazada por construcciones que encajen mejor. Por supuesto, se necesita entonces explicar cuál es el criterio que determine qué es "mejor".

Para la epistemología constructivista, el saber constituye una adaptación funcional. "En la cibernética el término 'modelo' tiene una especial significación. Mientras que en lenguaje cotidiano la mayoría de las veces significa una muestra según la cual hay que construir algo o una imagen modificada en alguna dimensión cualquiera de una cosa diferente, en la cibernética el modelo es con frecuencia una construcción de la cual se espera que pueda realizar por lo menos *aproximadamente* la función de un objeto cuya estructura dinámica no se puede investigar o reproducir directamente. Ese es precisamente el sentido que necesitamos cuando queremos decir que el saber conceptual consiste en modelos que nos permiten orientarnos en el mundo de la experiencia, prever situaciones y a veces determinar incluso las experiencias" (von Glasersfeld, 1994b, p. 26; el destacado es nuestro).

El concepto del saber como modelo cibernético constituye un aporte clave. Los SSTCs construyen una cognición (por ejemplo, una estrategia) que supone, a su vez, una cognición acerca de sí mismos (el observador) y del teatro de operaciones (lo observado). La estrategia como modelo cibernético es una construcción que apuesta a su capacidad de encaje adaptativo y opera por retroalimentación recursiva. Esto modifica de manera radical las inferencias a las que conducía la epistemología de la correspondencia. Así, el estudio de los SSTCs desde la óptica del constructivismo nos invita a extraer conclusiones como las siguientes.

- No existe una única representación verdadera del SSTC y del teatro de operaciones, sino construcciones cognitivas que ofrecen más o menos posibilidades de encaje adaptativo.
- La dispersión cognitiva en los miembros de un SSTC dado no indica errores o distorsiones perceptivas

porque no existe un referente absoluto respecto del cual pudieran ser medidos. Más bien, pone de manifiesto el papel activo del sujeto, denunciando las operaciones y modalidades cognitivas propias puestas en juego en la construcción de su objeto.

El alineamiento cognitivo de un SSTC no significa el reemplazo de representaciones falsas (inadecuadas) por otras verdaderas (correspondientes), sino la operación de una estrategia tendiente a la construcción de un dominio de modelos mentales compatibles.

2.1.1. Los procesos de frontera y las relaciones sistémicas

Si nos abstenemos de postular una realidad en sí como propone el constructivismo, resulta lógico suponer que el sistema cognitivo *en tanto tal* es un sistema clausurado. No se afirma con esto que los sistemas no toman o interactúan con algo que se encuentra fuera de sí mismos. El alimento que mantiene vivos a los organismos proviene de fuera de ellos. La mesa que esquivamos para no tropezar no es sólo una fantasía creada por nuestras mentes. Los demandantes de un mercado no son sólo fruto de la imaginación de una empresa. Lo que sostiene el constructivismo es que algo se *convierte* en "alimento", "mesa" o "demanda" sólo a través de un proceso cognitivo llevado a cabo por un sistema, y que la construcción resultante ("alimento", "mesa", etc.) no puede ser corroborada en su *correspondencia* con un mundo en sí. Así como no podemos saltar por encima de nuestra propia sombra, los sistemas no pueden conocer lo real en tanto noúmeno, sino lo que ellos mismos han creado.

El constructivismo sostiene que los sistemas cognitivos operan en clausura. Para von Foerster, la cognición se desarrolla en un "espacio curvo", en el cual el sujeto de la actividad cognitiva construye "(...) su realidad, reacciona después ante ella como si existiera independientemente de él, 'allí afuera', y finalmente quizá llega al conocimiento perplejo de que sus reacciones son a la vez el efecto y la causa de su construcción de la realidad" (Watzlawick en su prólogo a Segal, p. 18).

La clausura implica que los elementos del sistema se generan unos a otros mediante operaciones de producción en el SSTC. Las construcciones cognitivas no refieren a algo que tiene entidad más allá de las construcciones del sujeto sino que el sistema opera de modo autorreferencial. Como explica von Foerster (1984), "afuera" no hay luz ni color, sino sólo ondas electromagnéticas; no hay sonido ni música, sino sólo variaciones periódicas de la presión del aire. Y por eso la pregunta por "lo real" debe dirigirse hacia la búsqueda de una comprensión del fenómeno cognitivo.

La distinción constituye el movimiento básico y recursivo de la cognición. Como señala Varela (1975), la distinción primordial permite separar unas de otras las formas de manifestación que el sujeto llamará "mundo". A su vez, las distinciones se convierten en el punto de partida de nuevas distinciones, que abren paso a nuevas distinciones y así, recursivamente. "Hay recursión", dice Maturana (1996), "cada vez que una operación se aplica sobre las consecuencias lógicas de su aplicación" (p. 218). Desde el punto de vista del sistema, la operación de la distinción decanta en experiencias que se le ofrecen con cierto grado de estabilidad, a las que pone nombre y sustantiva, como –por ejemplo– "silla", "alegría" o "competidor". Por lo tanto, "silla", "alegría" o "competidor" no refieren a algo fuera del sistema cognitivo que los construye, sino a experiencias de experiencias de experiencias. O, si se prefiere, a distinciones de distinciones que remiten a una distinción primordial. Así, "(...) las operaciones recursivas generan valores 'estables' y de una infinitud de valores posibles emergen los valores propios", es decir, los construidos por el sistema (Segal, p. 188).

Mediante el lenguaje, los seres humanos distinguen unidades, ya sean conceptuales ("dignidad") o concretas ("taza"), ya simples ("áspero") o compuestas ("león"). Por eso, como suelen recordar los constructivistas, los seres humanos somos seres humanos en el lenguaje: somos una distinción construida mediante el lenguaje.

Cuando un sujeto desea que otro distinga una unidad, debe especificarle cuáles son las operaciones de distinción necesarias. Esta es quizás la definición más precisa de lo que en este libro denominamos alineamiento cognitivo de un SSTC. El alineamiento no se produce respecto de una referencia externa a los sujetos ("el" SSTC, "el" teatro de operaciones, "la" realidad) sino respecto de operaciones de distinción. Alinear cognitivamente a los miembros de un SSTC significa establecer cuáles son las operaciones de distinción que deben ser satisfechas por los integrantes del sistema para el desarrollo consistente de la estrategia.

Para Maturana y Varela (1988), las unidades compuestas son aquellas que, como resultado de una operación de distinción, presentan más de un componente. Sus dos características principales son la organización y la estructura. La organización define la identidad, las relaciones invariantes entre los componentes que especifican y diferencian de qué unidad se trata. La estructura, por su parte, refiere a las relaciones entre los componentes que permiten conservar la organización. Por lo tanto, una unidad compuesta puede desarrollar diversas estructuras y conservar, al mismo tiempo, la organización que define su identidad. Es autopoiética, porque produce y reproduce sus elementos componentes.

"Maturana es, antes que otra cosa, un biólogo. Sin embargo, el principio teórico con el que aborda la explicación de la reproducción de la vida ha sido asumido (con suficiente reespecificación) en muchos campos de lo que la tradición ha venido llamando ciencias del hombre. Con el concepto de autopoiesis tenemos uno de esos casos claros en que se confirma la esperanza de escaparse de la contraposición entre ciencias de la naturaleza (duras) y ciencias del espíritu (blandas)" (Rodríguez y Torres, 2003). Así, la noción de autopoiesis permite iluminar la comprensión tanto de los sistemas biológicos como de los sistemas sociales.

La autopoiesis señala la capacidad de reproducción recursiva de los componentes de un sistema clausurado. El sistema autopoiético es un emergente, que no puede ser reducido a sus elementos constituyentes. Es una organización autónoma, porque opera de acuerdo con un orden que no le es marcado por nada ajeno a sí mismo. Dado que ninguna operación es causada desde afuera (clausura operativa), las estructuras del sistema (relaciones entre los componentes que permiten, por adaptación o rechazo, conservar la organización) son autoconstruidas.

"De acuerdo a Maturana, el vivir de un sistema viviente es un proceso de interacciones recursivas entre el sistema viviente y el medio que cursa como un fluir de cambios estructurales congruentes y recíprocos. Este proceso toma lugar como un curso, sin esfuerzo o dirección externa, como un resultado sistémico de sus interacciones recurrentes como sistemas estructuralmente determinados independientes (Maturana, 1987). En otras palabras, los sistemas vivientes y el medio cambian juntos en una dinámica de congruencia estructural a través de su mutuo gatilleo recursivo de cambios estructurales, mientras que el sistema viviente conserva su organización viviente (autopoiesis) y su adaptación al medio (congruencia estructural dinámica operacional con él). (...) el sistema viviente se desliza en el medio a través de sus continuos cambios estructurales siguiendo un curso en el que conserva su organización viviente (autopoiesis) y su congruencia estructural dinámica con el medio (adaptación), o se desintegra. Debido a esta relación sistémica entre un sistema viviente y el medio, la dinámica estructural de un sistema viviente está siempre, mientras viva, en una congruencia estructural adecuada con el medio para la realización de su vida. Cuando tal coincidencia desaparece, el sistema viviente muere (Maturana y Mpodozis, 1992)" (Ruiz, 1996, p. 287). Del mismo modo, la viabilidad de un SSTC exige que su estructura se mantenga congruente con el cambio estructural continuo del entorno. Cuando deja de generar cambios estructurales congruentes con los del entorno, el sistema ha perdido su capacidad de adaptación.

2.1.2. Clausura y comunicación

Según Gore y Dunlap (2006), "(...) las organizaciones no son cosas dentro de las cuales se producen comunicaciones, sino que son en sí mismas fenómenos comunicacionales que además actúan como ambientes semánticos. Luego, puede afirmarse que una organización no tiene comunicación, sino que es comunicación en sí misma" (p. 149).

De la tesis constructivista –según la cual no existe manera de comprobar la correspondencia (*match*) entre la cognición construida por un sistema y una realidad en sí– se desprende que tampoco resulta posible probar la correspondencia entre la cognición que un sujeto busca comunicar y la cognición que construye el receptor a partir del mensaje recibido. Dicho de otro modo, si cada individuo es un sistema cognitivamente cerrado, no puede probarse que, cuando alguien dice "hogar", la interpretación que realiza el oyente se corresponda con el significado que el hablante deseaba transmitir.

Así, las nociones de clausura operativa, autorreferencia y autoorganización, aplicadas a las personas o a los SSTCs, dejan planteada la pregunta acerca de las características que deben atribuirse a la comunicación. Como explicamos en el capítulo anterior, la comunicación depende de la construcción en el lenguaje de un dominio consensual entre el emisor y el receptor.

Dentro de los SSTC, así como entre los seres humanos en general, el lenguaje constituye la interfaz por excelencia. La palabra es el coordinador conductual primario, mientras que la estrategia es el coordinador conductual de orden superior. La estrategia marca el norte del cambio estructural del sistema que debe traducirse en un cambio conductual de sus miembros. Por eso, la ejecución de la estrategia requiere el alineamiento cognitivo (coordinaciones conductuales consensuales del conjunto de los integrantes).

Como quedó señalado, la comunicación pone en juego una de las actividades cognitivas más complejas: la interpretación. Esta implica experiencia, coordinación de estructuras conceptuales y representación simbólica. En la interpretación pueden identificarse los siguientes elementos:

- un sujeto activo (S) o intérprete;
- un objeto (X) experimentado por S;
- una actividad específica (la interpretación) llevada a cabo por S; y
- el resultado de la actividad (Y), que no es parte de la experiencia inmediata de X que tiene S, pero que está vinculado con X por medio de alguna clase de relación conocida para S.

El objeto X ha sido elegido o producido por el autor del mensaje para comunicar un significado intencional. Mientras que la relación entre X e Y es el resultado de la *interpretación* de S, el vínculo entre X y el significado intencional es el fruto de una *asociación* realizada por el autor del mensaje. Si se toman como base el enfoque constructivista del conocimiento así como los conceptos de clausura operativa, autorreferencia y autoorganización, debe aceptarse que no es posible comprobar si la interpretación construida por S es una réplica del significado intencional, ya que este no se encuentra en el objeto X sino en la mente de su autor, un espacio por definición inaccesible para el intérprete. Por lo tanto, al comparar los pensamientos, los conceptos, las sensaciones, las emociones de una persona con los de otra, nunca puede establecerse efectivamente que son idénticos, sino sólo que son compatibles.

Resulta evidente que esta interpretación de la interpretación tiene como trasfondo la distinción entre correspondencia (*match*) y encaje (*fit*). Según von Glasersfeld (1987), la sustitución del concepto tradicional de la verdad entendida como correspondencia o representación (icónica o isomórfica) de la realidad por el concepto de encaje constituye una rasgo central de la teoría del conocimiento denominada "constructivismo radical".

De acuerdo con la teoría de la comunicación de Shannon, lo que "viaja" de un individuo a otro no es el significado sino señales, que tienen un significado específico codificado en ellas por quien las emite. Para que el receptor pueda decodificar la señal, deben cumplirse dos condiciones. La primera, que reconozca a la señal como una señal. La segunda, que cuente con un significado específico asociado a la señal. En el ámbito técnico o científico, suele darse por supuesto que el código del emisor y el del receptor son los mismos, pues el lenguaje que emplean se ha formalizado al fijar *a priori* tanto las señales que serán permitidas, como los significados asociados con cada una. Pero cuando el sistema de comunicación no fue establecido de manera deliberada –como ocurre, por ejemplo, en un lenguaje natural–, suponer que los códigos y los significados atribuidos por los participantes son idénticos se torna un procedimiento mucho más cuestionable.

Las personas aprenden el lenguaje natural interactuando. El hablante y el oyente se encuentran uno en el campo experiencial del otro. Allí se desarrolla una retroalimentación de la interpretación que hace el oyente de las palabras del hablante, y también un *feedback* de las expectativas que el hablante tiene en relación con las respuestas del oyente. El aprendizaje del lenguaje natural exige un gran número de experiencias de ensayo y error hasta que los sujetos logran construir una forma *viable* de responder. Esto significa que, desde la perspectiva constructivista del conocimiento, aprender un idioma –por ejemplo– no significa *aprehender* el significado que está en la mente del hablante, sino construir una interpretación que encaje, por una parte, en la estructura conceptual del oyente y, por otra, en las expectativas del hablante.

Desde el enfoque que estamos desarrollando, las palabras no refieren a una realidad externa e independiente de los sistemas cognitivos de quienes participan en la comunicación, sino a las representaciones de las experiencias que esos sistemas cognitivos han construido. Por esta razón, la comunicación sólo puede llevarse a cabo dentro de los límites de un dominio consensual, en el que los participantes han adaptado y compatibilizado entre sí sus conceptualizaciones por medio de experiencias interactivas, recurrentes y recursivas.

Un individuo cree haber entendido una palabra cuando el significado atribuido se conserva viable a través de las experiencias interaccionales o lingüísticas posteriores. Cuanto mayor es el número de situaciones en que la interpretación parece encajar con la intención del hablante, mayor es la tendencia del oyente a creer que ese es *el* significado convencional. Sin embargo, el *encaje* recurrente no demuestra la *correspondencia* entre las construcciones cognitivas del hablante y las del oyente. Para el constructivismo, nada impide pensar que experiencias interactivas ulteriores podrían poner de manifiesto la existencia de un malentendido.

La epistemología del constructivismo radical aplicada a la comunicación permite extraer algunas conclusiones muy importantes. En primer lugar, no puede determinarse la corrección de una interpretación de un texto (palabra, mensaje, situación, etc.) sino sólo su viabilidad, cualquiera que sea el número de experiencias confirmatorias del encaje. En segundo lugar, la viabilidad sólo puede evaluarse desde el punto de vista del intérprete. Ambas conclusiones no sólo son aplicables a las interpretaciones que los seres humanos realizan constante y cotidianamente. Algo similar ocurre en el ámbito de las ciencias. Con independencia de cuánto sirva una teoría a los propósitos científicos de explicar, predecir y controlar su objeto, nunca podrá ser presentada como una descripción adecuada y correspondiente de la realidad en sí, sino sólo como una explicación posible (viable) de las experiencias de los científicos.

Luego, retomando el concepto de Gore y Dunlap citado más arriba, si la organización es comunicación, el alineamiento cognitivo puede definirse como el proceso que apunta a compatibilizar las interpretaciones (representaciones y modelos mentales) de los miembros de un SSTC en el dominio consensual por excelencia: el lenguaje. Se trata de reducir la dispersión cognitiva por medio del aprendizaje.

2.1.3. Piaget y el constructivismo radical

La construction du réel chez l'enfant, la obra de Jean Piaget que se publicó en 1937, constituye uno de los trabajos fundacionales del enfoque constructivista. Allí, Piaget comienza a desarrollar el concepto clave de su pensamiento: el conocimiento no es una representación *adecuada* de lo real sino una construcción que permite al individuo *adaptarse* al entorno.

LA CONSTRUCCIÓN DEL CONOCIMIENTO

Esa construcción es el producto de una reflexión de la mente sobre sus propias operaciones. El conocimiento se construye por medio de dos procesos principales (asimilación y acomodación) controlados por un mecanismo de autorregulación interno (equilibración). La asimilación permite incorporar los *inputs* que provienen del ambiente, a las estructuras cognitivas del individuo, mientras que las estructuras preexistentes se reacomodan a fin de incorporarlos.

Es posible identificar diversas configuraciones de las estructuras mentales, desde el nacimiento hasta la adultez, que caracterizan los diferentes estadios de desarrollo cognitivo del sujeto: sensorio-motriz, preoperacional, operacional concreto y operacional abstracto. A cada estadio corresponde un tipo de equilibrio particular, y entre el naci miento y la edad adulta se verifica una evolución hacia formas crecientemente estables y móviles de intercambio con el medio.

Piaget (1968) subraya que, durante el periodo comprendido entre el nacimiento y la adquisición del lenguaje, el niño despliega un extraordinario proceso de desarrollo cognitivo que marca el resto de su evolución psicológica: la conquista de todo el universo práctico que lo rodea por medio de la percepción y el movimiento. El autor –como ya lo había hecho Kant– recurre a la metáfora de la revolución copernicana para hablar del pasaje desde una posición (la del neonato) en la que todo queda referido al propio cuerpo, hacia otra (alrededor de los dos años, con el comienzo del lenguaje y el pensamiento) en que el individuo se sitúa a sí mismo como una entidad más, incluida en un universo *que él ha construido* y que ahora *experimenta* como externo a él. Según von Glasersfeld (1994a), "la reflexión que practica el niño sobre sus propias operaciones es la base de la 'abstracción reflexiva', la que da lugar a todos los conceptos importantes que no pueden derivarse en forma directa de la experiencia sensorial o motriz" (p. 124).

Para el constructivismo radical, el planteo de Piaget presenta importantes implicaciones epistemológicas. La experiencia constituye la interfaz entre el sujeto que construye el conocimiento y las señales del entorno tomadas como *inputs*. Estas señales, si se quiere, son "emitidas" por una "caja negra", una realidad en sí que no requiere la formulación de hipótesis pero que, según el constructivismo, definitivamente no resulta accesible para el sistema cognitivo. El sujeto cognoscente asimila y acomoda las señales en estructuras que le permiten predecir y controlar su propia experiencia. No obstante lo ajustadas que se muestren una y otra vez a los móviles y objetivos del individuo, esas estructuras no refieren a la realidad en sí: sólo prueban que ciertos *inputs* se acomodan a ellas con una frecuencia suficiente como para considerarlos co-ocurrencias invariantes.

La conducta del sujeto no se orienta hacia el descubrimiento o la intervención en el orden de lo real considerado como absoluto, sino hacia la restitución o fortalecimiento del equilibrio entre el sistema y el entorno por medio de una actividad de adaptación. Según Piaget, conocer es construir o reconstruir el objeto a fin de, a través de esta operación, comprender el mecanismo de la actividad de construcción. Así, el conocimiento es abstraído de la acción de conocer en tanto tal y no del objeto conocido. Por eso, la interpretación constructivista radical de la epistemología genética de Piaget subraya que las representaciones del entorno, el conocimiento del mundo que construye un individuo, son siempre el resultado de su propia actividad cognitiva. La materia prima de esa construcción son los datos sensibles, respecto de los cuales no se supone ninguna conexión con una realidad en sí. La experiencia es el resultado de la externalización de los constructos cognitivos del sujeto, una operación inherente a cada acto de autoconciencia o de conciencia experiencial. La equilibración cognitiva completa constituye una suerte de estado ideal que, aunque inalcanzable, orienta los procesos de asimilación (de lo dado a la experiencia –señales o *inputs*– a las estructuras formadas en el pasado) y de acomodación (toda vez que las señales con las que se está operando no puedan encajarse en las estructuras disponibles). Sin embargo, cabe recordar, una vez más, que la equilibración es, esencialmente, una meta adaptativa.

En rigor, la permanencia o la universalidad de nuestros constructos cognitivos –sostiene von Glasersfeld (1987)– son siempre y necesariamente precarias. Aun cuando pudiera alcanzarse un acuerdo intersubjetivo perfecto acerca de las construcciones cognitivas particulares, esto no probaría que las personas han descubierto la *verdadera* estructura del mundo, sino sólo que se ha logrado establecer una construcción *común* y *viable*.

2.2. Las ciencias cognitivas

Durante las últimas décadas del siglo XX, la pregunta por la naturaleza, génesis y posibilidad del conocimiento se ha visto renovada en su tratamiento gracias al aporte de disciplinas tales como la neurociencia, la psicología y la lingüística cognitivas, los desarrollos en inteligencia artificial y la filosofía de la mente. "Las ciencias cognitivas se imponen hoy como un nuevo campo del saber que intenta dilucidar mediante la experimentación, la modelización y el uso de tecnologías de punta, el 'Misterio de la Mente' en sus relaciones con la Materia: el cerebro, el cuerpo y la computadora" (Houdé *et al.*, 2003, Introducción, p. IX).

Aunque los teóricos de la cognición no siempre coinciden en sus posturas o en la relevancia otorgada a los diversos aspectos abarcados, según Gardner (1987) es posible identificar cinco rasgos característicos de este "empeño contemporáneo de base empírica por responder a interrogantes epistemológicos de antigua data" (p. 21). Mientras que los dos primeros rasgos constituyen supuestos nucleares, los restantes refieren a cuestiones metodológicas.

- **Representaciones.** La ciencia cognitiva trabaja con entidades representacionales tales como símbolos, esquemas, reglas, imágenes e ideas, e investiga el modo en que se generan, relacionan y modifican.
- **Modelo cibernético.** Las computadoras u ordenadores son tomados como modelo del funcionamiento de la mente.
- **Recorte del análisis.** Si bien los aspectos emocionales, culturales, sociológicos e históricos –entre otros– influyen en la elaboración y la operación de las representaciones, los científicos cognitivistas procuran profundizar en un análisis original dejándolos de lado tanto como resulte posible.
- **Utilidad de los estudios interdisciplinarios.** Con el propósito de desplegar una comprensión más potente y abarcadora, el enfoque cognitivo busca capitalizar las ventajas de un trabajo interdisciplinario. Los trabajos sobre percepción visual y procesamiento lingüístico, por ejemplo, "(...) han aprovechado, de manera completamente natural, datos provenientes de la psicología, la neurociencia y la inteligencia artificial, a punto tal que las fronteras entre las disciplinas ha empezado a desdibujarse" (Gardner, p. 59).
- **Recuperación y reformulación de la tradición filosófica clásica.** La posibilidad de las ciencias cognitivas reconoce entre sus antecedentes los desarrollos más importantes de la historia de la filosofía occidental, entre los que se destacan particularmente las

aportaciones del empirismo, el racionalismo y el idealismo trascendental.

2.2.1. Etapa fundacional

En 1948, el Instituto de Tecnología de California organizó el simposio "Los Mecanismos Cerebrales en la Conducta", recordado hasta nuestros días como el "Simposio de Hixson", nombre de la fundación auspiciante.

Importantes personalidades, como John von Neumann, Warren McCulloch, Norbert Wiener y Karl Lashley, participaron del encuentro. El debate puso de manifiesto las limitaciones de los abordajes psicológicos con mayor predicamento (el psicoanálisis y el conductismo). Al mismo tiempo, permitió delinear nuevas rutas para la investigación de los fenómenos mentales a partir de los avances en lógica, neurobiología, teoría de la información y cibernética.

Se cuestionaba el carácter científico de la teoría psicoanalítica debido a los métodos que empleaba. Sus afirmaciones y hallazgos se sustentaban en las entrevistas clínicas, la elaboración de historias personales y, principalmente, en la introspección (autorreflexión de un observador entrenado). Dado que –por definición– la experiencia introspectiva es privada, el método negaba la intercambiabilidad de observadores, considerada necesaria para la construcción de la objetividad científica.

El conductismo, por su parte, había alcanzado su momento de máxima influencia durante las primeras décadas del siglo XX. Su trabajo se centraba en el estudio de la conducta, fenómeno que permitía recurrir a métodos de observación pública. "Un elemento decisivo del canon conductista era la creencia en la supremacía y el poder determinante del medio. Consideraban que los individuos no actuaban de la manera en que lo hacían a raíz de sus propias ideas y propósitos, o porque su aparato cognitivo poseyera ciertas tendencias estructurantes autónomas, sino que operaban como reflectores pasivos de diversas fuerzas y factores presentes en su medio. Se postuló un elaborado conjunto de explicaciones, que detallaban los principios del condicionamiento y del refuerzo, para describir cómo se producía el aprendizaje y se formaban las conductas particulares. (...) Así como la mecánica había explicado las leyes del mundo físico, los modelos mecanicistas basados en el arco reflejo serían capaces de explicar la actividad humana" (Gardner, p. 28).

Con la intención de establecer una suerte de campo aséptico, donde no pudieran infiltrarse constructos tales como "mente", "deseo", "símbolo" y otros, el conductismo terminó por verse impedido de dar una explicación acabada –o, por lo menos, convincente– a cuestiones francamente relevantes. La naturaleza del lenguaje, la imaginación, los procesos de planificación y, en general, cualquier conducta ordenada en forma secuencial se resistían a ser reducidos al esquema lineal del arco reflejo, a la pasividad del individuo y el estímulo ambiental como único principio disparador. Para muchos autores, el Simposio de Hixson marcó el inicio de la decadencia del conductismo y sembró la semilla de las ciencias cognitivas.

Casi un lustro más tarde, en 1956, el Simposio sobre Teoría de la Información llevado a cabo en el Massachusetts Institute of Technology (MIT) convocó a importantes teóricos de la comunicación y las ciencias humanas. En esa oportunidad, Allen Newell y Herbert Simon presentaron la primera demostración completa de un teorema llevada a cabo por una computadora; Noam Chomsky, su enfoque transformacional de la gramática; George Miller, sus investigaciones sobre la capacidad de almacenamiento de la memoria de trabajo.

La segunda mitad de la década de 1950 constituyó una época clave para el desarrollo de las ciencias cognitivas, durante la cual vieron la luz trabajos capitales como, por ejemplo, *Study of Thinking* de Jerome Bruner, Jacqueline Goodnow y George Austin, *The computer and the brain* de John von Neumann, *The logic theory machine* de Newell y Simon, y *The Magical Number Seven* de Miller.

Los aportes realizados desde la psicología, la lingüística, la inteligencia artificial, la neurociencia, la antropología y la filosofía se multiplicaban. Reseñaremos algunos de los hitos más importantes de la etapa fundacional de las ciencias cognitivas.

- **Neurociencia.** En el MIT, Humberto Maturana, Warren McCulloch y Jerome Lettvin estudiaron la retina de la rana y mostraron que la estructura del sistema nervioso especifica lo que un animal ve mediante un proceso de abstracción selectiva de diversas configuraciones del estímulo visual. En una línea similar trabajaban David Hubel y Torsten Wiesel, de la Universidad de Harvard, quienes arribaron a conclusiones coincidentes.
- **Antropología.** Harold Conklin, Ward Goodenough y Floyd Lounsbury, desde la antropología cognitiva o etnosemántica, "documentaron la gran variedad de prácticas cognitivas existentes en todo el mundo, al par que sugerían claramente que los procesos cognitivos más significativos son similares en todas partes" (Gardner, p. 46).
- **Inteligencia artificial.** Cuando en 1956 se llevó a cabo en el Darmouth College un encuentro de lógicos y matemáticos interesados en el estudio de la capacidad de las computadoras para resolver problemas, hacía cinco años que Alan Turing había publicado su artículo "Computing machinery and intelligence", en el que presentaba un procedimiento para determinar la existencia de inteligencia en una máquina.

El término "inteligencia artificial" fue acuñado por John McCarthy, que había asistido junto con Marvin Minsky, Claude Shannon, Newell y Simon al encuentro del Darmouth. A partir de aquella reunión, se conformaron dos grupos de investigación, el de la Universidad de Carnegie-Mellon y el del MIT. Newell y Simon pertenecían al primero, y McCarthy y Minsky, al segundo.

• **Filosofía.** Hilary Putnam (1960) interpreta los aportes de Turing y los desarrollos en computación como una nueva vía para el abordaje de la relación entre el cuerpo y la mente, uno de los problemas capitales de la tradición filosófica. Para el autor, es posible analizar el funcionamiento lógico (*software*) sin necesidad de referirlo a su soporte material (*hardware*). Así, los estados mentales (pensamientos, razonamientos, etc.) podían ser descriptos sin internarse en su vínculo con el sistema nervioso.

En 1960, Bruner y Miller fundaron en Harvard el Centro para Estudios Cognitivos, para muchos la cuna de las ciencias cognitivas. Con la publicación del trabajo *Plans and structure of behavior* (1960), Miller, Karl Pribam y Eugene Galanter pronto hicieron pública su rebelión contra el abordaje conductista "(...) y en su lugar reclamaron un enfoque cibernético de la conducta en términos de acciones, iteraciones o bucles [*loops*] de retroalimentación, y reajustes de la acción a la luz de la retroalimentación. (...) La computadora tornaba teóricamente legítimo describir a los seres humanos en función de planes (procesos jerárquicamente organizados), imágenes (todo el conocimiento disponible acerca del mundo), objetivos y otras concepciones mentalistas; (...) modelos más abiertos y flexibles, interactivos e intencionales" (Gardner, p. 49).

Entre las obras más tempranas e importantes de las ciencias cognitivas cabe mencionar *Cognitive psychology* (Ulric

Neisser, 1967), *The sciences of the artificial* (reúne conferencias dictadas por Herbert Simon en Compton durante 1969), *The structure of language* (compilación de Jerry Fodor y Jerrold Katz, 1964), *Computers and thoughts* (compilación de Edward Feigenbaum y Julian Feldman, 1963), *Semantic information processing* (compilación de Marvin Minsky, 1968) y *Cognitive anthropology* (Stephen Tyler, 1969).

2.2.2. Las ciencias cognitivas hoy

Quizás a causa de su juventud y de la complejidad que presenta su objeto de estudio, las ciencias cognitivas exhiben aún hoy divergencias en muchos aspectos. No obstante, constituyen un campo de investigación definido por supuestos nucleares y metodológicos comunes (cfr. *ut supra*). Entre las principales disciplinas cognitivas cabe mencionar las siguientes.

- **Psicología cognitiva.** "En vista de sus lazos de filiación con la filosofía y la biología, no es sorprendente que hoy se considere con frecuencia que la psicología es la disciplina central y federativa de las ciencias cognitivas. La recién nacida, ahora adulta y saludable, ya no es rebelde ni ingrata respecto de sus mayores, que (con nuevos nombres) siguen interesándose en ella: la neurociencia cognitiva (anclada en la biología) y la filosofía de la mente. Mientras tanto, con la aparición de la computadora, nació una hermana menor: la Inteligencia Artificial, y la psicología ha exclamado a su vez 'se parece a mí'. Por último, las primas, la lingüística, la lógica, etc., no han faltado a la nueva cita" (Houdé, en Houdé *et al.*, p. XVI).

  Aunque es posible encontrar diferentes concepciones en los autores, el rasgo distintivo de la psicología cognitiva consiste en presentar un abordaje del fenómeno psicológico que rechaza el dualismo mente-materia y busca, en cambio, una explicación que pueda echar nueva luz sobre la relación entre la actividad cognitiva y la naturaleza fisicoquímica y neuroanatómica del cerebro.

- **Neurociencia cognitiva.** Toma como punto de partida que las actividades cognitivas son aquellas realizadas por el cerebro y que, por lo tanto, resulta imprescindible conocer su funcionamiento.

  La neurociencia cognitiva estudia las actividades mentales desagregándolas en los subsistemas de procesamiento necesarios para su consecución y relacionándolas con la anatomía y el funcionamiento del cerebro. A partir de un análisis computacional, se hipotetizan los subsistemas de procesamiento necesarios para realizar una actividad particular (por ejemplo, leer). Luego, esas hipótesis son puestas a prueba mediante experiencias de simulación informática. En el Capítulo 3 volveremos sobre esta disciplina a propósito de la arquitectura de la mente.

- **Inteligencia artificial (IA).** Analiza y trabaja sobre la inteligencia como "(...) una cualidad abstracta, de la que sólo las actuaciones humanas pueden, en la actualidad, darnos una idea. El papel principal de la IA en las ciencias cognitivas es intentar diferenciar lo que es intrínseco de esa cualidad, de lo que depende de su realización biológica, y sobre todo de las particularidades de la especie humana" (Kayser, en Houdé *et al.*, p. XXIII).

  Algunos de los aportes más significativos de esta ciencia cognitiva, y que contribuyeron de manera crítica a la informática, se refieren a la vida artificial, el aprendizaje, la solución de problemas, la comunicación, la comprensión del lenguaje y la representación de lo incierto.

* **Lingüística cognitiva**. El paradigma simbólico del cognitivismo es el resultado de la confluencia de los avances provenientes de la lingüística formal, la psicología cognitiva y la inteligencia artificial. A semejanza de los algoritmos informáticos, "el pensamiento es concebido como una secuencia reglada de operaciones sobre símbolos. El 'lenguaje del pensamiento', propuesto por Jerry Fodor (...) desempeña para el cerebro el mismo papel que desempeña el lenguaje de máquina para la computadora. Estructura las representaciones mentales en proposiciones lógicas, que las lenguas tienen la tarea de expresar" (Pootior, on Houdé *et al.*, p. xxxv).

  Entre los investigadores más destacados de esta disciplina se cuentan Noam Chomsky, George Lakoff, Charles Fillmore y Richard Montague.

* **Filosofía de la mente.** Valida la cognición como dominio común del conjunto de las ciencias cognitivas, a las que provee de instrumentos conceptuales que permiten coordinar las investigaciones e, incluso, formular nuevas hipótesis teóricas. "Se denomina 'investigación fundacional' a la indagación de las condiciones de legitimidad de la correspondiente empresa de conocimiento. La investigación fundacional se interroga sobre la naturaleza del objeto a conocer, sobre la adecuación de los métodos utilizados con respecto al objeto, y, por último, sobre la validez de esos métodos. En el caso de las ciencias cognitivas, las disciplinas implicadas poseen independientemente objeto y métodos propios. No se trata por tanto de fundar cada una de estas ciencias sino de justificar la focalización de su esfuerzo conjunto en un nuevo dominio, denominado 'cognición'

entendido como todo procesamiento de la información que permite a un organismo (o, más en general, a un sistema) formar representaciones de su entorno, almacenarlas y combinarlas en la planificación de su acción" (Proust, en Houdé *et al.*, pp. XXVIII-XIX).

2.2.3. Arquitectura de la mente: modelización del funcionamiento cognitivo

Por lo general, el concepto de "cognición" se aplica a los procesos y los productos superiores de la mente humana. Entre estos suelen incluirse el conocimiento, la conciencia, la inteligencia, el pensamiento, la imaginación, la creación, la generación de planes y estrategias, el razonamiento, la inferencia, la resolución de problemas, la elaboración y clasificación de conceptos, el establecimiento de relaciones y la simbolización. Sin embargo, existen otros componentes cognitivos que deben considerarse, aun cuando no exhiban un carácter tan marcado de producto intelectual (por ejemplo, los movimientos organizados en los niños y la percepción) o se encuentren fuertemente relacionados con procesos sociopsicológicos (los usos sociocomunicativos del lenguaje y la cognición del mundo humano, entre otros).

Una comprensión acabada de la cognición exige develar el entretejido del funcionamiento cognitivo, ya que cada proceso desempeña un papel clave en la operación y el despliegue de los otros. Por eso, lo que un sujeto imagina suele depender de sus conocimientos o del modo en que clasifica sus conceptos. La mente puede verse como una suerte de dispositivo que realiza una amplia variedad de operaciones que se traducen en una también vasta diversidad de productos. Desde luego, se trata de un dispositivo muy organizado, cuyas partes no conforman un agregado sino un sistema complejo y fuertemente interconectado en constante desarrollo (Flavell *et al.*, 2002).

El funcionamiento de la mente –en especial la naturaleza y dinámica de las capacidades cognitivas– ha sido el objeto de estudio de diversas disciplinas, entre otras, la psicología cognitiva y la inteligencia artificial. Ambas toman a la computadora como metáfora central de sus desarrollos, dejando de lado el estudio del cerebro en sí y su relación con los procesos cognitivos. La neurociencia, en tanto, parte de la premisa de que la mente es lo que el cerebro hace. Si estableciéramos una analogía con la arquitectura, podría afirmarse que mientras que unas estudian las características, el diseño y las prestaciones de un edificio, la otra se enfoca en los materiales con que está construido a fin de descubrir cómo condicionan el diseño. Así, la neurociencia se interesa por un tipo de fenómeno particular (los procesos cognitivos) en tanto emergente de un tipo de sustrato peculiar (el cerebro).

El cerebro humano trabaja como un instrumento capaz de detectar y registrar sus propios estados, ya que puede procesar contenidos de manera consciente. Es autoorganizado respecto de su manejo de la información y posee la habilidad de crear por sí mismo los "programas" con que realiza sus tareas, aun cuando se admita que esa creación tiene como punto de partida una programación genéticamente determinada. Como señala Löwenhard (1990), a diferencia de la computadora más poderosa que pueda haberse creado hasta hoy, el cerebro funciona sin que nadie le diga cómo hacerlo.

Con el propósito de construir un modelo del sistema completo que permita comprender y estudiar las capacidades cognitivas, algunas corrientes de la psicología han recurrido a descomponerlas en módulos o subsistemas diferenciados por la naturaleza de las representaciones y los procedimientos que se les asocian. Esta clase de modelización ha sido profundamente capitalizada por la neurociencia cognitiva, disciplina que busca "(...) identificar esos módulos, especificar su actividad y comprender su organización en una arquitectura funcional (conjunto de módulos de procesamiento necesarios para la realización de una actividad cognitiva dada)" (Koenig, 2003, p. 305).

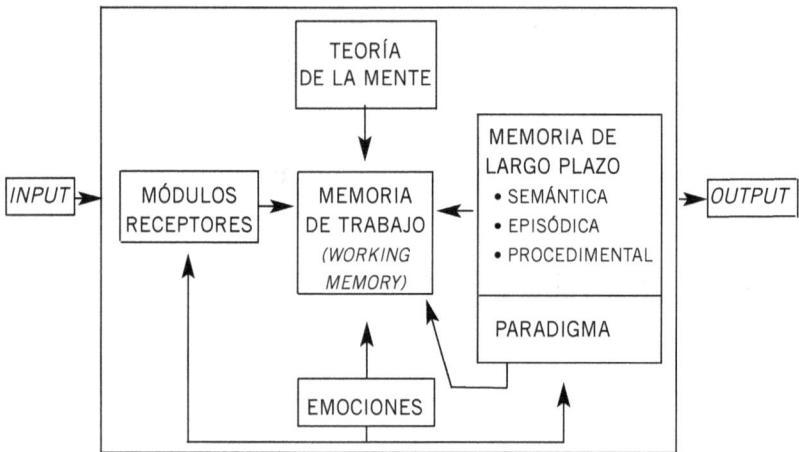

Figura I. Arquitectura de la mente: modelización del proceso cognitivo

Los módulos receptores constituyen el sistema de entrada de los *inputs* externos. Mientras que algunos autores consideran que están encapsulados o claramente diferenciados (Fodor, 2000), otros hablan de una modularidad débil, ya que un mismo módulo puede formar parte de diversos sistemas de procesamiento cognitivo y, por lo tanto, su caracterización debe tenerlos en cuenta (Kosslyn y Koenig, 1992). A través de estos, las señales del entorno son formateadas y convertidas en datos que pueden ser elaborados por las funciones cognitivas superiores.

La memoria, por su parte, desempeña un papel central en el procesamiento de la información y el aprendizaje. De acuerdo con la psicología cognitiva, "(...) la noción de memoria designa los estados mentales portadores de información, mientras la noción de aprendizaje designa la transición de un estado mental a otro" (Gaonac'h, 2003, p. 284). Según la transitoriedad o estabilidad de los estados mentales, puede distinguirse entre memoria de corto y de largo plazo. La primera opera con un número limitado de unidades de información almacenadas transitoriamente. Es altamente sensible a las interferencias. La segunda almacena una gran cantidad de información y puede clasificarse según diversos criterios (Tulving y Craik, 2000; Anderson, 1995).

- **Memoria de largo plazo declarativa.** Información que puede ser traída a la conciencia como una formulación expresada en lenguaje natural o mediante imágenes mentales. A su vez, puede ser:
  - **episódica** (información que puede situarse en el espacio y en el tiempo, cuya evocación se vincula con el contexto); o
  - **semántica** (conocimientos generales que se recuperan en función de su propia organización y no de sus coordenadas espaciotemporales de construcción).
- **Memoria de largo plazo procedimental.** Información de difícil acceso a la conciencia, pero implicada en la realización de actividades perceptivo-motoras o cognitivas.

La memoria de trabajo (*working memory*) es el espacio en que se procesa la articulación entre las señales externas formateadas por los módulos receptores y la parte activada de la memoria de largo plazo. Cabe aclarar que el número de elementos que pueden activarse simultáneamente es limitado (entre cinco y nueve). La memoria de trabajo interviene cumpliendo diversas funciones como, por ejemplo, retener el significado de los términos a fin de permitir la comprensión de un texto, o mantener presente el objetivo perseguido durante una operación. Su funcionamiento está influido por aspectos particulares de cada individuo (su teoría de la mente, emociones y paradigma cognitivo). Los productos de la memoria de trabajo se transfieren a la memoria de largo plazo.

Por último, para completar esta modelización esquemática del funcionamiento cognitivo, es preciso introducir el concepto de atención. Desde la psicología cognitiva, puede definirse como una metáfora "(...) que remite a un conjunto de actividades cognitivas que operan sobre representaciones mediante procesos de amplificación (realce) o de atenuación (inhibición) que modulan transitoriamente la eficiencia de nuestra actividad mental y cuyas consecuencias comportamentales se manifiestan en forma de un conjunto de beneficios" (Camus, p. 37). De este modo, la atención introduce un componente selectivo respecto de la información que será procesada por el sistema cognitivo.

En el transcurso de los próximos capítulos, volveremos sobre esta modelización, de la que nos valdremos para explicar los procesos de estrategización, alineamiento y dispersión cognitivos.

CAPÍTULO 3

EL APRENDIZAJE Y LA CONSTRUCCIÓN
DEL CAMBIO

El aprendizaje constituye la vía regia del alineamiento cognitivo y la dinámica intrínseca de la estrategia. Los temas presentados hasta aquí ponen de relieve la necesidad de comprender y profundizar de qué manera los sstcs operan cognitivamente y, en particular, cómo aprenden.

Por lo general, se denomina metacognición al conocimiento que construyen los individuos acerca de sus actividades cognitivas, entre otras, percibir, comprender y aprender. Sin embargo, el término suele emplearse también para definir los procesos de supervisión y autorregulación que el individuo pone en juego cuando lleva a cabo una tarea (Mateos, 2001). En el presente capítulo, tomaremos el concepto de metacognición para analizar los procesos de aprendizaje.

3.1. Los aprendizajes complejos

"El aprendizaje es una modificación de la capacidad de realizar una tarea bajo el efecto de una interacción con el entorno. Se distingue de los cambios comportamentales que son consecuencia de la maduración (evolución interna del organismo según un programa de desarrollo característico de la especie)" (Houdé, 2003, p. 25). A partir de esta definición, puede considerarse que cualquier SSTC, así como sus integrantes, se encuentran en condiciones de aprender, aunque no es lógicamente necesario que lo hagan. Los SSTCs pueden crecer (en el sentido que Houdé atribuye al proceso de maduración) sin modificar sus capacidades, es decir, sin aprender.

La distinción entre aprendizaje y maduración resulta crítica para el análisis cognitivo de los SSTCs. La ampliación de la estructura, la acumulación de recursos o el incremento del número de prestaciones que es capaz de producir pueden ser variables indicativas del grado de crecimiento alcanzado por un sistema. Pero la capacidad que despliegue para modificarse a sí mismo con el fin de poner esos recursos al servicio de la consecución de sus objetivos señala un nivel superior de desarrollo. La autopoiesis en el marco de la clausura operativa nos remite a la noción de aprendizaje.

De acuerdo con el grado de integración de la actividad psicológica, el aprendizaje puede ser elemental o complejo. Los aprendizajes elementales (como la habituación o el condicionamiento) se relacionan con el control que ejercen los estímulos del medio. Los aprendizajes complejos, en cambio, están mediatizados por representaciones simbólicas y dependen de la significación que el individuo atribuye al estímulo. El análisis del aprendizaje complejo "(...) se aplica, más que a las características del entorno, al sujeto-aprendiente, a sus conocimientos anteriores y a las actividades cognitivas de procesamiento de la información que despliega" (Houdé, p. 27). De donde detectar las construcciones y modalidades cognitivas activas en los SSTCs significa investigar la manera en que el sistema y sus miembros desarrollan aprendizajes complejos.

3.1.1. El aprendizaje social

Lo que las personas aprenden descansa sobre principios cognitivos. Dado que la cognición social refiere a lo que un individuo aprende respecto del mundo en el mundo, la noción subraya el carácter interpersonal, intersubjetivo y reflexivo de la cognición.

Higgins (2000) sostiene que los individuos no sólo se desempeñan como observadores de las relaciones interpersonales de otros (de amor, de poder, etc.) sino que ellos mismos pueden ser una parte de esas relaciones. Pueden comportarse como observadores de otros, a quienes atribuyen intenciones y sentimientos. Pueden ser ellos mismos quienes creen la situación social en la cual surgen intenciones y sentimientos, y hasta ser el objeto hacia el que estos se dirigen o apuntan. Las personas pueden actuar como observadores del punto de vista de otro y, ocasionalmente, sentirse impulsados también a construir un punto de vista compartido con él. El observador puede tratar de inferir disposiciones y cualidades del sujeto observado y este, a su vez, intentar establecer qué inferencias está haciendo el observador (véase más adelante "Teoría de la mente"). Por último, el observador puede ser, al mismo tiempo, el sujeto observado.

El concepto de cognición social admite para Higgins un doble abordaje. Por una parte, el de la psicología social de la cognición (qué sucede en la vida mental del individuo cuando entra en asociación con otros); por otra, el de la cognición de la psicología social (cómo influye en la vida mental del individuo su asociación con otros). La cognición social apunta a la influencia recíproca entre las variables sociales y cognitivas. Los principios sociocognitivos son los que permiten comprender esa influencia recíproca. Se trata de un enfoque cognitivo sistémico, que supone una confluencia de los aportes de la psicología cognitiva así como de la teoría general de sistemas (TGS; von Bertalanffy, 1976).

Las personas aprenden sobre el mundo actuando en él y experimentando las consecuencias de sus actos (Ostrom, 1984). De este modo, los aprendizajes, en tanto procesos cognitivos, permiten la autorregulación y la regulación social de los sentimientos, los pensamientos y la acción (Bandura, 1986). La cognición social supone la interacción de los individuos que aprenden, e implica la construcción de una realidad compartida. La cognición social es social porque se ocupa del aprendizaje acerca de la asociación con otros y se produce en asociación con otros. Dado que las personas buscan aprender aquello que es relevante en el mundo social, la motivación aparece como un elemento inherente a la cognición social. Las motivaciones –en particular, las vinculadas con variables afectivas o epistémicas– y la cognición social se influyen sinérgicamente de varias maneras.

Como apunta Bar-Tal (1990), los psicólogos sociales que han estudiado la cognición social se han enfocado principalmente en el individuo, investigando las creencias y las actitudes según lo elaborado a través de procesos interpersonales, las estructuras presentes en su mente y el efecto en su comportamiento personal. Según el autor, esta línea de investigación pasa por alto el hecho de que los miembros del grupo comparten creencias y que, incluso, las adquieren a través de procesos intragrupales. Para Bar-Tal, el conocimiento es principalmente social, ya que la mayor parte del conocimiento individual se adquiere de otras personas y se comparte con ellas. El significado que ese conocimiento tiene para el sujeto depende de conceptos y creencias, construidos previamente por el grupo, que operan como marco interpretativo de las experiencias. Por lo tanto, en la medida en que los estudios sobre cognición social extiendan su foco a los grupos, podrán ampliar e introducir nuevas perspectivas acerca de los procesos y productos cognitivos sociales.

A propósito del aprendizaje social, Higgins analiza, por una parte, los principios de la cognición de la psicología social (organización, explicación, activación y uso del conocimiento) y, por otra, los principios de la psicología social de la cognición (realidad compartida, enacción de roles, posiciones e identidades sociales, y audiencias internas). Los primeros pueden caracterizarse sintéticamente del siguiente modo.

- **Principio de organización.** A partir de la conexión entre un dato elemental y aislado y otro tipo de información, el sujeto establece de qué se trata o qué está sucediendo.
- **Principio de explicación.** Implica establecer inferencias o realizar cierta atribución de causalidad a fin de dar cuenta de la actuación propia o de otros.
- **Principio de activación del conocimiento.** Para categorizar o explicar, es necesario activar cierto conocimiento almacenado que "encaja" (*fit*) y que está disponible en la memoria. La activación depende de la accesibilidad (potencial de activación del conocimiento disponible), de la aplicabilidad (relación entre las características o rasgos de un conocimiento almacenado y las características o rasgos de un estímulo) y de la notabilidad o saliencia (características o rasgos del estímulo que, por su importancia o diferencia comparativa, reciben una atención selectiva por parte del sujeto).
- **Principio de uso del conocimiento.** Un conocimiento puede estar activado y, sin embargo, no ponerse en uso. La probabilidad de ser puesto en uso se incrementa en la medida en que su procesamiento es relativamente automático. Se lo juzga útil para anticipar hechos futuros.

Respecto de los principios reseñados, cabe realizar algunas puntualizaciones. La atribución causal resulta beneficiosa desde el punto de vista funcional, porque favorece la autorregulación de las conductas (las personas tienden a tomar como si fueran verdaderas sus explicaciones acerca de por qué alguien se comportó de cierta manera y –por lo tanto– adoptan decisiones y actúan considerando que esa conducta se repetirá en el futuro). Sin embargo, esa anticipación que suele dinamizar la interacción social también puede obstaculizarla. Si un individuo se explica a sí mismo una conducta ajena como causada por una disposición propia de la persona observada, podría perder de vista el impacto de la situación como condicionante de ese comportamiento. En este caso, se estaría en presencia de una interpretación causal errónea, una cuestión crítica para el funcionamiento de los sstcs y su alineamiento cognitivo.

En cuanto al principio de activación del conocimiento, es preciso subrayar que no se opera de la misma manera en todos los individuos, ya que estos difieren unos de otros en sus experiencias, valores y expectativas. La mayor aplicabilidad y la mayor accesibilidad pueden esperarse cuando las características de un conocimiento almacenado se solapan con los rasgos del estímulo percibido. Asimismo, la influencia de la notabilidad desempeña un papel clave en el aprendizaje social porque, a la hora de seleccionar los atributos del estímulo a los que se prestará atención, la saliencia determina el conocimiento que será activado. Estos conceptos, trasladados al análisis de los sstcs, permiten identificar otras fuentes de dispersión cognitiva.

Los principios de la psicología social de la cognición tratan de explicar cómo el mundo que rodea al individuo influye en su aprendizaje.

- **Principio de realidad compartida.** Dado que ninguna opinión o creencia puede ser avalada por evidencia física incontrovertible, el fundamento del que se vale el individuo para sostenerlas es la realidad social, entendida como el hecho de que otros comparten esas opiniones o creencias.

- **Principio de enacción de roles.** Una acción es social cuando su significado y orientación toma en cuenta a los demás. *"Role enactment"* (tal la expresión original en inglés) puede traducirse literalmente como "promulgación del rol". La enacción de roles constituye lo más esencial de la acción social, pues modela el desempeño de un rol de acuerdo con deberes, derechos y privilegios que la expectativa de los otros le atribuye.
- **Principio de posiciones e identidades sociales.** Cualquier categoría de actor socialmente reconocida constituye una posición social. La asignación de una posición social a un individuo hace que quienes lo rodean no sólo supongan que él reúne ciertos atributos sino que, además, se comporten con él según este supuesto. La internalización por parte del sujeto de la posición atribuida por los otros es su identidad social.
- **Principio de audiencias internas.** Las creencias, los valores, las opiniones y las preferencias de las personas que resultan significativas para un individuo operan para él como reguladores internos de su conducta.

Estos principios permiten establecer de qué manera el contexto social se conecta con la construcción y el ejercicio de una posición dentro del grupo de referencia del sujeto, al tiempo que nos permiten comenzar a vislumbrar algunos de los resortes que intervienen en el alineamiento o la dispersión cognitivos de los SSTCs.

Para Higgins, sin los principios de organización, explicación, activación y uso del conocimiento no existiría el conocimiento social, que permite a las personas predecir, planear y controlar sus acciones como parte de una autorregulación efectiva y eficiente en relación con otros. Asimismo, sin los principios de enacción de roles, posiciones e identidades sociales, audiencias internas y realidad compartida, los individuos no contarían con los entendimientos mutuos ni el conocimiento común que les permiten considerarse entre sí como parte de una acción social efectiva y eficiente. Lograr una articulación aceitada de ambos tipos de principios constituye la clave para el alineamiento cognitivo de los SSTCs.

3.1.2. El aprendizaje cultural

Gracias a la interacción, tanto las personas como los animales se encuentran embarcados en un proceso de aprendizaje continuo. La construcción de cogniciones en la interfaz del lenguaje –ya sea por parte de un SSTCs o de sus integrantes– es un tipo de aprendizaje complejo estrechamente vinculado con la intersubjetividad y la motivación.

El aprendizaje cultural puede definirse por el vínculo particular que se establece entre el aprendiz y el individuo con quien este se propone aprender, ya que no se busca aprender del otro sino a través de él. El aprendiz, al tiempo que presta atención a lo que el otro hace, intenta captar la situación tal como este la concibe, con el propósito de descubrir su perspectiva interna. Tomasello, Kruger y Ratner (1993) distinguen entre esa "toma de perspectiva" (el intento de ver la situación desde el punto de vista de otro individuo) y la intersubjetividad. La toma de perspectiva por parte del aprendiz es el intento de ver la situación desde el punto de vista de otra persona, mientras que la intersubjetividad se verifica cuando tanto el aprendiz como el otro hacen esto simultáneamente. Los autores identifican tres niveles de aprendizaje cultural: el imitativo, el instructivo y el colaborativo. En todos, la clave reside en asumir el punto de vista del otro.

En el nivel imitativo, el aprendiz reproduce la conducta del otro, tanto en su forma como en su aplicación apropiada, e internaliza una parte de esas estrategias de comportamiento. Este aprendizaje revela que el imitador capta la perspectiva del otro pues es capaz de discernir entre las conductas relevantes y las que no lo son. En el aprendizaje instructivo, el aprendiz toma la enseñanza desde el otro, ya que halla cierta dificultad en adoptar la perspectiva ajena. Dado que debe realizarse un esfuerzo explícito para alinear ambas perspectivas, se recurre a la instrucción. Se trata de un proceso dialógico que busca reinstalar la intersubjetividad. El aprendiz internaliza el diálogo y lo conserva a fin de usarlo en el futuro en una tarea similar. Así, empleará la instrucción en la autorregulación de sus funciones atencionales, mnémicas o cognitivas.

Por último, el aprendizaje colaborativo exige también que los sujetos individuales asignen en su propia cognición una representación de aquellas partes de la experiencia de aprendizaje que requieren esfuerzos activos de toma de perspectiva. Al mismo tiempo, presenta la particularidad de requerir una co-construcción de la intersubjetividad. La representación cognitiva resultante incluye, por lo tanto, una integración de todas las perspectivas, por medio de una interacción colaborativa, en una conceptualización intersubjetiva que cumpla simultáneamente con todos los requerimientos que la tarea demanda y que pueden llevarse a cabo de distintas maneras. La construcción resultante de este proceso de colaboración mutua entre individuos que operan como pares es algo nuevo para ambos. El aprendizaje colaborativo incrementa la capacidad individual de invención de los participantes, motoriza la evolución cultural y deviene en fuente de mantenimiento de las tradiciones.

Conviene destacar que en los procesos de aprendizaje colaborativo la subjetividad es simétrica, porque ninguno de los participantes actúa como autoridad o experto. Por el contrario, trabajan juntos en la resolución de un problema común construyendo un conocimiento nuevo que después internalizarán individualmente. La característica distintiva del aprendizaje colaborativo consiste en que se trata de una co-construcción y no de un proceso de transmisión de saberes. Por esta razón, no sólo desempeña un papel fundamental en la mejora del alineamiento cognitivo de los sstcs, sino que es el corazón del proceso de estrategización.

3.1.3. El aprendizaje experiencial

Según Kolb (1984), el aprendizaje experiencial es un proceso mediante el cual se crea conocimiento transformando la experiencia. Este proceso se desarrolla a través de un ciclo repetitivo de cuatro fases: experiencia concreta, observación reflexiva, conceptualización abstracta y experimentación activa.

La experiencia concreta, como objeto de la observación reflexiva, da lugar a la elaboración de teorías. De estas se extraen, a su vez, hipótesis respecto de su aplicación en situaciones futuras, que operan como guías de la acción hacia nuevas experiencias concretas. Así, en el pasaje de una fase a otra durante el proceso de aprendizaje, se producen cuatro tipo de conocimientos.

- Experiencia concreta - observación reflexiva → conocimiento divergente. Supone la capacidad de percibir situaciones concretas desde diferentes puntos de vista y de integrarlas en una estructura significativa (*Gestalt*) novedosa.
- Observación reflexiva-conceptualización abstracta → conocimiento asimilativo. Implica asimilar observaciones inconexas, incorporarlas en una explicación integradora, crear modelos y razonar de manera inductiva. Resulta imprescindible para elaborar teorías, evaluar alternativas, fijar criterios, etc.

114

- Conceptualización abstracta - experimentación activa → conocimiento convergente. Producto característico del razonamiento deductivo, se centra en la aplicación de las teorías y el recorte de los problemas.
- Experimentación activa - experiencia concreta → conocimiento acomodativo. Busca poner a prueba las teorías mediante su aplicación.

Los tipos de conocimiento caracterizados remiten a cuatro estilos de aprendizaje. Cada persona –como así también cada subdominio de un SSTC– tiende a destacar en un estilo particular.

El carácter concreto de la experiencia y lo abstracto de la conceptualización forman un par de opuestos, que interactúa con otro definido por las virtudes activa y reflexiva de la experimentación y la observación respectivamente. Como resultado de la interacción, las dialécticas concreto-abstracto y activo-reflexivo desarrollan dos procesos: diferenciación e integración. El primero supone aprender a discriminar, refinar y clasificar las experiencias en diferentes categorías. El segundo, aprender a articular y a mantener la vinculación entre los elementos conformando una totalidad. La integración exige crear esquemas cada vez más comprensivos y abarcadores, capaces de integrar la experiencia, la observación, la conceptualización y la experimentación.

Una vez adquiridas las cuatro habilidades adaptativas (divergencia, asimilación, convergencia y acomodación), y de acuerdo con el estilo personal, el aprendizaje individual tiende a especializarse en una dimensión particular (afectiva, perceptual, simbólica o comportamental). Sin embargo, cuando el desarrollo cognitivo es armonioso, el sujeto busca integrar las habilidades y los conocimientos característicos de cada una dentro de una totalidad. El avance en este proceso de integración supone un incremento en la complejidad del aprendizaje mediante el abandono paula-

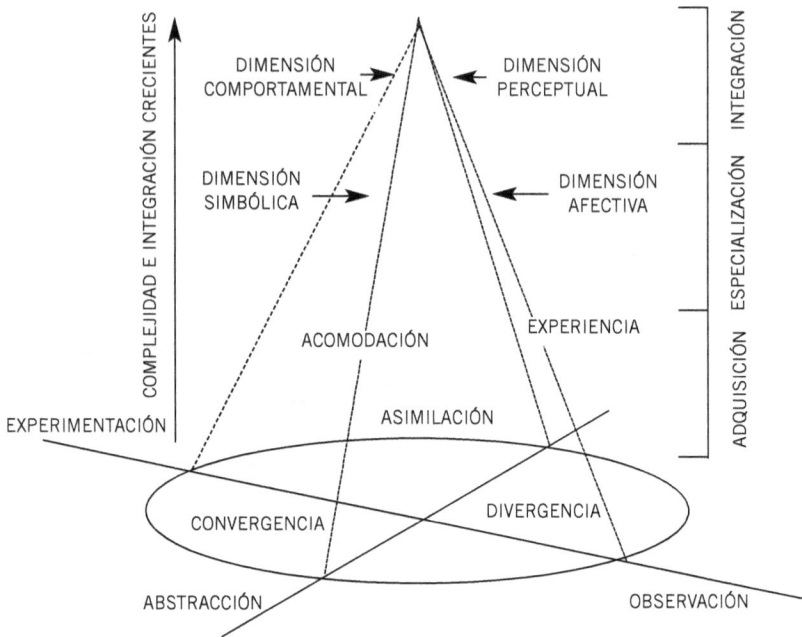

Figura II. Kolb: aprendizaje experiencial

tino del centramiento en el estilo de aprendizaje personal o preferido y la adquisición de una habilidad para operar con todos los estilos. De este modo, el individuo puede elaborar respuestas valiéndose del estilo más conveniente para sus propósitos y circunstancias.

Planteada desde el enfoque de Kolb, la integración progresiva de los estilos de aprendizaje que desarrollan los miembros y los subdominios de los SSTCs no sólo provee flexibilidad cognitiva al sistema sino que además es condición para la construcción de interpretaciones y representaciones alineadas.

3.2. La estrategia y la metacognición

El desarrollo del concepto de metacognición comenzó en la década de 1970. Los trabajos acerca de la memoria intencional en el niño llevados a cabo por John Flavell significaron un importante aporte a la investigación en torno al saber metacognitivo y las experiencias metacognitivas.

El saber metacognitivo está compuesto por el conjunto de los conocimientos y las creencias almacenados en la memoria de largo plazo. Se trata de variables que pueden afectar el desenvolvimiento y el resultado de la actividad cognitiva. El saber metacognitivo o metaconocimiento se refiere a los conocimientos y las creencias adquiridos acerca de los seres humanos considerados como sistemas de procesamiento de la información, el tipo de objetivos propuestos e información que debe procesarse a nivel lógico distinto, y cómo el individuo usa sus conocimientos y creencias acerca de la manera de alcanzar el objetivo fijado y poner en marcha y controlar el proceso cognitivo.

Los metaconocimientos son conocimientos de segundo orden que "(...) no difieren cualitativamente de otras clases de conocimientos: se adquieren gradualmente, pueden activarse de una manera automática (gracias a los índices pregnantes de la situación) o deliberada (en la búsqueda consciente de una estrategia de solución), pueden ser insuficientes, inexactos, incorrectamente recordados, o mal utilizados" (Melot, 2003, p. 291).

Las experiencias metacognitivas, por su parte, son las experiencias cognitivas y afectivas conscientes vinculadas con la solución de un problema. Por lo general, están asociadas a tareas cognitivas más o menos complejas y pueden provocar que el individuo regule el proceso introduciendo, sobre la marcha, cambios en el derrotero previsto. Por ejemplo, al encontrar obstáculos en el desarrollo de un diseño logístico, su autor puede sentirse motivado a pedir la intervención de un especialista o a confrontar las opciones que está evaluando con otras ya probadas por él mismo o por otra persona.

Mientras que el metaconocimiento es permanente, las experiencias metacognitivas son transitorias. Uno y otras se influyen recíprocamente. El saber metacognitivo permite interpretar las experiencias metacognitivas, al tiempo que estas aportan material para ampliar o reformular a aquel, y permiten elaborar y re-elaborar el metaconocimiento a fin de ponerlo al servicio de los procesos cognitivos actuales y futuros.

Brown (1987) también distingue entre conocimiento y regulación de la cognición. El grado de desarrollo de la metacognición depende en gran medida de la edad del individuo, y puede ser verbalizado y relativamente estable, aunque falible. La regulación, por su parte, es difícil de verbalizar y más o menos inestable (cambia con rapidez según la situación). Su desarrollo y características dependen más de la situación, del estado emocional del sujeto (si siente miedo, interés, etc.) y del concepto que este tenga de sí mismo. Según Brown, el acceso consciente a rutinas disponibles para el sistema cognitivo constituye la forma superior de madurez de la inteligencia humana.

La teoría triárquica de la inteligencia humana desarrollada por Sternberg (1984) incorpora la noción de metacomponentes, un aspecto clave de la inteligencia que permite al individuo administrar sus recursos cognitivos con el propósito de resolver problemas nuevos. Vinculados con las conductas adaptativas, los metacomponentes incluyen la posibilidad de decidir cuál es la naturaleza del problema, seleccionar los elementos de la actuación relevantes para resolverlo, combinarlos estratégicamente, seleccionar una representación mental del problema, distribuir los recursos de atención para la solución, supervisar este proceso, y aceptar la retroalimentación externa (Mateos, 2001).

La reflexión de segundo orden (meta) sobre los procesos cognitivos ocupa también un lugar importante en los desarrollos referidos a la inteligencia artificial, ya que permite establecer qué sabe un sistema y conocer las propiedades de los métodos que este emplea para resolver problemas. Para nuestro abordaje, la estrategia impone a los sstcs desarrollar un doble conocimiento. Por una parte, el orientado a resolver la pregunta respecto de cómo alcanzar su propósito fundamental (crear valor sostenible). Por otra, el que busca reflexionar sobre las habilidades y los procedimientos empleados a fin de evaluarlos, mejorarlos y reintroducirlos como *feedback* en la operación del sistema. Al respecto, cabe aplicar la formulación de Pitrat (2003): "En el nivel de base, el sistema resuelve un problema, mientras que en el nivel meta observa el enunciado de ese problema o lo que ha hecho en el nivel de base mientras resolvía el problema. Cambia su comportamiento en función de lo que observa" (p. 293). La calidad de las elaboraciones estratégicas no sólo depende de la efectividad. También, y principalmente, de la capacidad de capitalizar su ejecución como aprendizaje.

3.2.1. La tematización del conocimiento

En los estudios más recientes, el término "metacognición" se ha extendido a "(...) la tematización o conceptualización explícita y consciente del conocimiento que tiene un sujeto sobre cualquier dominio específico de fenómenos, no sólo sobre los fenómenos de naturaleza cognitiva" (Mateos, p. 48). La explicitación de ese conocimiento posibilita y favorece también la reflexión sobre las construcciones y los procesos cognitivos puestos en juego por un individuo o un sstc. Esta operación, en la medida en que convierte al conocimiento y a sus modos de elaboración en construcciones conscientes y verbalizables, abre un espacio de pensamiento que prepara el campo para la realización de los cambios necesarios para una mejor adaptación.

De acuerdo con nuestra postura epistemológica, toda estrategia es una teoría siempre inadecuada (pues no tenemos modo de comprobar su correspondencia con algo real) y siempre perfeccionable en su encaje respecto de nuestras construcciones cognitivas. En suma, cualquier estrategia es siempre provisoria. El camino hacia su mejora y superación depende fuertemente de que el SSTC desarrolle esta conciencia metaconceptual (Vosniadou, 1994) y busque de manera consecuente no sólo ejecutar su estrategia sino desafiarla, reflexionando sobre las percepciones, las comprensiones y los razonamientos del sistema a fin de someterlos a una confrontación sistemática con estrategias alternativas. Por supuesto, la adopción de semejante metodología no es sencilla.

¿Por qué la práctica cotidiana nos induce de algún modo a cristalizar nuestras representaciones, a intentar no cambiarlas? Según Pozo y Rodrigo (2001), "(...) a) porque forman conjuntos de ideas coherentes que se construyen a partir de las experiencias cotidianas (...); b) porque se muestran eficaces para interpretar, predecir y tomar decisiones (...); y c) porque son el fruto de procesos y estrategias mentales que responden a las necesidades constructivas de los escenarios cotidianos (...) En pocas palabras, son teorías implícitas que cumplen un papel importante en la vida cotidiana (...) al dar sentido al mundo que nos rodea" (pp. 408-409). Sin embargo, la tendencia a la cristalización no implica su necesidad. Trataremos de mostrar que el aprendizaje no sólo procura y habilita cambios en los contenidos representacionales sino también en las condiciones que impone el sujeto a esos contenidos.

Según sus supuestos epistemológicos, ontológicos y conceptuales, es posible distinguir tres tipos de teorías sobre el aprendizaje (Pérez Echeverría *et al.*, 2001):

- **Teoría directa.** El conocimiento de una persona es una representación adecuada o correspondiente de la realidad en sí. La mente actúa como un espejo que copia pasivamente al objeto sin introducir ninguna clase de distorsión. Pueden distinguirse grados más o menos exhaustivos de conocimiento (según el reflejo del objeto sea completo o parcial) y determinarse su verdad o falsedad (según se corresponda con lo real o no). Para esta teoría, el aprendizaje es imitación de la realidad.

- **Teoría interpretativa.** Aunque también parte de un supuesto realista, asigna al sujeto un rol mediador, ya que este debe poner en juego un conjunto de procesos cognitivos para copiar al objeto. Si bien la meta es lograr la adecuación perfecta entre lo real y su representación, se admite que su consecución puede verse dificultada por las características del dominio de conocimiento del que se trate.
- **Teoría constructivista.** "El conocimiento es una construcción elaborada en un contexto social y cultural en relación con ciertas metas. Esa construcción proporciona modelos tentativos y alternativos para interpretar el objeto, cada uno de ellos con diferentes niveles de adecuación según el contexto en que se apliquen y su potencia explicativa" (Pérez Echeverría *et al.*, p. 159).

Desde nuestra óptica, la teoría constructivista es la que mejor se adecua al desarrollo de la estrategia, ya que conceptualiza el aprendizaje como un procedimiento al servicio de un propósito fijado por el sujeto. No se orienta hacia un saber realista y contemplativo, sino hacia la construcción de hipótesis y teorías teleológicamente orientadas. Cuando nos referimos a la necesidad del desafío sistemático de la estrategia, estamos indicando la necesidad de revisar su encaje y viabilidad en función del contexto.

3.2.2. El deuteroaprendizaje y la variabilidad cognitiva

Según Gregory Bateson, la situación de aprendizaje se desarrolla en tres niveles. El denominado nivel cero se vincula con la recepción del contenido del aprendizaje. En el nivel uno se desarrolla el aprendizaje simple o condicionamiento pavloviano, mediante el cual el sujeto aprehende tanto el estímulo como el contexto en que se desarrolla el aprendizaje. En el nivel dos, el sujeto aprende a aprender, es decir, a identificar las reglas para la resolución de problemas. El autor describe este proceso de pasaje del nivel uno al nivel dos del siguiente modo: "Es un hecho bien conocido que el sujeto experimental, animal o ser humano, se convierte en un sujeto mejor después de varios experimentos. No sólo aprende a salivar en los momentos apropiados o a recitar sílabas sin sentido adecuadas, sino que, de alguna manera aprende a aprender. No sólo resuelve los problemas que el experimentador le propone, lo que constituye una instancia de aprendizaje simple, sino, además de ello, adquiere más y más habilidad en la resolución de problemas. (...) podríamos decir que el individuo está aprendiendo a orientarse en ciertos tipos de contexto, o que está adquiriendo comprensión profunda (*insight*) del contexto de resolución de problemas. (...) podríamos decir que el sujeto ha adquirido un hábito de buscar contextos y secuencias de determinado tipo con preferencia a otros, un hábito de 'puntuar' el torrente de los sucesos para proporcionar repeticiones de cierto tipo de secuencia significativa" (Bateson, 1988, pp. 194-195).

Bateson acuña los términos "protoaprendizaje" y "deuteroaprendizaje" para referirse a los aprendizajes de nivel uno y dos respectivamente. Según su visión, cada vez que un individuo (podríamos pensar no sólo en animales sino también en personas o sstcs) reitera un protoaprendizaje sobre un mismo tema, las sucesivas experiencias muestran que el aprendizaje se realiza cada vez de una manera más rápida que la anterior. De allí infiere que el protoaprendizaje que, en primer lugar, permite al sujeto aprender el estímulo y el contexto, también es la ocasión para el desarrollo de un conocimiento acerca de los mecanismos que regulan y son transmitidos en ese aprendizaje.

El deuteroaprendizaje remite a un nivel de metaelaboración del aprender en el que se va construyendo un método de resolución de problemas abstraído de sus contextos de origen concretos y que deviene, reintroducido como *feedback*, en estrategias cada vez más eficaces y transferibles a nuevas situaciones. De este modo, el deuteroaprendizaje potencia el aprendizaje y los cambios adaptativos necesarios para la viabilidad de los sistemas.

Llevado al terreno de los SSTCs, la noción de deuteroaprendizaje muestra que nunca opera como una *tabula rasa* en la que impactan los estímulos del contexto y dejan –de manera no mediada o mediada– una impresión refleja más o menos perfecta. Esta es la visión de las teorías directa e interpretativa del aprendizaje, que conducen a un concepto de la adaptación como proceso fundado en la *correspondencia*. La postura de Bateson, en cambio, atribuye un rol activo al sujeto, porque él es quien construye las estrategias, gracias a una reflexión sobre sus propios aprendizajes orientada hacia una mejora permanente del *encaje* adaptativo que le ofrecen sus métodos de resolución de problemas.

Puede considerarse que las construcciones derivadas de aprender a aprender funcionan como teorías implícitas, producidas de manera no deliberada a partir de múltiples experiencias, que se recuperan, activan y resignifican de acuerdo con los contextos experienciales que atraviesa el individuo o el SSTC. Para Pozo y Rodrigo (2001), "(...) los modelos mentales son una instancia representacional que media entre el conocimiento previo del mundo (v.g., las teorías implícitas) y las situaciones. (...) Todo este encaje situacional que se establece entre las teorías implícitas y los modelos mentales incrementa la probabilidad de que las personas elaboren una gran variedad de productos cognitivos en función de las situaciones. Este es el fenómeno de la variedad cognitiva en el pensamiento y razonamiento de las personas ante las situaciones y las tareas (...)" (p. 411). Esta debe ser la apuesta cognitiva de los sstcs.

3.2.3. La teoría de la acción

Argyris y Schön (1974) sostienen que es posible distinguir entre las teorías formuladas con un propósito explicativo-predictivo y aquellas que se ocupan de los problemas de implementación. Ellos denominan "teorías de la acción" a las que sirven para explicar y predecir problemas, así como para inventar y ejecutar las soluciones correspondientes. Se trata de "teorías" porque tienen un grado de abstracción suficiente como para permitir su aplicación a situaciones análogas pero diversas.

Según estos autores, cada miembro de un sstc tiene una teoría de la acción que él mismo ha elaborado, y de acuerdo con la que el individuo delinea la conducta que despliega en su vida cotidiana. El concepto de Argyris y Schön resulta especialmente útil para interpretar los problemas cognitivos que se reflejan en la gestión de los sistemas complejos. En particular, quienes desempeñan funciones vinculadas con las definiciones estratégicas y de planeamiento necesitan contar con la habilidad de actuar y de reflexionar simultáneamente sobre esa acción a fin de aprender de ella. Si bien toda acción lleva implícita una base cognitiva (normas, estrategias, procedimientos, supuestos y modelos almacenados en la memoria de largo plazo), el sujeto puede actuar mejor sobre ella sólo cuando se le torna explícita. No se trata de dos procedimientos paralelos (actuar y reflexionar). La acción sirve para construir, controlar y reconstruir la base cognitiva desde la memoria de trabajo. De acuerdo con Argyris y Schön, esta es la médula del proceso de aprendizaje de los seres humanos.

El análisis del aprendizaje que se despliega en la interacción con otras personas muestra, según Argyris y Schön, que los individuos operan con dos tipos de teorías de la acción. Por una parte, lo que denominan "teoría expuesta"; por otra, la "teoría en uso". La primera corresponde a la teoría que el sujeto explicita y declara cuando se lo interroga acerca de cómo actuaría ante tal o cual circunstancia. La segunda, en cambio, es la que soporta la acción concreta, la que condiciona el comportamiento y usa el individuo cuando se encuentra ante la circunstancia real, ya no hipotética. Una teoría y otra no son siempre y necesariamente consistentes. Cuando la persona no logra darse cuenta de la incompatibilidad, el resultado se traduce en distorsión cognitiva, que sólo puede hacerse evidente a partir de un proceso de explicitación.

La teoría expuesta permite predecir con bastante certeza qué *declarará* alguien ante tal o cual situación, pero no inferir cómo *actuará*. Argyris y Schön trasladan los conceptos a los SSTCs considerados como un todo para señalar que estos son capaces de desarrollar también teorías expuestas y teorías en uso. Las primeras suelen aparecer explicitadas en sus comunicaciones, mientras que las segundas se infieren mediante la observación de su comportamiento. El modelo PENTA –que presentaremos en el próximo capítulo– tiene entre sus objetivos relevar las teorías expuestas y en uso a fin de establecer el modelo de SSTC deseado (teoría expuesta) y estimar su distorsión respecto de la práctica (teoría en uso). Esta información se devuelve a los miembros del sistema como punto de partida para la elaboración de las estrategias pertinentes.

Las teorías de la acción acompañan la transformación de las representaciones y los modelos mentales sobre los que se cimientan. Sin embargo, estas interpretaciones –que impregnan todas las elaboraciones cognitivas del SSTC y sus miembros– se transforman con frecuencia en supuestos muy arraigados en la memoria de largo plazo de los miembros

125

y/o del sistema, lo que las torna difíciles de explicitar y –más aún– de transformar en objeto de reflexión. Omnipresentes y silenciosas, estas "rocas" operan en el día a día del sistema impulsando a sus miembros a rechazar cualquier lectura que se proponga contradecirlas. Mientras algunos supuestos se ubican en estratos superficiales de las construcciones cognitivas, otros están situados en niveles profundos. Por esta razón, por ejemplo, los supuestos referidos a cómo hacer correctamente las cosas (es decir, los que giran en torno al problema de la eficiencia) pueden ser más fácilmente modificables que los referidos a qué cosas hacer (el problema de la efectividad). Por lo general, los más arraigados refieren a lo que el sistema considera sus principales temáticas.

Argyris y Schön (1974) proponen cinco pruebas para evaluar cognitivamente una teoría de la acción. Con este propósito, toman como parámetros la consistencia, la congruencia, la verificabilidad, la efectividad y el valor atribuido a la teoría.

- **Prueba de consistencia interna.** Busca determinar si la teoría es contradictoria consigo misma. La contribución más importante de esta prueba consiste en controlar que la teoría no introduzca metas para el SSTC excluyentes entre sí, u objetivos que –aunque no ofrezcan inconsistencia lógica– puedan interferirse recíprocamente en las acciones orientadas a alcanzarlos.
- **Prueba de congruencia.** Consiste en revisar que la teoría expuesta se ajuste a la teoría en uso. La incongruencia puede precipitar la modificación de cualquiera de las dos teorías debido a que los individuos tienden a valorar que sus dichos se compadezcan con sus prácticas, es decir, tratan de integrar el hacer con las creencias.

- **Prueba de efectividad.** Verifica que las acciones generadas por la teoría en uso sean capaces de conducir al logro de las metas fijadas. La efectividad depende de los objetivos establecidos y de las estrategias para alcanzarlos, así como de la adecuación y la precisión de los supuestos de la teoría.
- **Prueba de valor.** Es la comprobación de que el resultado logrado, "el mundo que la teoría ayudó a crear", constituye un cambio valorado. Se trata de verificar que la situación final sea apreciada como mejor que la inicial.
- **Prueba de verificabilidad.** Dada la situación inicial, intenta establecer si es posible especificar qué acciones deben realizarse para alcanzar el propósito fijado. Para que una teoría sea verificable, debe estar formulada en términos hipotéticos ("si X, entonces Y").

De acuerdo con Argyris (1982), las inconsistencias entre las teorías expuesta y en uso suelen no resultar evidentes para los individuos. Un estudio realizado entre gerentes de diversos SSTCs mostró que con frecuencia se conducen según patrones de conducta que, en sus declaraciones explícitas, señalan como inapropiados. El fenómeno se asocia especialmente con situaciones que requieren resolver problemas difíciles, circunstancia que Argyris atribuye a dos causas. En primer lugar, a que las teorías en uso resultan cognitivamente más poderosas que las formuladas explícitamente porque permiten moverse en un mundo cuya complejidad supera en muchas ocasiones la capacidad de cómputo consciente. Sin embargo, esa utilidad hace que el sujeto se sienta proclive a reiterar mecánicamente la aplicación de la teoría sin desafiar su encaje ante cada nueva situación y a interpretar los hechos de manera que la confirmen. En segundo lugar, la falta de una reflexión sistemática respecto de las construcciones cognitivas propias impide detectar las inconsistencias. Esto significa que el gerente pocas veces piensa en cómo piensa. Sólo cuando se enfrenta a un fracaso importante comprende la necesidad de reconsiderar sus teorías.

Argyris y Schön destacan que, en el proceso de desarrollo de las teorías, suelen plantearse diversos dilemas cognitivos.

- **Dilemas de incongruencia.** La teoría en uso comienza a alejarse poco a poco de la teoría expuesta.
- **Dilemas de inconsistencia.** Los objetivos fijados se tornan lentamente incompatibles entre sí.
- **Dilemas de efectividad.** Los objetivos se vuelven progresivamente más difíciles de lograr.
- **Dilemas de valor.** El resultado final conseguido mediante la aplicación de la teoría empieza a resultar insatisfactorio para terminar por convertirse en intolerable.
- **Dilemas de verificabilidad.** El individuo no puede comprobar ni refutar sus supuestos.

No obstante, las personas tienden a proporcionarse un repertorio de mecanismos cognitivos destinados a protegerse de estos dilemas. Entre los más importantes se cuentan:

- compartimentar las teorías expuesta y en uso (el individuo dice una cosa y hace otra, pero evita cualquier indicio que lo ponga en evidencia);
- seleccionar sólo aquella información que no señala los dilemas;
- actuar de maneras que confirmen la profecía de la teoría expuesta;
- introducir cambios en la teoría expuesta sin adecuar consecuentemente la teoría en uso; y

- realizar modificaciones no significativas en la teoría en uso sin alterar su esencia.

Estos mecanismos, aplicados en forma separada o conjunta, protegen al sujeto del desafío cognitivo que el dilema impone a la teoría en uso. Cuando las conductas elusivas son llevadas hasta el límite, el conflicto se torna insoslayable y estalla la crisis. Para Argyris y Schön, se trata en todos los casos de dilemas de efectividad. La detección de inconsistencia entre objetivos o la imposibilidad de verificar los supuestos de los que se parte –por ejemplo– ponen en evidencia que no se está logrando alcanzar las metas trazadas. Dado que los sstcs se organizan tras un propósito, su no consecución cuestiona radicalmente el encaje de la teoría expuesta.

¿Cómo evitar los quiebres entre teorías expuestas y teorías en uso? Según Schön (1983), cuando un profesional debe enfrentar la incertidumbre, la inestabilidad y los conflictos de valor, despliega procesos cognitivos en los que la intuición desempeña un papel importante. La toma de decisiones inteligente supone no sólo aplicar un conocimiento, sino también desarrollar un saber inherente a la práctica: conocimiento en la acción. Este se construye cuando quien toma la decisión reflexiona mientras actúa frente a una situación inesperada. La reflexión en la acción significa cognición y metacognición en tiempo real. Así, cada vez que un miembro de un sstc evita separar pensar de actuar, se convierte a sí mismo en un investigador de su dominio.

A medida que ascendemos en los niveles decisorios de un sstc, la complejidad de las decisiones se incrementa (véase Cuadro A, Capítulo 1). Dadas las características de los teatros de operaciones actuales, es necesario desarrollar una potencia cognitiva que permita elaborar respuestas rápidas y viables. Esto exige mucho más que la habilidad para aplicar reglas a casos de manera pertinente, la *techné* aristotélica. Se requiere reflexión en la acción, único antídoto contra la reiteración mecánica de las fórmulas ya probadas. Implica desafiar la interpretación que brinda la teoría de la acción propia mientras esta se encuentra en juego, aprovechando su viabilidad y, al mismo tiempo, buscando los desencajes. Si bien se trata de un desafío que todos los miembros del SSTC deberían asumir, resulta especialmente ineludible para quienes asumen responsabilidades de planeamiento, administración y operación.

Los gerentes –dice Schön– reflexionan, pero raramente reflexionan sobre su reflexión. En consecuencia, el metaconocimiento que de esa práctica podría desprenderse no se hace consciente para el sujeto ni accesible para quienes lo rodean. La mejor forma de hacer consciente cómo se razona consiste en obligarse a explicarlo a otros, ya que enseñar es la mejor forma de aprender.

3.2.4. La teoría de la mente

La clausura operativa de los sistemas cognitivos puede observarse en un nivel macro (el SSTC considerado en su conjunto respecto del entorno) y en el nivel micro (el de la cognición de cada uno de los integrantes respecto del sistema y, por extensión, del entorno). La posibilidad de alineamiento depende del establecimiento de un lenguaje coordinador que, a modo de interfaz, permita la construcción de representaciones compartidas por medio de coordinaciones conductuales consensuales recurrentes. Debe construirse un dominio consensual.

Hemos tratado ya los aspectos más relevantes que vinculan los conceptos de lenguaje coordinador y comunicación. Así, vimos que lo que se despliega en el lenguaje entre un individuo y otro es un juego de señales, que serán individualmente interpretadas. La interpretación de las señales depende de una operación mediante la cual se activa información contenida en la memoria semántica de largo plazo (allí donde se almacenan los significados atribuidos en el pasado) para construir en la memoria de trabajo (*working memory*) un modelo mental acerca de lo que las señales significan.

En el mejor de los casos, la coincidencia entre los modelos mentales del emisor y del receptor del mensaje es sólo aproximada, pero puede incrementarse en función de múltiples variables. En primer lugar, la competencia comunicativa del emisor para generar mensajes no ambiguos para el oyente, lo que exige realizar un cálculo del conocimiento del otro y de sus capacidades inferenciales. En segundo lugar, depende de la competencia comunicativa del receptor para llevar a cabo las inferencias que la comprensión de todo discurso comporta según un cálculo de las intenciones comunicativas del emisor. A estas variables se suma también el grado de abstracción, conocimiento mutuo y significatividad que el tema del mensaje tenga para los sujetos que intervienen en el proceso.

La comunidad del código en que se vuelcan las representaciones que se desean comunicar debe suponerse sólo aproximada, ya que el significado que cada hablante atribuye a las palabras no es interpretable de manera unívoca. La intención comunicativa nunca es transparente ni precisa para el destinatario, cualesquiera que sean la atención que dispense, los conocimientos previos que posea y el esfuerzo interpretativo que realice. En rigor, las señales que este puede captar no son necesariamente todas las que el emisor se ha propuesto transmitir. Incluso, ni siquiera reflejan en una correspondencia uno a uno todas las proposiciones que se intentan comunicar. De hecho, tanto el emisor como el receptor llevan a cabo un gran número de inferencias que buscan complementar los "vacíos de significado" que dejan para uno y otro los enunciados comunicados y el *feedback*.

"Una vez que se tienen en la ontología estados mentales y capacidad para atribuirlos a otras personas, no hay más que un paso, o no hay siquiera un paso, hasta tener deseos acerca de esos estados mentales –desear que ella crea tal cosa o que él desee aquella– y generar intenciones para modificar los estados mentales de otras personas. La comunicación humana es tanto una manera de satisfacer esos deseos metarrepresentacionales como de explotar las capacidades metarrepresentacionales de la audiencia". (Hirschfeld y Gelman, 2002, p. 100). ¿En qué consisten los estados mentales y cuál es el origen de los "deseos metarrepresentacionales"?

La teoría de la mente tuvo su origen en las investigaciones llevadas a cabo por Premack y Woodruf (1978) a fin de establecer si los chimpancés eran capaces de adscribir a otros sujetos determinados estados mentales, tales como, por ejemplo, "intentar resolver un problema". Según los científicos, la experiencia mostró que la hipótesis era correcta. "¿Qué representaciones mentales debe tener un organismo que no sólo 'tiene representaciones' sino que 'sabe que las tiene' y es capaz de atribuirlas a otros? En las explicaciones que los hombres dan de la propia conducta humana, las representaciones son ubicuas. Forman parte del entramado de conceptos que sirven para interpretar y predecir las acciones propias y ajenas, para comprender el comportamiento, para explicarlo o juzgarlo moralmente" (Rivière, 2000, p. 271). La teoría de la mente es un constructo teórico que señala el fenómeno por el cual un sujeto se explica, predice e interpreta su conducta y las de otros en función de estados mentales, es decir, se adjudica a sí y a sus semejantes la capacidad de determinar su comportamiento. Tanto actuar cooperativamente como competir con otros individuos o sistemas exige anticipar, hipotetizar y manipular las representaciones ajenas de acuerdo con una intención propia (Frye y Moore, 1991). La teoría de la mente implica construir un modelo mental del otro por analogía con las propias capacidades y estructuras cognitivas.

"Entender" a los demás no significa, entonces, haber captado sus pensamientos, intenciones o significados construidos sino contar con un modelo viable para la interpretación de sus mensajes y acciones. Luego, el alineamiento cognitivo intrasistema exige relevar no sólo las representaciones de los integrantes sino también las teorías de la mente con que operan.

3.3. La des-naturalización del lenguaje

El lenguaje como interfaz de la comunicación supone la construcción –implícita o deliberada– de un dominio consensual. Este permite que los participantes construyan interpretaciones que se modelan, evalúan y corrigen en función de su encaje y no de su correspondencia. Si los sstcs *son* comunicación, sus miembros deben aprender el lenguaje en que esa comunicación se desarrolla.

La dispersión cognitiva en los sstcs se manifiesta como dificultades en la construcción de representaciones compartidas, ya sea que estas versen sobre la percepción y comprensión del teatro de operaciones, el *target*, los subdominios propios o ajenos, o cualquier otro asunto. Podría pensarse, entonces, que la dispersión indica problemas en el lenguaje del sistema que no han sido tematizados como tales en una reflexión de segundo orden. Esto significa que los integrantes del sstc interactúan sin explicitar los supuestos que subyacen a sus respectivas construcciones cognitivas, a fin de reintroducir esa explicitación como *feedback*. Creemos que las consideraciones de Vygotsky (1995) acerca de ciertos fenómenos vinculados con el aprendizaje pueden arrojar una luz sobre este fenómeno que resultaría útil para abordar el problema.

El autor observa que los individuos suelen resolver con mayor facilidad los problemas que pueden enmarcar dentro de un esquema conceptual construido de manera conciente con respecto a aquellos que remiten a conceptos espontáneamente elaborados. Según Vygotsky, esto se debe a que la falta de conciencia respecto de los conceptos impide operar con ellos a voluntad. Por eso –por ejemplo– las personas pueden dar cuenta y explicar mejor las estructuras gramaticales de una lengua extranjera que están aprendiendo, que las correspondientes a la propia. "El niño se hace consciente de sus conceptos espontáneos relativamente tarde; su capacidad para definirlos con palabras, para operar con ellos a voluntad, aparece mucho después de que ha adquirido los conceptos. Tiene el concepto (es decir, conoce el objeto al que se refiere el concepto), pero no es consciente de su propio acto de pensamiento. El desarrollo de un concepto científico, por otro lado, *comienza* habitualmente por su definición verbal y su uso en operaciones no espontáneas, con el trabajo sobre el concepto mismo. Empieza su vida en la mente del niño en el nivel que sólo más tarde alcanzan sus conceptos espontáneos" (p. 183).

Si trasladamos estos conceptos, podemos considerar que los integrantes de un SSTC elaboran representaciones (conceptos espontáneos) en la interacción que desarrollan dentro del lenguaje natural (no formalizado) y particular de ese sistema. Pero cuando hay dispersión cognitiva, se hace necesario desnaturalizar ese lenguaje, tematizarlo, a fin de establecer conceptos "científicos" –es decir, conscientes– que permitan operar sobre las representaciones individuales y alinearlas principalmente con la estrategia.

Con frecuencia, el papel del co-pensor, de la intervención, consiste en "desnaturalizar" el lenguaje del SSTC y en proveer una "lengua extranjera" para así alentar la toma de conciencia y acompañar la construcción de interpretaciones alineadas. Desde el punto de vista de un consultor, intervenir en un SSTC implica estudiar otro idioma (el del sistema) y, a la vez, presentar un lenguaje diferente que permita establecer un nuevo dominio consensual. El procedimiento no apunta a imponer un sistema de *significados* arbitraria o abstractamente construidos, sino a fomentar las *condiciones* que permitan una resignificación por parte de los miembros del sistema de las interpretaciones que ellos han elaborado. Por eso preferimos hablar de co-pensor, para enfatizar la esencia co-constructiva de la tarea. Cabe citar, una vez más, las observaciones de Vygotsky: "El éxito en el aprendizaje de una lengua extranjera depende de un cierto grado de madurez en la lengua nativa. [... *el sujeto*] puede transferir a la nueva lengua el sistema de significados que ya posee en la suya propia. También sucede lo contrario: una lengua extranjera facilita el dominio de las formas superiores de la lengua nativa. [... *el individuo*] aprende a ver su lengua como un sistema particular entre otros muchos y a considerar sus fenómenos con categorías más generales, y esto le lleva a tomar conciencia de sus operaciones lingüísticas. (...) En el caso del estudio de un idioma, la lengua nativa sirve de sistema ya establecido de significados. En la adquisición de conceptos científicos, el sistema debe construirse a la vez que su desarrollo. El concepto de organización de un sistema se convierte así en decisivo" (pp. 186-187). En nuestro enfoque, la comunicación, entendida no sólo como manifestación sino como el núcleo de la interacción, constituye un tema central para el abordaje de los SSTC.

La semiótica, en tanto teoría general de los signos, distingue tres niveles de análisis (sintáctico, semántico y pragmático) aplicables al estudio de la comunicación humana. Comprender la dinámica de los SSTCs requiere comprender cómo funcionan en esas tres dimensiones.

La sintaxis se ocupa del estudio formal de las relaciones entre los signos, los problemas de codificación, los canales, la capacidad, el ruido, la redundancia y otras propiedades. A los efectos de nuestro enfoque, consideraremos que la sintaxis consiste en la interacción entre el SSTC y su entorno, y la vinculación sistémica que se desarrolla entre cinco dimensiones que definen al sistema (estrategia, cultura, recursos, organización y mercados). En el Capítulo 4 nos ocuparemos de presentar esas dimensiones como los pilares de nuestro modelo PENTA.

Quienes conducen SSTCs deben prestar mucha atención a los aspectos sintácticos. La sintaxis del lenguaje humano está garantizada por la adquisición de reglas gramaticales mediante un proceso facilitado por adaptaciones evolutivas de la especie. Pero en el caso de los SSTCs, las reglas deben establecerse y definirse de manera explícita a fin de favorecer la interacción. Cuando un sistema no emplea un modelo sintáctico formalizado ni se ocupa de que sus miembros aprendan a usarlo fluidamente, se encuentra en la misma posición de quien aprende un protolenguaje (un conjunto de signos mediante los cuales comunicarse) pero desconoce las reglas de combinación. Así como la sintaxis incrementa la potencia comunicativa en el uso del lenguaje, los SSTCs se benefician cuando cuentan con reglas explícitas para los circuitos de interacción.

La semántica, por su parte, es la relación entre los signos y aquello a lo que refieren, es decir, el significado (para nuestros propósitos, las interpretaciones o representaciones que cada miembro elabora respecto del SSTC en que participa). En los ejemplos anteriores, la investigación semántica permite descubrir cómo cada integrante cree que se logra el incremento de la rentabilidad o la modernización de los sistemas de control, e incluso –quizás, lo más importante– cómo cree que es la rentabilidad o el sistema de control del sistema hoy. En este nivel, las construcciones cognitivas vigentes están fuertemente comprometidas con los supuestos epistemológicos con que opera el SSTC.

La pragmática, por último, es la relación entre los signos y quienes los usan. Aquí, nos detendremos en el análisis del efecto de la comunicación sobre el comportamiento. Con una perspectiva pragmática, cualquier comportamiento –y no sólo el habla– es comunicación, y toda comunicación –incluyendo las coordenadas comunicacionales del contexto– afecta el comportamiento.

Los comportamientos interactivos que se desarrollan en el marco de los SSTCs operan de manera simultánea como estímulo, respuesta y refuerzo. Cuando una persona dice a otra "quiero ayudarte porque siempre fuiste generoso conmigo", está manifestando su postura, puntúa la comunicación. El concepto puede explicarse mediante el siguiente ejemplo (Watzlawick *et al.*, 1987).

Supongamos que la nación A se arma para protegerse de un posible ataque de la nación B. La nación B considera este hecho como una amenaza de A y, por lo tanto, decide incrementar su potencial bélico como medida defensiva. Ahora A tiene la *prueba* de los planes agresivos de B. Es fácil darse cuenta de que la discrepancia en la puntuación está sentando las bases para un problema grave –en este caso– de la interacción entre países.

Cuando quienes participan en la comunicación parten de un supuesto no constructivista, la consecuencia es la *ceguera* respecto de la puntuación que hace el otro. Las partes actúan según la creencia ingenua –acrítica– de que su representación refleja fielmente la situación. Por lo tanto, al no considerarla como una interpretación guiada por la puntuación particular realizada por cada individuo, se pierde la posibilidad de "ver", es decir, de reconstruir –aunque sólo sea de modo aproximado– las puntuaciones que están haciendo los demás. En consecuencia, la toma de decisiones se basa en una construcción cognitiva que, debido a su menor encaje, resulta en acciones probablemente menos viables.

El ejemplo de las naciones, como muchos otros, señala un círculo vicioso que observamos cotidianamente en innumerables circunstancias. Si adoptamos una visión cognitiva sistémica –según la cual todo comportamiento es simultáneamente estímulo, respuesta y refuerzo–, debemos pensar que ningún comportamiento es sólo la causa de otro comportamiento, sino también su efecto. La puntuación opera como la función organizadora de la interpretación y, por esta razón, debe tenerse en cuenta a la hora de analizar la interacción. La participación en una cultura, en un grupo social o en un SSTC provee a sus actores muchas convenciones sobre puntuación que sirven para organizar las secuencias de interacción, por ejemplo, entre líderes y seguidores. La dispersión cognitiva suele enraizarse en puntuaciones diferentes.

De acuerdo con algunas corrientes, el estudio del comportamiento tiene que orientarse hacia la detección de las causas subjetivas que lo explican, ya que la conducta de un individuo debe interpretarse como el resultado emergente de un conflicto entre resortes subjetivos como, por ejemplo, los instintos, los impulsos o las emociones. El abordaje cognitivo sistémico, en cambio, amplía el foco de atención respecto del estudio del comportamiento e incorpora la necesidad de considerar el contexto interaccional en que las personas participan. Desde esta óptica, las conductas no se originan sólo en factores internos ni *sólo* en factores externos, sino que deben ser *interpretadas* en la interacción con otros agentes intencionales sometidos también a la misma dinámica. Esto se traduce en que, a la hora de explicar un comportamiento o de intervenir, el eje debe fijarse en la situación en que esa conducta se desarrolla hoy.

Por supuesto, este enfoque no niega que el comportamiento actual está influido –por lo menos, en parte– por las experiencias pasadas. Pero señala que la reconstrucción causal orientada hacia el pasado no siempre provee los resultados que el individuo necesita o demanda *hic et nunc*. Además, se trata de un procedimiento complejo, ya que depende para su ejecución de una evidencia que sólo puede proveer el propio sujeto, quien tal vez sea desafiado a afrontar esa búsqueda de causas con las mismas dificultades cognitivas que en el presente está tratando de sortear. Por estas razones, el abordaje cognitivo sistémico se enfoca en los patrones de comportamiento presentes aquí y ahora, concediendo un papel secundario a las instancias hipotéticamente causales ubicadas en el pasado y tomando como criterio relevante para la intervención la interacción cognitiva de los miembros que componen el sistema del que participa la persona. De esta caracterización del enfoque cognitivo sistémico puede inferirse el papel clave que los procesos de comunicación desempeñan en la comprensión de las interacciones que desarrollan los miembros de un sistema humano y, en particular, los de un SSTC.

Cualquier experiencia de comunicación encierra un contenido y una pauta de interrelación. Mientras que el contenido ofrece información (representación de hechos, ideas, experiencias y demás), la pauta establece el tipo de relación que vincula a quienes se están comunicando. Así, el contenido remite al nivel semántico y la pauta, al pragmático. A través del proceso de comunicación, las partes interactuantes establecen, modifican, confirman, rechazan, etc. el tipo de relación que los conecta. Nótese que el procedimiento es similar al que empleamos para comunicarnos con una máquina: si queremos que una calculadora multiplique dos cifras, no sólo debemos informarle cuáles son (contenido), sino también cómo debe operar con ellas (pauta).

La interacción humana implica un proceso sostenido de intercambio de contenidos y pautas. En ocasiones, se presentan dificultades, ya sea respecto del contenido –qué se está comunicando–, ya respecto de la pauta –para qué se está comunicando–, ya de ambos. Dado que, por lo general, las personas no explicitan los niveles semántico y pragmático en tanto tales, con frecuencia la comunicación se entorpece y queda detenida en un punto que paraliza a las partes.

Esto sucede cuando, por ejemplo, dos sujetos rivalizan por demostrar su autoridad (nivel pragmático) desarrollando una conversación en torno a un tema cualquiera (contenido). Por lo general, como actores o espectadores de estas situaciones, necesitamos esperar a que el diálogo termine por mostrar su carácter bizantino para comprender que el quiebre no se hallaba en el nivel semántico sino en el pragmático. En el ámbito de un SSTC, la confusión de niveles suele traducirse en una dispersión cognitiva creciente.

Los procesos de comunicación se desarrollan de acuerdo con el principio de la redundancia. Este postula que los individuos interactúan desplegando las mismas secuencias cognitivas repetitivas en todos los dominios en que se desenvuelven. Dichas secuencias constituyen patrones indicativos de modelos mentales, construidos por cada persona y definidos por sus esquemas cognitivos particulares. Como ya hemos señalado, esta es la forma en que podemos representarnos las causas de la dispersión cognitiva. Si buscamos el alineamiento de los miembros, necesitamos operar una modificación de esos patrones.

Para que la intervención logre resultados sostenibles en el tiempo, los modelos mentales deben ser explicitados al sujeto; así, una vez hechos conscientes, el individuo puede operar sobre ellos (cfr. *ut supra* Vygotsky). Luego, la intervención no debe circunscribirse al plano de la secuencia de la interacción sino remontarse al de las representaciones cognitivas.

3.4. El aprender a desaprender

Para ser viables, los SSTCs deben adaptarse a los cambios del entorno. Dado que las variables externas se vinculan de modo complejo y se modifican rápidamente, los sistemas disponen cada vez de menos tiempo para compensar o corregir cualquier desencaje cognitivo.

Hemos señalado que el sistema construye una interpretación de su entorno (el escenario) que opera como punto de partida para la elaboración de la estrategia, el modelo de situación sobre el que se funda la toma de decisiones. Cuando en los componentes del escenario no se detectan grandes alteraciones, se interpreta como estable. Cuando la tasa de cambio de varios componentes resulta elevada, es percibido como un escenario de alta incertidumbre, turbulento o catastrófico. Este es el tipo de escenario más complejo y con el que debe lidiar el estratega.

Las características del escenario que imponen una mayor dificultad a su apreciación y, por consiguiente, a la toma de decisiones, son la complejidad, la diversidad, el cambio, y la incertidumbre o imprevisibilidad. De acuerdo con Emery y Trist (1965), existen tres grandes tendencias que explican la turbulencia de los escenarios actuales:

- la emergencia de conjuntos interligados de SSTCs con vectores teleológicos opuestos o simétricos que intentan enfrentar el escenario para mejorar su posición relativa;
- la interdependencia creciente de las operaciones de los SSTCs, el escenario general y el escenario inmediato; y
- el incremento sustancial en los esfuerzos de investigación y desarrollo llevado a cabo por los SSTCs para mantener su nivel de desempeño porque implican una continua amenaza de cambio.

Estas tres fuerzas, al operar de manera simultánea, acrecientan de manera muy marcada el nivel de incertidumbre, y obligan a los SSTCs a prepararse para enfrentar escenarios cada vez más nuevos y, por lo tanto, desconocidos. Algunos sistemas eligen abstenerse de actuar, o bien, responder con un comportamiento basado en mapas mentales estandarizados y rutinarios, convencidos de que esas son las conductas más seguras. Sin embargo, el distanciamiento y desencaje cognitivo que supone ese tipo de decisión aumentan las probabilidades de inviabilidad del sistema.

Para nuestra visión, los SSTCs deben manejarse manteniendo una construcción representacional de los escenarios –mediato e inmediato– en constante revisión. Desde el punto de vista cognitivo, deben mejorar su aptitud y su actitud de rastreo y monitoreo del entorno a fin de detectar tendencias, cambios, restricciones e interdependencias que puedan convertirse más tarde en oportunidades o amenazas. Sólo de este modo los SSTCs pueden formular estrategias y acciones efectivas. Se trata, en última instancia, de construir conciencia de situación.

Por supuesto, no consiste en desplegar habilidades cognitivas sólo para la interpretación de la situación, sino también para atravesar las dificultades que la ejecución de una estrategia viable puede presentar. Por ejemplo, en muchas empresas fabriles o que emplean tecnologías muy especializadas, los valores de la cultura suelen encontrarse demasiado endurecidos y las coaliciones políticas internas seriamente enfrentadas. Lo desconocido despierta temores, el cambio significa afrontar costos y riesgos altos, y los cuadros gerenciales comienzan a preocuparse por su situación individual futura. Factores como estos impiden con frecuencia que los SSTCs inicien el proceso de cambio necesario en el momento oportuno y de una manera viable.

En este sentido, la biología nos ofrece un concepto que puede resultar útil para profundizar nuestro planteo. En la actualidad, algunos biólogos sostienen que ni el medio ni los organismos evolucionan cada uno por su parte sino que lo hace el ecosistema en su conjunto. El organismo no evoluciona para adaptarse a los cambios del medio, ni el medio selecciona a los organismos que han de sobrevivir. Lo que evoluciona es la vinculación entre el organismo y su medio, no sus componentes por separado. Podríamos decir, de modo análogo, que la estrategia, en tanto *vínculo cognitivo* que el SSTC establece con el escenario, debe proveer la pauta de autoorganización que permita la evolución conjunta del sistema y su entorno.

El enfoque mecanicista interpreta a los SSTCs como máquinas compuestas por partes que desempeñan tareas específicas y automatizadas, y donde las funciones, las líneas de autoridad y las responsabilidades están verticalmente distribuidas. Este modelo fomenta el desarrollo de subdominios cognitivos no sólo especializados sino también compartimentados, que con frecuencia se traducen en representaciones y modelos mentales opuestos, desalineados respecto de los propósitos comunes. De alguna manera, este concepto alienta y hasta legitima la dispersión cognitiva.

En cambio, una visión orgánica de los SSTCs orienta a sus miembros hacia la construcción de una representación alineada del sistema como una serie de procesos en estado de flujo más que como una colección de partes. Para esta concepción, los SSTCs son sistemas abiertos al intercambio con el entorno, que operan en clausura cognitiva y cuyo desempeño depende de la potencia de sus interpretaciones. Por eso deben alinear las representaciones de sus miembros mediante la construcción de un lenguaje que funcione como interfaz de los subdominios.

Todos los niveles decisorios necesitan elaborar una comprensión compartida de la naturaleza y la lógica del vínculo cognitivo del SSTC con el entorno. Pero para quienes tienen la responsabilidad de construir la estrategia, se trata de un imperativo cuyo cumplimiento es crítico y sensiblemente más complejo que para los estratos gerenciales, ocupados del planeamiento, la administración y la operación.

La multiplicidad de señales que el sistema recibe del entorno exige abandonar los esquemas causales que sólo representan relaciones *lineales*. A fin de construir escenarios que ofrezcan mayor encaje, es preciso recurrir a una lógica de vinculación sistémica entre variables. Dicha lógica integra las variables en una estructura que las define. Así, A y B se definen recíprocamente, conforman un *círculo* causal, por su pertenencia a una misma estructura.

Las relaciones lineales resultan estériles para dar cuenta de fenómenos como los que se desarrollan inter e intra sstcs. La visión sistémica, en cambio, permite elaborar la comprensión de un emergente cualitativamente distinto de la suma de las partes. Los escenarios se configuran en una estructura de la que emerge un efecto producido por una configuración particular del entorno –componentes demográficos, sociales, culturales, políticos, legales, económicos, tecnológicos, informacionales, ecológicos, etc.– y del teatro de operaciones –el mercado, los competidores, los proveedores y los distribuidores, entre otros–. La detección de oportunidades y amenazas para el sstc depende de la calidad del escenario construido, así como de la capacidad desarrollada para fijar propósitos y proyectar cursos de acción. En suma, todo el proceso de estrategización depende de la *potencia cognitiva* alcanzada por el más alto nivel de decisión del sistema.

Dado que los cambios (*shifts*) en el entorno son cada vez más rápidos, profundos y marcados, los escenarios deben reformularse de acuerdo con una dinámica similar. Esto implica incorporar la incertidumbre y la amenaza de ruptura cognitiva como trasfondo y marco de la decisión estratégica. Los estrategas necesitan pensar por medio esquemas que les permitan representar la mayor cantidad posible de variables e interrelaciones. Por lo tanto, no sólo deben aprender a construir esquemas sino también, y sobre todo, a buscar metódicamente maneras de refutarlos. *Deben aprender a desaprender lo aprendido.* Este es el único reaseguro que, en su clausura operativa, el sistema puede darse para mantener el acople cognitivo con un entorno complejo y turbulento.

La dirección estratégica de un SSTC formula teorías o hipótesis. Nunca pronostica. Los pronósticos son el producto de la extrapolación de series estadísticas –elaboradas sobre la base de datos correspondientes al pasado– realizada bajo el supuesto *ceteris paribus* que el comportamiento de las variables intervinientes se mantendrá invariable. En ciertos casos –sobre todo cuando se trata de procesos acotados y sencillos– la extrapolación encaja. Pero, dado el grado de incertidumbre en que se desarrolla el proceso estratégico, su punto de partida es la ambigüedad. En el nivel de la decisión estratégica, no se opera con pronósticos sino más bien con supuestos.

El recurso a los pronósticos constituye una respuesta frecuente y adecuada a la responsabilidad de previsión, no de estrategización. Los SSTCs se comportan como organismos cognitivo-adaptativos, cuyos miembros se esfuerzan por comprender los cambios externos en función de generar los cambios internos requeridos para lograr viabilidad. La adaptación es un proceso de aprendizaje, tanto más eficaz cuanto más profundamente se despliegan la actitud y la aptitud de aprender.

La efectividad depende de la capacidad que desarrolle el SSTC para lograr que sus características compatibilicen de manera apropiada con su entorno. En la medida en que este se modifica, la viabilidad queda sujeta a la potencia cognitiva para detectar los cambios y mantener el acople con el teatro de operaciones por medio de la autotransformación del sistema. Esta es la responsabilidad de los estrategas.

Para que un SSTC sea capaz de elaborar una comprensión del entorno, debe comenzar por comprenderse a sí mismo. Muchos sistemas se interpretan como entidades, "cosas" con vida propia, que deben enfrentar el problema de sobrevivir a las amenazas externas. En nuestra opinión, representar a los SSTCs como un proceso cognitivo ofrece mayor encaje, pues permite señalar que se encuentran en transformación constante y que son capaces de percibir de una manera más potente sus teatros de operaciones. La miopía cognitiva constituye una condición que torna vulnerables e inviables a un gran número de SSTCs, ya que una representación empobrecida de sí mismos redunda en una definición errónea de la misión. Impide construir un concepto claro del *target* e identificar el potencial de recursos. Neutraliza la conceptualización del teatro y, en particular, de la competencia. Cuando un SSTC, en cambio, se vuelve hacia el entorno para tratar de explorarlo y construir una hipótesis sobre su comportamiento, el procedimiento lo instala en una posición excelente para comprender y evaluar el vínculo cognitivo que está estableciendo. Como en la biología, las características que definen a un SSTC dependen del número de relaciones que mantiene con el entorno. Aunque las relaciones resulten con frecuencia complejas, deben tratar de establecerse y cuidarse a fin de poder continuar existiendo, ya que el sistema es parte también de un sistema de relaciones y sólo existe en esa interacción.

La explicitación del vínculo cognitivo con el teatro de operaciones es particularmente importante para quienes tienen la responsabilidad de construir la estrategia, porque ellos velan por la sostenibilidad del sistema. Deben guiar al sistema hacia la consecución de sus propósitos, introduciendo y fomentando los cambios necesarios para el alineamiento cognitivo.

Como señalamos en el comienzo del presente capítulo, el aprendizaje constituye la vía regia del alineamiento cognitivo y la dinámica intrínseca de la estrategia. En el nivel decisional de programación, táctica y técnica, el aprendizaje se traduce en un cambio incremental. En el nivel de planeamiento, administración y operaciones, aprender a aprender implica un *deuterocambio*. En el nivel de la estrategia, el aprender a desaprender significa operar el *metacambio*, un cambio respecto del esquema cognitivo con el cual el cambio mismo es interpretado.

CAPÍTULO 4

LA CONSTRUCCIÓN DE UNA HERRAMIENTA

*If the early questions tell me
what questions to ask later, then
they must be partly questions about knowing.
They're exploring the business of knowing.*

Gregory Bateson

Los SSTCs exhiben una tendencia recurrente a adoptar decisiones basadas sobre un supuesto determinista. Las cogniciones elaboradas en el pasado se retoman para volver a aplicarse mecánicamente al presente porque *fueron* útiles. Así, la ausencia de análisis prospectivos –aquellos elaborados a partir de representaciones explícitas de posibles escenarios futuros– dificulta una formulación de los propósitos estratégicos para el mediano y largo plazo.

Son muchos los obstáculos con que suelen tropezar los SSTCs a la hora de representarse a sí mismos, su teatro de operaciones y su devenir en el tiempo. La diversidad de modelos mentales, la carencia de una interfaz para la interacción de los subdominios, el pensamiento lineal y el realismo epistemológico adoptado como supuesto de los procesos de estrategización son algunos de los problemas que deben sortear.

Como todos los organismos vivos, los seres humanos y los SSTCs buscan la adaptación. En algunos ámbitos, este concepto evoca para muchos una especie de reactividad o conformismo institucionalizados. Sin embargo, conviene recordar que en el contexto de este libro hemos traído el

147

término principalmente desde el dominio de la biología. Para esta ciencia, un organismo ha logrado adaptarse cuando logra *activamente* desarrollar una congruencia estructural dinámica operacional con el medio a través de una transformación de sí mismo (Maturana y Varela, 1988). Pero, dada la clausura operativa, el "afuera" del sistema resulta incognoscible. No es posible acceder a la realidad *en sí*, ni al teatro de operaciones *en sí*, ni al *target en sí*. Ni siquiera al SSTC en sí. Esto significa que la estrategia, el plan de autotransformación que traza el sistema para alcanzar su propósito, no se funda en un saber cierto sino en un mapa que *hipotéticamente* describe el territorio.

Nada está más alejado de lo que distingue a los SSTCs que identificar la noción de adaptación con el acomodarse pasivo o resignado a las condiciones cambiantes del entorno. Los sistemas no son hojas secas a merced del viento. Más bien, son como pilotos que se proponen conducir sus embarcaciones hasta tierra firme a pesar del arrecife que se interpone. Según nuestro enfoque, ellos nunca dispondrán de un conocimiento que refleje todos los obstáculos y las vías francas que ofrece el arrecife ni todas las playas, puertos y acantilados que hay en las orillas. Los pilotos sólo acceden a algunas señales del territorio. Depende de su habilidad cognitiva interpretarlas y construir con ellas mapas que los ayuden a decidir hacia qué destino se dirigirán y cuál será el camino a seguir. Y también depende de ellos que empleen o no los resultados de su experiencia en el intento por alcanzar la orilla para mejorar tanto los mapas como las tecnologías que emplean para su elaboración. Así, la adaptación implica cargarse sobre los hombros la responsabilidad de desarrollar percepciones, comprensiones y razonamientos que ofrezcan mayor encaje y más viabilidad. Supone aprender, aprender a aprender y aprender a desaprender.

Con el propósito de contribuir a ese proceso y como resultado de una vasta experiencia profesional como consultores en estrategia y alineamiento competitivo, hemos desarrollado el modelo PENTA, que sintetiza los aportes de la economía empresaria y de la psicología organizacional, basada en la corriente sistémica del Mental Research Institute de Palo Alto, California. Desde su formulación en 1994, el modelo ha sido empleado en numerosas oportunidades en sistemas sociotécnicos de diversos tamaños y complejidades. Su propósito es comprender la dinámica de los SSTCs, facilitar el desarrollo de la estrategia y la consecución de los objetivos.

4.1. El modelo PENTA y la reflexión de segundo orden

El alineamiento cognitivo de un SSTC exige la construcción de un dominio consensual entre sus miembros a fin de que adapten recíprocamente sus conceptualizaciones por medio de sucesivas experiencias interactivas.

Cuando la dispersión cognitiva alcanza niveles significativos, se produce una suerte de "efecto Babel". El lenguaje parece perder su carácter de interfaz, y la capacidad de adaptación del sistema a su teatro de operaciones se deteriora. Con frecuencia, en estos casos se hace necesario recurrir a un co-pensor externo. El primer movimiento de la intervención debe alentar la sensibilización de los integrantes del sistema respecto de sus propias interpretaciones sobre la base de un lenguaje nuevo.

El modelo PENTA se ofrece como ese lenguaje nuevo, dominio consensual y organizador del escaneo de los modelos mentales presentes y operantes. Sus dimensiones no corresponden a subdivisiones reales del SSTC al que se aplican. Sólo constituyen abstracciones construidas con el propósito de orientar todos los procesos cognitivos del sistema. Es un marco que "(...) interviene en la evaluación de los mensajes contenidos, recordando al pensador que esos mensajes tienen pertinencia recíproca y que los mensajes que están afuera del marco pueden ignorarse" (Bateson, 1985, p. 215). La adopción del PENTA no supone ninguna clase de realismo acerca del sistema y su entorno, ya que es sólo un modelo de organización cognitivo teleológicamente orientado.

En tanto herramienta de intervención, la aplicación del modelo PENTA busca un cambio metacocognitivo en los miembros del sistema, esto es, intenta colaborar en la co-construcción de nuevas reglas de elaboración y comprensión que permitan reducir la dispersión cognitiva, porque el alineamiento no sólo debe verificarse en el nivel de la operación del sistema, sino principalmente en el de la reflexión de segundo orden, a fin de instaurar la tematización metódica del sistema y su hacer. El objetivo de la intervención, en suma, no es otro que acompañar e instalar el proceso de aprender a aprender explicitando y problematizando las prácticas.

El modelo PENTA es, en esencia, una herramienta de diagnóstico e intervención. Para permitir identificar, describir y tipificar los modelos mentales presentes en cada miembro de un SSTC, toma como referencia cinco dimensiones (estrategia, cultura, recursos, organización y mercados), sus interrelaciones, y las interacciones entre el sistema y el teatro de operaciones. Los vínculos entre esos cinco elementos funcionan como hebras que al entrelazarse constituyen la trama del SSTC. Elaborar una cognición respecto de la configuración del tejido significa entender el sistema, ya que este es –en cada momento– el emergente sistémico del hilado urdido.

En su aplicación a distintas problemáticas, el modelo PENTA se ha mostrado eficaz para la detección y descripción de los modelos mentales individuales de los actores. Permite trabajar de una manera explícita las creencias, los valores y las reglas implícitos, por una parte, y provocar los procesos de cambio en los modelos diferenciados, por otra. Al mismo tiempo, posibilita identificar las brechas existentes entre el sistema actual y el sistema deseado, porque opera como un heurístico del planeamiento basado en la construcción de escenarios futuros.

La potencia cognitiva de PENTA reside en la sencillez con que presenta todos los componentes del sistema, lo que facilita la construcción de modelos mentales compartidos a través de la optimización de la comunicación interna y la construcción intencional de sinergias orientadas hacia la consecución de los objetivos del SSTC. Porque el propósito principal del modelo es servir como herramienta de organización de la acción.

4.2. Los pilares y dimensiones del modelo PENTA

El análisis de los SSTCs puede efectuarse a partir de la caracterización de cinco dimensiones que operan como

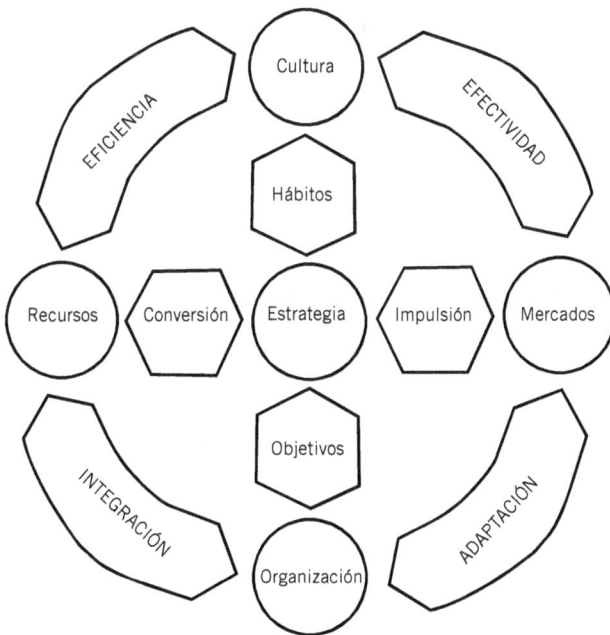

Figura III. Modelo PENTA

pilares de los sistemas: estrategia, cultura, recursos, organización y mercados. Estos son también los pilares del modelo PENTA.

4.2.1. El pilar de la estrategia

Aunque nuestro enfoque es sistémico, no puede obviarse que la decisión estratégica es el núcleo de la competitividad de los SSTCs. Por esta razón, el pilar de la estrategia constituye el corazón del modelo PENTA, que liga de manera sistémica los otros cuatro pilares. Desde un punto de vista interno, la estrategia es el concepto cognitivo que unifica y torna consistentes a los componentes del SSTC. Desde un punto de vista externo, define el vínculo cognitivo del sistema con el entorno a fin de asegurar el desempeño. Dado que determina cómo se articulan los pilares, la estrategia establece también cómo deben ser la organización y los procesos para que el SSTC logre adecuarse a los cambios en las variables externas por medio de una modificación sincronizada de sus componentes internos.

El sistema político de los SSTCs determina quiénes integran la coalición gobernante y, por lo tanto, la composición de la cúpula cognitiva. A este estamento decisional corresponde realizar el análisis interno y externo sobre el cual funda la misión del sistema. Definir la misión significa establecer a qué *negocios* (en el sentido amplio de ocupación, quehacer o trabajo) se dedicará el sistema para crear valor sostenible, y con qué *habilidad distintiva* lo hará. Como veremos, la creación de valor sostenible (ya sea económico, social o público) como propósito central excede los límites de la generación de *outputs* cuyo valor supere adecuadamente (de acuerdo con los patrones del sistema) el invertido en los *inputs*. Presentamos un ejemplo.

Supongamos que, con el propósito de maximizar la rentabilidad, la alta dirección de una compañía decide adquirir un equipo fabril nuevo, lanzar un producto mejorado, implementar un programa de reducción de costos, incorporar tecnología más moderna y contratar a un nuevo gerente de muy buen nivel profesional. Cabe suponer que, cada vez que toma una de estas decisiones, la coalición gobernante está pensando en si aumentará o no la rentabilidad. Pero, sin embargo, la relación entre la decisión y el aumento de la rentabilidad resulta bastante oscura en la mayoría de los casos, ya que, con frecuencia, un análisis más rico permite comprender la conveniencia de sacrificar la rentabilidad actual para mejorar la rentabilidad futura. El recorte cognitivo implícito en el procedimiento conduce a priorizar el uso de la mentalidad financiera respecto de la mentalidad económica, que es la verdaderamente adecuada para las empresas. Comprender esto significa dar un salto cognitivo crítico. Cuando la alta dirección abandona el patrón de la rentabilidad y adopta el criterio de pensar en qué valor tendría la empresa en su conjunto si fuera puesta en venta mañana, ese cambio conceptual permite que se disponga de un criterio de decisión menos aritmético pero mucho más potente, pues invita a ampliar el horizonte cognitivo incorporando una comprensión sistémica y diacrónica.

Con frecuencia, la práctica muestra que el proceso de toma de decisiones debe desarrollarse entre actores pertenecientes a subdominios que han construido cogniciones diferentes y muchas veces hasta opuestas. Así, mientras que el mapa mental financiero puede estar poniendo el foco exclusivamente en el flujo de dinero a través del tiempo, el mapa mental económico podría orientarse hacia la construcción de activos tales como la marca o un mercado fiel. En los SSTCs, los diferentes mapas mentales suelen entrar en conflicto, pero no se dispone de un protocolo estándar que sirva para definir cuál es la decisión correcta. Esta clase de divergencias constituye uno de los principales disparadores del desacople cognitivo. Por esta razón, el alineamiento requiere explicitar los focos y negociarlos cognitivamente. La inversión en una tecnología más moderna y segura –por ejemplo– no se reflejará en los estados contables como un incremento en la rentabilidad hasta tanto esté operando. Pero cuando el mañana se representa como un referente importante, disponer de esa clase de tecnología se percibe como un incremento en el valor sostenible. Dado que la creación de valor sostenible es siempre el propósito estratégico fundamental y rector, todo proceso de toma de decisiones está guiado, en última instancia, por la búsqueda de una respuesta afirmativa a la siguiente pregunta: "Si adoptáramos esta decisión, el valor (económico, social o público) del sistema, ¿se incrementaría?".

La noción de misión remite al concepto de "habilidad distintiva". Cuando un SSTC define su misión, está declarando que ha decidido dedicarse a un negocio determinado para generar valor sostenible. Sin embargo, todavía resta especificar cuál es la razón por la que se espera tener éxito.

La habilidad distintiva puede ser de diversas índoles (manejar la tecnología en una forma más eficaz que los competidores, trabajar con los costos más bajos del sector, gozar de la mejor imagen, acceder a mejores fuentes de aprovisionamiento, entre otras). Pero todo SSTC debe contar al menos con una habilidad distintiva que asegure su adaptación al entorno, algo que resulta más evidente cuando los contextos son marcadamente competitivos. Desde el punto de vista estratégico, el proceso que conduce a identificar cuál es y determinar cuál debe ser, hoy y mañana, la habilidad distintiva constituye otra fuente crítica de dispersión cognitiva. Por lo tanto, es indispensable lograr que los diferentes mapas mentales de los miembros que integran los subdominios del SSTC se encuentren suficientemente alineados como para construir una representación común de la habilidad distintiva actual y de la que se estima necesaria en el futuro. Sin embargo, los SSTCs tienden a transitar procesos críticos y vitales como los descriptos sin una reflexión de segundo orden. Esto significa asumir el riesgo de pensar en el objeto de la decisión sin problematizar las condiciones cognitivas de su posibilidad.

Cuando el gobierno del SSTC define la misión presente (en qué negocios elige operar hoy para crear valor sostenible) y su misión futura (en qué negocios quiere estar), determina el impulso estratégico del conjunto del sistema. La decisión representa el núcleo del alineamiento cognitivo. Sobre la base de ese impulso, el sistema fija la prioridad de las inversiones, primer afianzamiento concreto y fuertemente operativo del proceso estratégico. De aquí surgen los objetivos para cada negocio de su portafolio que deben servir para revisar el desempeño, evaluarlo y retroalimentar el proceso

La competitividad de la estrategia es una función dependiente del diseño del portafolio de productos, de la asignación de los recursos a ese portafolio y de la postura competitiva de cada producto respecto de los competidores directos o sustitutivos. Para lograr competitividad, es preciso asignar recursos adecuados en mercados atractivos y alinear la estrategia con la cultura interna del sistema y la organización. Así, en tanto emergente sistémico, la competitividad es el resultado de una configuración particular de los cinco pilares del modelo PENTA. Conviene adelantar que, cuando nos referimos a la organización, incluimos en esa dimensión el organigrama, los sistemas de información y los procesos de gestión tales como planificar, presupuestar, controlar e incentivar.

La decisión estratégica presenta seis características distintivas que analizaremos a continuación.

Propósito. El eje de la decisión estratégica explicita cuáles son los propósitos del sistema. El propósito de mayor nivel define la misión.

Conflicto. Es el marco de la decisión. Como se explicó en el Capítulo 1, la postura estratégica expresa internamente el grado en que el sistema aprovecha los recursos disponibles para consolidar sus habilidades distintivas, mientras que –observada desde el teatro de operaciones– señala los factores críticos de éxito para la generación de ventajas competitivas.

Interdependencia. Dado que la definición de los objetivos se desarrolla en el marco del conflicto, la decisión estratégica exige tomar en cuenta la interdependencia entre los propósitos del sistema y los que se han fijado los demás actores. Es importante señalar que esos actores no son sólo los competidores o enemigos sino también todos los integrantes del *cluster* y el conjunto de los *stakeholders*.

Ambigüedad. La ambigüedad de la información, tomada como *input* de la decisión estratégica, no es el resultado de una deficiencia idealmente corregible de los dispositivos de relevamiento o interpretación. En rigor, es una expresión –tal vez dramática– de los límites cognitivos de cualquier SSTC (cfr. Capítulo 2). A pesar de que la imposibilidad de construir percepciones, comprensiones y razonamientos *adecuados* se verifica en todos los niveles de decisión, allí donde la información parece exhibir patrones de comportamiento recurrentes, la limitación cognitiva se desdibuja y crea la ilusión de una certeza asequible, aunque sea sólo en forma teórica o utópica. En el nivel estratégico, en cambio, los SSTCs operan en las fronteras, tanto de sus posibilidades de interpretación del emergente sistémico, como de sus propias maneras de interpretar, de aprender.

Cambio. La estrategia se define en función de factores externos al sistema (escenario, *target*, enemigo), cuyo comportamiento puede modificarse de manera repentina, marcada y poco previsible. Por lo tanto, toda decisión estratégica es una respuesta provisoria producto de reflexión-en-la-acción.

Inducción. Como ya se señaló, la estrategia es una construcción cognitiva en la cual se hacen patentes los límites epistemológicos del sistema. Obligado a revisar constantemente su proceso de percepción-comprensión-razonamiento, el SSTC se convierte en un sistema inductivo de aprendizaje.

La *cultura* estratégica constituye el marco ideológico de la competitividad que debe desarrollarse atendiendo a siete conceptos principales.

- **Campo de fuerzas.** Está conformado por los vínculos establecidos entre el SSTC, el *cluster* que lo contiene y el escenario en que se mueve.
- **Visión sistémica.** Significa entender que el desempeño del sistema es el emergente de la interacción entre la estrategia, la cultura, los recursos, la organización y los mercados.
- **Habilidad de teorizar.** La decisión estratégica es el resultado de una *teoría*, construida por el SSTC, cuyo *encaje* es y debe ser metódicamente desafiado. La habilidad de teorizar constituye una competencia central porque define la *viabilidad* de cualquier SSTC.
- **Contraaleatoriedad.** La complejidad del vínculo entre el escenario y el SSTC no permite extrapolaciones ni razonamientos lineales. Asimismo, las técnicas de simulación tampoco resultan suficientes para reducir la aleatoriedad a un rango manejable. Debido a que las variables externas pueden convertirse en una amenaza, es necesario crear condiciones internas del sistema que apunten a incrementar la protección ante los impactos de origen externo mediante el desarrollo de una cultura que instituya la plasticidad de respuesta y la proactividad.
- **Desarrollo.** Es un indicador del desempeño, que explica el nivel de eficiencia y efectividad con que se

utilizan los recursos. El desarrollo es una espiral expansiva, que habla del potencial para generar valor sostenible y que se orienta hacia la competitividad.

- **Unidireccionalidad.** Los supuestos estratégicos refieren a las creencias guías, que subyacen a la misión, las metas y los objetivos del sistema. Las creencias directrices deben atravesar todo el sstc, generando cohesión, motivación y alineamiento respecto de una visión (PENTA deseado) entendida y compartida por todos los miembros.
- **Aprendizaje en tiempo real.** Los seis conceptos precedentes quedan interconectados en una configuración siempre provisoria, que obliga a un aprendizaje permanente destinado a mejorar la relación cognitiva entre la estrategia y las acciones del sistema.

4.2.2. El pilar de la cultura

La cultura constituye una de las dimensiones más complejas de los sstcs. Allí se alojan la historia, los héroes y los mitos del sistema; los valores, los rituales y las creencias; los símbolos, la jerga y demás artefactos que *pintan* la identidad del sistema, su credo y su ideología, "la forma en que las cosas se hacen acá". La cultura es la memoria semántica de largo plazo, episódica y procedimental. "Para entender una organización", dicen Gore y Dunlap (2006), "no necesitamos entender su pasado, en tanto el estilo a través del cual el pasado moldea la organización está presente en su sistema cultural. Entender una organización es entender su sistema cultural y cómo este condiciona las acciones de sus miembros" (p. 68).

El desempeño de un sstc se encuentra marcado por su cultura. Dado que esta determina los códigos de acción aceptados y considerados por todos los miembros como la conducta apropiada, cualquier acción que se aleje de alguno de los valores compartidos se representa como una anormalidad. Por esta razón, una intervención orientada hacia el alineamiento cognitivo del sistema debe, en primer lugar, sacar a la luz esos códigos y, en segundo, alentar su re-construcción a fin de adaptarlos al propósito estratégico.

Algunos SSTCs presentan más de una cultura y, por lo tanto, más de un sistema de valores. Este fenómeno resulta característico de los sistemas más organizados –y, por lo tanto, con un mayor número de subdominios internos–, porque las áreas funcionales tienden a operar de manera muy compartimentada. Así, por ejemplo, puede detectarse una cultura del área de producción francamente distinta de la que sostiene el área comercial.

La cohabitación de culturas diferentes dentro de un mismo sistema se traduce en dispersión cognitiva. En ocasiones, esa dispersión opera como un potenciador de la capacidad cognitiva del sistema, pues amplía las posibilidades de interpretación. En otras, se transforma en una disfunción, que torna particularmente difícil la comunicación y el buen desempeño del conjunto. En estos casos, es preciso implementar programas de acople a fin de que los subdominios puedan mantener sus valores particulares y funcionales respecto de su misión específica, pero sin generar visiones "túnel" ni perjudicar el desenvolvimiento de otras áreas o del sistema como un todo.

Junto con el de la estrategia, el pilar de la cultura representa una dimensión clave para el abordaje cognitivo de los SSTCs. Los miembros de un sistema comparten sentimientos, aspiraciones, valores y demás, modelados en un marco de referencia común institucionalizado. Las creencias culturales suelen adoptar la forma de una proposición a la que un conjunto de individuos atribuye al menos un grado mínimo de probabilidad de ser verdadera (Kruglanski, 1989). Dado que poseen una influencia decisiva sobre las cogniciones, emociones y conductas, las creencias operan como el soporte de las coordinaciones consensuales recurrentes en las que se define el direccionamiento de la acción, se juegan las influencias recíprocas entre los integrantes del sistema, se organiza la actividad, se estructura el grupo y se asignan responsabilidades.

Las creencias propias de la cultura de un SSTC especifican la esencia del grupo, y dan razón del sentimiento de pertenencia, al proveer las bases cognitivas que permiten a los integrantes del sistema representarlo como una unidad. Constituyen los cimientos fundacionales y las fronteras operativas del grupo. Por este motivo, para que un sistema se constituya como tal, la primera y más importante creencia que necesita instalar entre sus miembros es que ellos conforman y pertenecen a un equipo, que *son un equipo*, integrado (Deutsch, 1969) por personas que se perciben como promotores de la consecución de metas interrelacionadas, esto es, que responden a una *estrategia*. Las creencias culturales individualizan a cada SSTC. El alineamiento y la dispersión cognitivas dependen de su consistencia y organización.

El análisis metacognitivo de las creencias compartidas permite relevar el modo particular en que estas se categorizan, su organización jerárquica y las interrelaciones sistémicas. Las creencias pueden abordarse desde cuatro ángulos (Bar-Tal, 1989):

- **Adquisición y cambio de creencias.** Implica focalizarse en los procesos intra –e inter– personales y grupales por medio de los cuales las creencias se adquieren y modifican, así como en los factores y condiciones que influyen en esos procesos.
- **Estructura de las creencias.** Significa concentrarse en el modo en que la mente representa, almacena y organiza las creencias.
- **Efectos de las creencias.** Apunta al análisis de cómo impactan las creencias sobre las conductas y emociones del individuo y del grupo al que pertenece.

- **Contenidos de las creencias.** Supone centrarse sobre contenidos específicos de las creencias de un miembro o de un conjunto de integrantes del sistema.

Las creencias pueden ser descriptivas, evaluativas o prescriptivas (Rokeach, 1968). Las primeras indican qué puede considerarse verdadero o falso; las segundas juzgan si el objeto de la creencia es bueno o malo; y las terceras establecen qué medios y fines son aceptables, deseables o indebidos. De sus contenidos dependen la fuerza cognitiva del sistema, así como el diseño y la ejecutabilidad de la estrategia. Desde el punto de vista de su funcionalidad (Lane, 1973), las creencias son el fundamento de la interpretación y de la moralidad imperante; legitiman el liderazgo y establecen los patrones de equidad y justicia del sistema. Respecto del teatro de operaciones, fijan la posición y los límites, y permiten crear la identidad social del SSTC y demarcar aquello que será considerado como "nosotros" por oposición a "ellos" (los extraños, los competidores, los enemigos).

Los científicos del comportamiento suelen clasificar los contenidos de las creencias en normas, valores, objetivos (*goals*) e ideología. Las normas representan estándares que guían la conducta del grupo y que permiten discriminar entre comportamientos apropiados e inapropiados. Pueden no ser creencias que refieran para los miembros del sistema las características que ellos sienten que los identifican. Algo similar ocurre con los valores, que pueden definirse como modos específicos de conducta o estados finales socialmente preferibles por oposición a otros (Rokeach). Pero a diferencia de las normas, los valores no prescriben un tipo particular de comportamiento, sino que proveen ideas de un grado de abstracción tal que permite su aplicación como guía para la interpretación y evaluación de las conductas. Así, mientras que los integrantes de un SSTC pueden contar con numerosas normas, los valores se resumen en unos pocos, como, por ejemplo, libertad, equidad, veracidad, etc. Los valores expresan los ideales a los que el sistema aspira.

Las metas constituyen estados específicos futuros considerados valiosos o deseables por los miembros del sstc. Definen su razón de ser, dan cohesión a los integrantes, fundan la creación de lazos solidarios y direccionan la actividad. El grado en que los miembros de un sistema perciben sus metas como compartidas –explican March y Simon (1958)– fortalece la identificación de los individuos con el grupo, y viceversa. La ideología, por último, refleja la experiencia común y provee las bases cooperativas, morales, ordenadoras y racionales de la conducta de los integrantes del sistema. Refiere a un conjunto ordenado de creencias que constituyen el programa, la teoría causal y los supuestos acerca de la naturaleza humana y del comportamiento social. Según Toch (1965), la ideología consiste en una declaración acerca de lo que los miembros de un sstc tratan de lograr (sus *goals*) y de lo que desean afirmar entre todos. Es un conjunto de ideas que distinguen la manera en que un grupo propone, explica y justifica los medios y fines que articula en sus prácticas. Así, la ideología provee una identidad a los miembros del sistema, define su cohesión y describe aquello que lo hace único.

Todo lo expuesto subraya el papel clave de la cultura respecto de la construcción y el reforzamiento de la identidad del sstc. Somos lo que somos (en tanto miembros del sistema) porque los otros (los competidores, el enemigo) no son lo que nosotros somos (Tajfel, 1979). Según este autor, la identidad social contribuye al concepto que una persona tiene de sí misma. Dado que la autoestima individual se funda en parte en el valor y el significado emocional atribuidos a la pertenencia a un grupo, las personas tienden a formarse un concepto positivo de este y a valorarlo por encima de otros. Al mismo tiempo, se sienten motivadas a luchar por el logro de los objetivos del conjunto sobre la base de una comunidad de valores, convicciones y actitudes, y de la percepción de que enfrentan a un enemigo común.

Las creencias que definen la identidad de la cultura forman parte del repertorio cognitivo de los individuos. Están en sus mentes como principios que se consideran compartidos con otros miembros y característicos del sistema. Aun cuando los miembros de un SSTC sostengan las mismas creencias, estas pueden tener diferentes características debido a las habilidades cognitivas, las experiencias y las motivaciones particulares. La existencia del SSTC depende en buena medida del mantenimiento de las creencias culturales, mientras que el grado y la intensidad con que son tenidas en cuenta por los integrantes determina la cohesión entre ellos. Cuando existe consenso respecto de cuáles son las creencias, se habla con frecuencia acerca de ellas y se las toma en cuenta para la adopción de decisiones, la cohesión interna del sistema es alta.

Para Bar-Tal, el sistema de creencias es dinámico, porque puede cambiar con el tiempo o de acuerdo con la situación. Los cambios dependen de diversos factores, tales como la estructura de las creencias, la información disponible, y la motivación y las habilidades cognitivas de los integrantes del SSTC. Hasta las creencias más arraigadas pueden eventualmente modificarse e, incluso, desaparecer del repertorio cognitivo cuando pierden aquella cuota mínima de confianza que inspiraban en los miembros del sistema. Así, lo que en un momento fue considerado como una verdad absoluta, puede perder credibilidad, mientras que una formulación hipotética puede transformarse en un hecho indiscutido.

En algunos SSTCs y, en especial, en aquellos de gran envergadura, suele observarse la emergencia de subgrupos. En ocasiones, coinciden con las divisiones en subdominios; en otras, atraviesan distintas áreas del sistema. Al igual que el grupo conformado por el conjunto de integrantes del SSTC, los subgrupos se individualizan por un sistema de creencias propio, que demarca las fronteras, establece los parámetros que definen la pertenencia y fija metas comunes. La aparición del fenómeno puede vincularse con el concepto de cismogénesis, entendida como el proceso de diferenciación en las pautas que modelan el comportamiento individual como resultado de la interacción acumulativa entre personas o grupos (Bateson, 1958). Por lo general, las escisiones culturales dentro de un SSTC surgen de desacuerdos respecto de las creencias, hasta ese momento compartidas, y por lo tanto, deben tomarse como eje para el abordaje del problema.

Cuando el cuestionamiento se enfoca en las creencias culturales centrales y no es acompañado por un intento de proponer creencias alternativas, es probable que el SSTC se encuentre a las puertas de un cisma, expresión de un severo desacople cognitivo. Entre las condiciones que favorecen la ruptura cabe mencionar las siguientes:

- sistemas que alientan la compartimentación en subdominios poco comunicados y altamente especializados;
- sistemas fuertemente centralizados, que impiden desarrollar un grado de autonomía suficiente como para lograr la motivación y el compromiso personal en los niveles decisorios inferiores;
- sistemas muy descentralizados, con una orientación estratégica difusa que favorece la descoordinación y alienta la desintegración de las acciones;
- sistemas muy dogmáticos o demasiado abiertos y tolerantes;
- sistemas que no han institucionalizado mecanismos específicos para la resolución de conflictos; y
- sistemas que no proveen canales de comunicación apropiados para la expresión y el planteo de desacuerdos o quejas.

Por el contrario, el cisma puede ser neutralizado cuando los SSTCs son capaces de:

- tolerar o suprimir las disidencias;
- modificar o integrar las creencias alternativas emergentes;
- priorizar la unidad respecto de las diferencias; o
- desarrollar un liderazgo carismático.

A veces, la ejecución de la estrategia requiere cambiar el sistema de creencias, interviniendo en la cultura a fin de generar las condiciones que permitan la transformación del repertorio cognitivo de los miembros del SSTC. Diseminar nuevas creencias y persuadir a los integrantes para que las adopten constituyen dos de las responsabilidades más importantes del liderazgo. Se trata de un proceso complejo y de largo aliento que sólo puede darse por concluido cuando la nueva cultura es asumida por el conjunto como la definición de su identidad.

Cabe señalar que las culturas sólidamente constituidas pueden convertirse en un arma de doble filo. Según Pfeffer y Sutton (2005), la cultura y los valores "(...) requieren, por definición, que haya un grado sustancial de continuidad a lo largo del tiempo. Hacer las cosas de cierto modo perfila la identidad social de una empresa [y, por extensión, de cualquier SSTC] y le confiere singularidad. (...) cuestionar 'la forma en que aquí se hacen las cosas' puede sentirse como un verdadero ataque a la identidad y los valores de la firma" (p. 108). Sin embargo, si entendemos la cultura como una dimensión que debe contribuir a la adaptación del SSTC para que la consecución de sus propósitos estratégicos sea viable, debemos aceptar que ninguna cultura es buena, mala o adecuada en sí, sino respecto de una determinada configuración de la relación entre el PENTA en su conjunto y el teatro de operaciones. Esto significa que ningún SSTC debe cristalizar su cultura, aun cuando esta haya demostrado en el pasado excelentes resultados. "Las organizaciones que hacen un uso sensato de los precedentes y no están atrapadas en sus recuerdos de cómo solían ser las cosas 'en los buenos tiempos', tienen en común su conciencia de los costes y beneficios de la memoria" (*id.*, p. 145).

4.2.3. El pilar de los recursos

Comprender el desempeño de un SSTC exige analizar cuáles son los recursos críticos de los que depende y la capacidad que tiene para acceder a ellos.

El carácter de recurso no es una propiedad inherente a alguna clase de objeto particular, sino una construcción cognitiva llevada a cabo por un SSTC. Es este quien, mediante una operación de interpretación, atribuye esa calidad al objeto. Esto explica, en primer lugar, por qué una maquinaria, el dominio de cierta tecnología, un valor cultural, la marca de un producto o las competencias de su gente pueden constituir recursos para un SSTC y no para otro. Y en segundo lugar, por qué pueden existir desacuerdos (dispersión cognitiva) entre los miembros del sistema respecto de los recursos disponibles. Por lo general, los sistemas distinguen trece tipos de recursos:

- Recursos humanos

- Recursos tangibles
    - Operacionales
    - Financieros
    - Infraestructura

- Recursos intangibles
    - Información
    - Tecnología
    - Imagen
    - Crédito

- Tiempo
- Mística
- Plasticidad
- Estabilidad
- Organicidad

Las habilidades distintivas de un SSTC son el emergente sistémico producido por la combinación de recursos. A su vez, el potencial realizable de cada uno ofrece otras tantas áreas de resultados clave. Para el abordaje sistémico, el valor de un recurso depende de la estrategia, la cultura, la organización y los mercados, es decir, de los otros cuatro pilares del modelo PENTA.

El agotamiento de un tipo de recurso o la súbita aparición de uno nuevo que reemplaza a otro anterior puede determinar el nacimiento o la extinción de SSTCs. La particular incertidumbre que plantea el entorno actual permite observar –cada vez con mayor frecuencia– la creación y la desaparición de sectores completos de la actividad económica, política y social. El fenómeno responde básicamente a razones cognitivas. Por ejemplo, cuando surge un recurso tecnológico sustitutivo, algunas empresas con muy fuertes inversiones en tecnología productiva quedan absolutamente desenfocadas respecto del mercado, y mueren. Así, la extinción del SSTC denuncia no sólo el fracaso de la estrategia trazada, sino una falla muy grave en la elaboración cognitiva de las percepciones del propio sistema, del teatro de operaciones y del entorno.

En otros casos, la incorporación de recursos nuevos produce cambios profundos en la totalidad del sistema. La introducción de las tecnologías de la información y la comunicación (TICs) constituye un buen ejemplo. Al adoptarlas, la mayoría de los SSTCs han producido cambios extraordinarios, que se traducen principalmente en el diseño de los organigramas. Dado que hacen innecesaria la multiplicidad de niveles jerárquicos intermedios que solían distinguir a los sistemas sociotécnicos más complejos, las TICs –*interpretadas como un recurso* que permite crear redes de comunicación interna más amplias, rápidas y eficientes– posibilitan un cambio cognitivo importante, pues aumentan la capacidad de descentralización e integración.

Las TICs, en particular, no constituyen sólo una de las variables externas del escenario. También afectan el proceso cognitivo interno de la organización. Las TICs implican un proceso de transformación que hace la empresa para configurar los productos de los que vive. Son conocimiento y experiencia con los que se solucionan problemas.

Cada miembro de un SSTC puede representar los trece tipos enumerados como un recurso o como una debilidad. Además, esta consideración puede diferir según la intensidad cognitiva positiva o negativa que el individuo le atribuye. La experiencia muestra que no todos los miembros de un mismo sistema representan las TICs de igual manera en sus mapas mentales individuales. De hecho, hemos detectado dos actitudes bastante típicas respecto de su introducción. Mientras que algunos afirman "en esta empresa no hay TICs", otros se ufanan porque "nadie nos puede superar en TICs". Se trata de dos actitudes extremas y equivocadas. La primera es errónea porque no existe una organización que carezca de TICs. Al trabajar, producir un producto o un servicio, y comercializarlo, la empresa está usando esas tecnologías, quizás de manera rudimentaria o caótica, pero las aplica: las TICs son cognición. Por eso, la segunda afirmación –en particular– resulta temeraria y hasta peligrosa, porque siempre pueden aparecer TICs mejores.

4.2.4. El pilar de la organización

El cuarto pilar del modelo PENTA es el de la organización. En el marco de nuestro enfoque, comprende tres componentes del sistema: el organigrama, los sistemas de información y los procesos gerenciales (planificar, programar, presupuestar, controlar e incentivar). La organización constituye la red de interacciones requeridas para implementar la estrategia del SSTC y, por esta razón, resulta prioritaria para trabajar sobre el desarrollo cognitivo del sistema.

Como hemos señalado, en la organización suele observarse un fenómeno peculiar: cuanto más detallada y definida es, mayor resulta la dispersión cognitiva. El procedimiento de organizar genera separación en áreas de competencias específicas (con tareas casi equivalentes pero diferenciadas de las que se realizan en otras áreas), controles por subdominio, lenguajes especializados, etc. La partición fomenta la aparición de mapas mentales parciales, diferenciados, concentrados y, con frecuencia, contra puestos. Los productos finales son el desacople y la dispersión cognitivos.

La interdependencia del sistema brinda una pauta del funcionamiento de los subsistemas cognitivos de la organización. Por ejemplo, si la capacidad de procesamiento de las TICs es mayor que su demanda, indica que se están malgastando recursos. Si la demanda, en cambio, es mayor que la capacidad, es muy probable que se produzca algún tipo de sobrecarga perjudicial, como, por ejemplo, que algunos gerentes reciban datos que no usarán jamás, mientras que otros carecen de aquellos que necesitan. El desajuste entre demanda y capacidad se traduce en deterioro del desempeño.

El modelo PENTA permite comprender la interdependencia como un gran sistema cognitivo de procesamiento de información. Para que el SSTC se convierta en un procesador efectivo, la forma en que se diseña la organización debe ser la que mejor permita buscar, interpretar y sintetizar la información necesaria para la toma de decisiones.

En los sstcs organizados sobre la base de divisiones (por ejemplo, por líneas de producto) lo habitual es que cada una demande diferentes tipos de información, en distintos momentos y desde mapas mentales particulares. Esta demanda especial es producto de las características específicas del escenario en que la división actúa. Al diseñar el sistema es necesario, por lo tanto, lograr un equilibrio entre los costos y los beneficios de, por una parte, la adaptación a medida a la demanda de la división y, por otra, de la integración de los diferentes sistemas divisionales en el sistema total. De lo contrario, el efecto indeseable puede ser la existencia de cuatro o cinco bases de datos no relacionadas entre sí.

El fenómeno descripto no ocurre exclusivamente en los sistemas sociotécnicos de gran envergadura y organizados en divisiones. Se verifica también en los sstcs diseñados sobre la base de las funciones clásicas (producción, administración, etc.), en los que cada unidad tiene sus requerimientos específicos según una construcción cognitiva, un modelo de situación y un mapa mental propios. Dado que el escenario particular que enfrenta el sistema es cambiante, no sólo las tics sino también el organigrama y los procesos deben resultar modificables, sumamente plásticos. La consigna central para el diseño de la organización consiste en elegir la opción que asegure a cada unidad que podrá satisfacer sus requerimientos de información y comunicación. Además, debido a que estos cambiarán con el transcurso del tiempo, la organización es una obra que jamás puede darse por realmente terminada.

Otro buen ejemplo de la interdependencia cognitiva entre los componentes del modelo PENTA es la influencia de la tecnología con que se opera sobre la forma como se diseña el sstc. Esto pone de manifiesto la vinculación entre el pilar de los recursos y el pilar de la organización. La experiencia demuestra que cuando la tecnología exige mayor sofisticación para ser comprendida, la organización tiende a exhibir más departamentos profesionales tipo *staff* y bastante descentralizados. En este cuadro, dado que se torna necesario emplear muchas más ligas de coordinación para integrar los departamentos *staff* (Mintzberg, 1983), la probabilidad de dispersión cognitiva se agudiza.

De lo expuesto se deduce que los niveles de decisión estratégica de un SSTC no pueden elegir la forma de la organización en función de una preferencia por uno u otro modelo, ni porque hayan observado su funcionamiento exitoso en otros sistemas. La organización debe diseñarse teniendo como guía la consideración de todos los componentes del modelo PENTA.

El pilar de la organización (los procesos de planificación, programación, presupuesto, control e incentivo) recibe el impacto de las demás dimensiones del modelo PENTA y, a su vez, influye sobre ellas. El sistema de información, por ejemplo, constituye siempre una señal que describe la cultura –las creencias– y, por eso, los miembros de la empresa tienden a interpretarlo continuamente. Las conductas dependen de esta interpretación. Si la alta dirección planifica sobre la base de información histórica, la señal atencional que está enviando al resto del SSTC es que cree que habrá continuidad y estabilidad en el escenario. En cambio, si demanda información sobre cambios en el entorno, el mensaje es que espera discontinuidades, así como desafíos nuevos y desconocidos. Si la dirección requiere a los sistemas de información sólo datos sobre las desviaciones del presupuesto del mes en curso, el foco atencional se orienta hacia una cultura cortoplacista. Si, por el contrario, demanda información sobre cambios tecnológicos, transformaciones profundas en su *target*, el ingreso de potenciales competidores o cualquier desviación de los impulsos estratégicos básicos, el foco atencional tiende a consolidar una cultura estratégica de largo plazo. En todos los casos conviene recordar que los sistemas de información siempre proveen datos acerca de lo que pasó o de lo que está ocurriendo, pero nunca explican *por sí mismos* los motivos de esos hechos o comportamientos ni *lo que puede suceder* en el futuro.

El concepto de organización excede el de un organigrama. Incluye no sólo la estructura formal, sino también la red informal que surge de ella. Comprende aquello que se mantiene constante en el tiempo y lo que debe modificarse. Permanencia y plasticidad, integración y adaptación, todo este complejo mecanismo impacta en cómo fluyen la información y la comunicación, en el modo de tomar las decisiones y otorgar autoridad, y en la forma en que se asignan las responsabilidades de cada miembro. De la organización depende estrechamente la red de cogniciones del SSTC. El diseño –incluidos los flujos informacionales y comunicacionales– repercute en la construcción de los diferentes mapas mentales, ya que el procedimiento de organizar implica separar en subdominios.

Por su parte, los programas de incentivos mantienen también un estrecho compromiso con los valores y las pautas culturales. Por ejemplo, algunos SSTC que se encuentran marcada y saludablemente enfocados en desarrollar la competitividad del conjunto, trasladan mecánicamente el concepto e instituyen la competencia interna como un valor cardinal y referente de los sistemas de compensación. "Esta no sólo es una torpe analogía", afirman Pfeffer y Sutton (2005), "sino que tiene consecuencias reales dañinas para las personas y las organizaciones. Ateniéndose a esta dudosa lógica, [los SSTC] establecen toda suerte de prácticas que intensifican la rivalidad interna: calificaciones del desempeño según una distribución forzada de evaluaciones, concesión de premios y reconocimiento a apenas unos pocos miembros, aumentos de sueldos otorgados al modo de una suma cero, y métodos de evaluación y de remuneración que enfrentan a las personas entre sí. (...) suelen medir resultados pero no procesos. Podemos saber cuál es la calidad de nuestra producción [desempeño], pero no por qué es tan buena o tan mala. (...) Menor aún es el número de organizaciones que miden la aplicación de conocimientos " (pp. 310-311).

Es imprescindible, entonces, que la dirección estratégica del sistema disponga de un modelo global para establecer la forma de organización de acuerdo con una construcción cognitiva que prevea cómo el diseño afectará la capacidad de percibir los datos relevantes del sistema y el entorno. Acerca de esta decisión, no existen pautas estandarizadas que permitan determinar *a priori* cuál debe ser el diseño de organización, ya que el organigrama, los sistemas y los procesos sólo pueden ser efectivos si fueron elaborados *ad hoc* y con el objetivo de optimizar la capacidad cognitiva del SSTC.

Plantear un diseño *ad hoc* o a medida significa tomar en consideración cómo son los mapas mentales individuales respecto de los demás pilares del modelo PENTA (recursos, cultura, mercados y estrategia) y cómo es y debe ser su interrelación. La omisión de esa vinculación constituye un problema grave capaz de conducir al fracaso. Por eso, es imposible evaluar un diseño de organización sin comprender –entre otras cosas– la problemática cultural o la situación estratégica del SSTC bajo estudio. Las perspectivas compartimentadas son visiones túnel que, en rigor, existen sólo en la mente. La mayor especialización de un miembro en cualquiera de las cinco grandes dimensiones o pilares torna más estrecho su campo atencional. El modelo PENTA se propone como el enfoque clínico que facilita la des-especialización del análisis necesario para la tarea.

4.2.5. El pilar de los mercados

El pilar de los mercados o medio servido es el blanco o *target* que da razón de ser al SSTC. Los productos son el vínculo entre uno y otro. Para el modelo PENTA, el posicionamiento constituye el emergente sistémico de la interacción entre el SSTC y sus mercados, entre una propuesta y su interpretación por parte del *target*. Esto señala un fuerte componente simbólico.

Por ejemplo, una empresa que busca posicionar su marca deposita en el contexto un nombre con una propuesta de atribución de adjetivos, que pueden referir a valores, beneficios, características, u otros aspectos. A veces, la propuesta es representada por los destinatarios de la manera esperada por la empresa, y en ocasiones, no. Los individuos que componen el mercado del SSTC pueden representar la marca de diferente modo, ya que la propuesta produce un efecto semántico (cognitivo y sistémico) particular en cada sistema representador. El posicionamiento de la marca es el constructo cognitivo que el mercado o sus segmentos producen. Esto es, el eneagrama de la marca. Esta es la diferencia clave entre los conceptos de nombre y marca. Mientras el nombre es un conjunto de fonemas y de grafemas, la marca es un eneagrama cognitivo sistémico.

En el pilar de los mercados pueden distinguirse trece variables, que permiten evaluar el atractivo de un *target* dentro de un *cluster*, ciudad, región o país:

- Impacto de los escenarios externos (económico, tecnológico, político, legal, social, cultural, demográfico, ecológico, geográfico y comunicacional).
- Nivel de rivalidad.
- Envergadura y tasa de crecimiento del sector.
- Presión de los productos sustitutos (productos con tecnologías diferentes de las empleadas por el SSTC en cuestión y que presionan por la conquista de un mismo segmento objetivo dentro del *cluster*).
- Barreras de entrada (por ejemplo, economía de escala necesaria, costos, competitividad, marco jurídico, tecnologías, patentes y derechos).

174

- Barreras de salida (contractuales, gremiales, emocionales y otras).
- Poder de negociación de los proveedores.
- Poder de negociación de los distribuidores.
- Poder de negociación del cliente final.
- Compatibilidad cultural (cultura del SSTC *versus* cultura, ideología y sistemas de hábitos necesarios para operar rentablemente en el *cluster*).
- Compatibilidad tecnológica (base tecnológica disponible en el SSTC *versus* tecnología necesaria para operar en el *cluster*).
- Tamaño de la apuesta (proporción de los recursos totales que deben arriesgarse para participar en un mercado).
- Sinergia (impacto sistémico del negocio respecto del portafolio; el emergente puede ser potenciador o perjudicial para el conjunto).

Del mismo modo que las habilidades distintivas son el emergente sistémico de una configuración determinada de los trece tipos de recursos, la combinación de las trece variables que permiten evaluar el atractivo de un *target* produce un emergente sistémico que define los factores críticos de éxito del SSTC, es decir, las condiciones imprescindibles que debe reunir el sistema para crear valor sostenible dentro de un *cluster* particular.

Las decisiones de portafolio y de unidad de negocio constituyen dos decisiones estratégicas principales, ya que entre ambas configuran la misión del SSTC. Desde el punto de vista cognitivo, la definición conjunta y sistémica del negocio y el portafolio exige:

- interpretar las dos decisiones como ejes de cualquier estrategia competitiva orientada hacia la creación de valor sostenible en un *cluster* determinado;

- establecer el vector o impulso estratégico para el portafolio como guía para las acciones específicas de todos los negocios;
- ligar las funciones de conversión e impulsión de los negocios en un mismo marco analítico, que sirve para evaluar la competitividad en cada uno de los *clusters* en que el SSTC participa;
- incluir en la liga entre conversión e impulsión, por una parte, una perspectiva profunda de la competitividad y, por otra, una comprensión de que los resultados del sistema sólo pueden generarse a partir de decisiones referidas a la productividad y el posicionamiento;
- concebir los productos como un sistema de atributos percibidos por el *target*;
- comprender que el sistema de atributos percibidos se configura en la mente del *target* como un significado que corresponde a la marca, y que ese significado será comparado por sus autores con un sistema de atributos esperados;
- entender que el posicionamiento y la productividad son emergentes sistémicos –el primero, en relación con la demanda, y el segundo, con la oferta– que deben incluirse en el análisis;
- modificar los productos tanto como sea necesario, con el propósito de que el sistema de atributos percibidos logre diferenciarse de las ofertas competidoras por su mejor adaptación dinámica al sistema de atributos esperados construido por la mente del *target*. Al respecto, se hace necesario distinguir conceptualmente entre el producto y la marca. El ciclo de vida del producto, en tanto bien o servicio concreto y particular, refleja la historia de su desempeño como configuración *fija* de un sistema de atributos percibidos y comparados por el *target* con un sistema *dinámico* de

atributos esperados. El desacople entre lo fijo y lo dinámico explica la fuerte obsolescencia que padecen los productos. La marca, en cambio, es un concepto que puede y debe regenerarse acompañando el desarrollo dinámico de su vínculo simbólico con el *target*;

• definir el atractivo de un mercado o un *cluster* en función de la estrategia, la cultura, los recursos y la organización del SSTC y no de modo abstracto;

• evaluar la situación estratégica de un negocio tomando en consideración las trece áreas clave de resultados. Esto implica desarrollar una comprensión sistémica y nunca parcial.

El posicionamiento es el vínculo psicolinguístico que opera como campo comunicacional. Y de acuerdo con el posicionamiento que sus productos logren en los mercados, el SSTC producirá o no la chispa de la creación de valor sostenible.

4.3. Las interrelaciones de los pilares

La Figura III (p. 141) presenta las relaciones que se establecen entre los cinco pilares del modelo PENTA.

Cuando la cultura de un SSTC se encuentra más volcada hacia los recursos –es decir, hacia su interior–, esto se refleja en que privilegia la eficiencia, el "hacer correctamente las cosas". En cambio, cuando se orienta hacia los mercados, hacia "el afuera", la cultura privilegia la efectividad, el "hacer las cosas correctas". La competitividad se logra cuando el SSTC es capaz de hacer correctamente las cosas correctas. Mientras que la cultura de la eficiencia es eminentemente endógena, la de la efectividad es exógena. Se trata de dos modalidades cognitivas que deben ser explicitadas y equilibradas.

177

Nos centraremos ahora en los lazos entre organización, recursos y mercados. Cuando la organización se focaliza en el teatro de operaciones, el diseño se arma en divisiones o unidades diferenciadas de acuerdo con los requerimientos de cada uno de los *targets* con que interactúan las unidades. Por ejemplo, algunos bancos se organizan en dos grandes unidades, la banca mayorista y la banca minorista. Mientras que la primera está preparada para atender a las grandes empresas, la segunda está diseñada para la atención de individuos. Así, cuando se organiza, el sstc lo hace basándose en un esquema de adaptación a los requerimientos del teatro. Los problemas que debe resolver la banca *corporate* son de una índole completamente diversa de los que sirve la banca *retail*, en particular a la hora de maximizar la calidad del servicio. Hallamos aquí dos constructos completamente diferentes y hasta opuestos. Sin embargo, las dos unidades de negocios deben someterse a procesos de integración a fin de coordinar las acciones para que el funcionamiento del sstc considerado como totalidad resulte óptimo.

Existe una tendencia a creer que los conceptos de adaptación e integración constituyen sólo una manera sofisticada de expresar los clásicos problemas de la división del trabajo y la coordinación. Aunque la adaptación, sin dudas, se vincula con los temas tradicionales de la división del trabajo, representa un concepto más amplio. Abarca también las consecuencias cognitivas de la división del trabajo en el resto de la empresa, es decir, remite a los pilares de los recursos, la cultura, los mercados y la estrategia. Algo similar sucede con la integración, ya que comprende no sólo la coordinación sino también sus efectos en las demás dimensiones. Mientras que la integración es un proceso que busca impedir los cambios innecesarios, la adaptación es el proceso de promover las transformaciones imprescindibles.

Resulta imposible garantizar *a priori* que la organización diseñada por un SSTC sea la adecuada o la mejor para enfrentar los requerimientos de su entorno. Sin embargo, puede anticiparse que el éxito de la organización dependerá de la habilidad cognitiva de la dirección del sistema para interpretar el teatro de operaciones, construir un modelo de la situación y tomar las decisiones apropiadas, habilidades imprescindibles para conseguir un acople correcto entre los cinco pilares.

El acople exige al SSTC mantener un equilibrio entre la adaptación de cada unidad al entorno en que opera y la integración de las unidades. Esto implica que sólo pueden burocratizarse aquellos aspectos en que las rutinas mejoran la eficiencia; a los demás, les corresponde un tipo de conceptualización más flexible. Así es posible construir la consistencia interna, tanto estratégica como organizativa, del SSTC en su conjunto. Dado que no existe una única forma óptima de diseño de organización, este depende del escenario y de la relación con los otros cuatro componentes del modelo. La dirección estratégica del sistema debe buscar el acople, comprendiendo que pueden necesitarse esquemas diferentes para las distintas unidades según sus particularidades internas y externas. Sin duda, esto genera otra fuente de dispersión cognitiva que requiere alineamiento.

La integración y la adaptación –es decir, la consistencia interna y la consistencia externa– tienen asociados costos y beneficios. El modelo PENTA sirve para comprender las fuerzas subyacentes de las que depende la posibilidad de mantener el equilibrio entre ambas. La eficiencia y la integración se concentran en el adentro, el orden y el hoy; la efectividad y la adaptación, por su parte, en el afuera, la creatividad y el futuro. La diferencia se basa en habilidades cognitivas diversas y produce cogniciones sistémicamente relacionadas. Mientras que el razonamiento de la eficiencia y la integración es de tipo convergente, el de la efectividad y la adaptación es divergente.

Por su parte, las relaciones entre recursos, estrategia y mercados configuran el eje de formulación de la estrategia. Las relaciones entre cultura, estrategia y organización configuran el eje sociopolítico, el de la implementación de la estrategia. Se trata de dos marcos cognitivos que deben también explicitarse y equilibrarse.

En el eje tecnológico se definen dos conceptos principales: el de conversión y el de impulsión. Ambos representan dos actividades que, en secuencia, construyen la cadena de valor agregado del SSTC. El proceso de conversión consiste en la transformación de los recursos en productos. Los distintos recursos son integrados entre sí de manera tal que se constituyen en los productos de los que vive el sistema. El proceso de impulsión, por su parte, es la transformación de cada uno de los productos en paquetes de valor cognitivo o representacional para el *target*. Algunos SSTC fracasan en su propósito de crear valor sostenible por considerar que su trabajo termina en la transformación de los recursos en productos, y olvidar la segunda gran dimensión operativa. Así, el sesgo cognitivo puede inclinarse más hacia un proceso que hacia el otro. Sin embargo, el equilibrio entre ambos resulta imprescindible, aunque –por lo general– la formación y la experiencia de los miembros del sistema tienden a la especialización parcial en alguno de los dos procesos. Esta dificultad conduce, con frecuencia, a otro problema grave denominado "*by pass* de formulación", que se verifica cuando se convierten los recursos para luego operar en el mercado sin predefinir una estrategia que conduzca la operación.

En el eje sociopolítico se incluyen dos construcciones cognitivas: los hábitos y los objetivos. Los hábitos surgen de la cultura como paradigma cognitivo. En la práctica, ofrecen tres modos más o menos típicos de operar:

- cuando están explicitados y comunicados, los hábitos constituyen las políticas del SSTC;
- cuando son implícitos y operan de manera inconsciente, representan los mitos que actúan como "rocas", haciendo que las decisiones se tomen sin tener en cuenta la influencia de los hábitos. De este modo, funcionan como la parte que ya no se discute de la cultura y se transforman en su zona ciega;
- cuando los hábitos están camuflados o enmascarados ("sobre eso no conviene hablar"), devienen en una patología de la cultura que resulta imprescindible tratar, ya que significa la clausura absoluta y disfuncional de la posibilidad de tematizar.

Como señalamos oportunamente, el producto final del proceso cognitivo sistémico estratégico es la definición de objetivos. Los objetivos son el *input* que alimenta a la organización y sin el cual la conducta del SSTC resultaría errática, caótica e irracional. El comportamiento del sistema no puede comprenderse de manera separada respecto de su paquete de objetivos.

Algunos SSTCs resuelven con peligrosa rapidez el proceso de definición de objetivos, y así se exponen a pasar por alto los valores que configuran la cultura del sistema. Sin embargo, dichos valores deben ser comprendidos, aclarados y analizados con detalle, porque condicionan las acciones y las posibilidades de implementación. Los objetivos deben ser compatibles con los valores. Si no lo son, unos y otros deben ser modificados a fin de evitar otra disfuncionalidad cognitiva bastante corriente: el *by-pass* de implementación. Este se produce cuando el pilar de la organización exhibe un diseño condicionado por la cultura y no por la estrategia.

El análisis de las interrelaciones entre los pilares no sólo permite comprender el comportamiento del SSTC como un todo. También facilita operar sobre esas interrelaciones, provocando efectos de potenciación a largo plazo (LTP, cfr. Capítulo 3) por medio de la inducción, la cooperatividad y la asociatividad. De este modo, los efectos logrados mediante la estimulación de la capacidad de aprender y recordar pueden ser aprovechados por el sistema para la consecución de su estrategia.

4.4. El paradigma de los SSTCS

Los cinco pilares del modelo PENTA y sus ocho interrelaciones ofrecen un mapa para el relevamiento y la interpretación del esquema cognitivo sistémico. El modo particular de ensamble de estos componentes individualiza a cada SSTC. Toda operación en o sobre un sistema –incluida la intervención– debe prever siempre que no es posible modificar cualquiera de los trece elementos contemplados en el modelo PENTA sin que repercuta sobre el conjunto. Por ejemplo, la modificación del organigrama, el lanzamiento un producto nuevo, el cambio de un recurso tecnológico por otro, la modificación de un proceso productivo, el inicio de un programa de reducción de costos, entre otras, son acciones que producirán seguramente reverberaciones en el resto de los componentes.

El modelo PENTA opera como un mapa del esquema cognitivo sistémico con el que cada miembro del SSTC trabaja y se representa las relaciones con el teatro de operaciones. El esquema es el producto de un proceso de interpretación, que actúa como filtro a la hora de determinar las variables que serán tenidas en cuenta y el nivel de importancia que se les asignará. Sobre la base de esa interpretación –que se traduce en construcciones cognitivas, modelos de situación, mapas mentales acerca de lo que el SSTC es y de cuál es su estrategia– cada persona piensa, discute y toma decisiones.

Las representaciones correspondientes al escenario y a la liga interna del modelo PENTA elaboradas por el conjunto de los miembros del sistema se configuran en una única percepción que define el paradigma del SSTC. El paradigma puede ser adecuado o no para la consecución de los propósitos estratégicos. Dado que los procesos de cambio se inician de acuerdo con él, un paradigma equivocado puede convertirse en la causa de la destrucción del sistema, o en la plataforma para un desarrollo sano.

Por ejemplo, cuando un SSTC ha logrado en el pasado un desempeño exitoso, tiende a congelar y no discutir el paradigma que permitió o favoreció ese resultado. Con frecuencia, un sistema líder y exitoso durante años recibe sorpresivamente un impacto mortal como resultado de "lo que el SSTC creía que era". El paradigma lo hizo actuar y también no actuar. El mecanismo se inscribe en una construcción cognitiva que supone cierta linealidad causal y omite comprender los vínculos complejos y sistémicos entre los factores intervinientes.

Por lo tanto, la supervivencia de los SSTCs requiere que se tornen capaces de desafiar su propio paradigma, no sólo reingresando como el *feedback* de su desempeño sino también como el de las construcciones cognitivas puestas en juego. Los SSTCs deben aprender a desaprender su paradigma, ya que la mayoría de las dificultades que enfrentan se deben a la forma en que piensan. Esta condiciona tanto la formulación del problema como la manera en que se intenta resolverlo. Si se acepta que el paradigma debe ser sistemáticamente desafiado y modificado, la lógica con que el SSTC razona, toma decisiones y actúa resulta mucho más segura.

Cuando el paradigma no está explicitado, la dispersión cognitiva se incrementa. Un mismo problema puede ser representado de modos muy diferentes, según se tienda a identificarlo como un fenómeno de la cultura, los mercados, la organización, los recursos o la estrategia. Se trata de lecturas parcializadas cuya articulación nunca puede corresponder a un objeto en sí (cfr. Capítulo 2), pero que pueden ser alineadas en pos de construir una representación que *encaje* con el problema a fin de diseñar una estrategia *viable* para afrontarlo.

La descomposición en las cinco dimensiones del modelo PENTA resulta particularmente útil para hacer un diagnóstico inicial y clasificar los obstáculos con un cierto orden metodológico. Pero debe recordarse siempre que se trata de una separación analítica que se encuentra sólo en la mente de quien aborda o se representa el sistema, y no del *sistema en sí.*

Ser capaz de acceder a la representación del SSTC desde cualquiera de las cinco dimensiones abre la posibilidad de construir distintos significados contradictorios entre sí. Para poder pensar y decidir, es necesario percibir, comprender y razonar sobre esos significados, analizando las diversas interpretaciones desde cada una de las cinco perspectivas, pero sin perder de vista la interrelación para no caer en cogniciones parciales y no sistémicas.

4.5. La dispersión cognitiva

La dispersión cognitiva en la representación del sistema se manifiesta en una percepción individual del conjunto construida por cada miembro desde un mapa mental definido por su rol y su situación dentro del SSTC. El mapa, como filtro, descansa sobre el recuerdo episódico y semántico almacenado en la memoria de largo plazo. El eneagrama individual está influido por quién es el sujeto y cuál es su historia. Por esta razón, lo que una persona percibe depende de la posición desde donde lo hace. Cuando no existe un trabajo explícito orientado a ampliar la perspectiva más allá de los límites de la parcialidad individual, aumenta la probabilidad de ocurrencia de brechas cognitivas entre un PENTA completo del SSTC, capaz de capitalizar y alinear lo que cada miembro del sistema percibe.

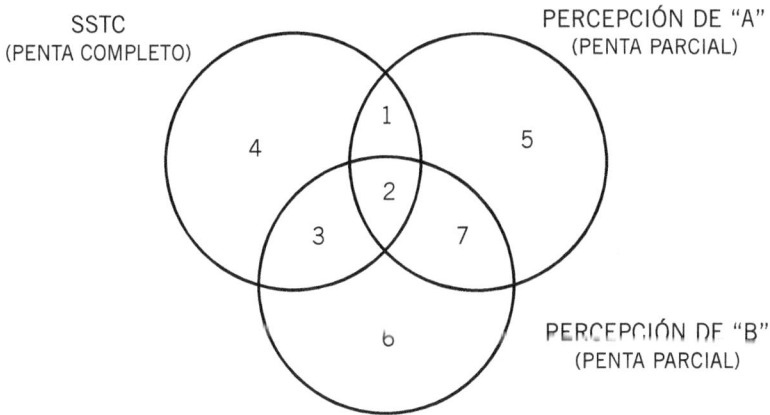

Figura IV. Dispersión cognitiva

En la Figura IV quedan definidos siete campos. A y B son miembros del SSTC. El campo 4 corresponde a los aspectos del PENTA completo del sistema que A y B, probablemente, nunca captarán en su totalidad. Es su zona ciega. Los campos 5 y 6 contienen los aspectos que A y B respectivamente atribuyen al SSTC. Se trata de características que cada uno de ellos creen reales, pero que no tienen correlato en el PENTA completo. Sin embargo, es probable que A y B actúen (es decir, formen sus opiniones, formulen hipótesis, tomen decisiones, etc.) como si esas características fueran *objetivas*, ya que todos los miembros del SSTC tienden a construir una representación del todo o conjunto a partir de las partes a las que cognitivamente acceden. Esto explica, por ejemplo, por qué la gente de un área tiene su interpretación de lo que pasa en las demás, aun

185

cuando su contacto con ellas sea escaso o nulo. El campo 7, por su parte, contiene las representaciones sin correlato en el PENTA completo, pero que A y B atribuyen al sistema.

El campo 2 refiere a las construcciones cognitivas alineadas y que encajan parcialmente con el PENTA completo. Es el foco cognitivo eficiente, un espacio representacional donde la comunicación intrasistema opera fluidamente y que constituye la condición de posibilidad de la ejecución de la estrategia.

Por último, el campo 1 corresponde a las características del PENTA completo que A percibe y B no. Del mismo modo se define el campo 3 respecto de B. La calidad de la estrategia (y, por extensión, de cualquier operación del sistema) depende de la capacidad que desarrollen sus miembros para, en primer lugar, articular procesos que amplíen los campos 1 y 3 con el objetivo de, en segundo lugar, incorporarlos al campo 2 y reiniciar la dinámica de ampliación e incorporación. Como puede apreciarse, *se trata de dispersar y alinear cogniciones de manera recurrente y recursiva a fin de que las representaciones individuales se alíen para avanzar hacia una construcción entendida y compartida del PENTA completo.*

Extender la conquista sobre el campo 4 permite reducir las zonas ciegas de los integrantes del SSTC a través de coordinaciones consensuales recurrentes. Así, el desempeño grupal mejora gracias a la disminución de la dispersión cognitiva y el planeamiento sistémico de un desarrollo cognitivo. Los SSTCs deben reducir la brecha entre las representaciones de cada miembro y el PENTA total para que sus decisiones y acciones resulten viables. Pero, al mismo tiempo, necesitan mantener un grado de dispersión suficiente y controlada como para que resulte posible –a los individuos y al sistema completo– desaprender lo aprendido por el conjunto (campo 2), manteniendo encendida la chispa que conduce a elaborar nuevas construcciones cognitivas que ofrezcan un mejor encaje.

La estrategia del SSTC debe ser la síntesis dialéctica, buscada e intencionalmente construida entre el alineamiento y la dispersión cognitivos. Por esta razón, nuestro enfoque no se orienta hacia un alineamiento que, incorporando los campos 1 y 3 al 2, empareje y uniforme las representaciones. Eso equivaldría a institucionalizar una interpretación y condenar al sistema a reiterar mecánicamente la aplicación de sus aprendizajes. La adaptación del sistema a los cambios internos y del teatro de operaciones depende de que pueda conservar un nivel adecuado de dispersión cognitiva (entropía) que se traduzca en el desafío sistemático de sus percepciones, comprensiones y razonamientos, es decir, de su estrategia.

La dispersión incontrolada constituye una disfunción grave cuando conduce a la construcción de visiones túnel, caracterizadas por la adopción repetitiva de una perspectiva de abordaje de los problemas centrada en una dimensión particular (los recursos, la cultura, los mercados, la estructura o la estrategia). Así, mientras que el integrante A interpreta que todos los problemas del SSTC están causados por la cultura y que los méritos del sistema se fundan en las excelentes tecnologías de la información y la comunicación (TICs) con que cuenta, el miembro B atribuye los obstáculos al pilar de la organización y a la ineficiencia de sus TICs, y la posibilidad de salvarlos, a la cultura del esfuerzo que ha desarrollado el sistema. En este marco, la intervención debe apuntar a liberar a ambos de las "prisiones mentales" en que sus interpretaciones se encierran por fidelidad a las formas en están acostumbrados a pensar.

4.5.1. La producción de texto

Si la representación que cada miembro ha construido respecto del SSTC opera como su modelo de situación, el alineamiento exige construir un lenguaje común que opere a modo de interfaz de la coordinación conductual, permitiendo detectar y entender esas construcciones cognitivas como una producción de texto. Ese lenguaje debe emplearse para detectar las visiones túnel, compartimentos estancos que se producen como resultado de la especialización por áreas o dominios, la formación profesional de los sujetos y los modelos mentales que arrastran consigo a partir de sus experiencias en otros sistemas y que tienen almacenados en la memoria de largo plazo.

El abordaje debe operar un corte transversal del sistema a fin de que cada miembro produzca su texto sobre la base de dimensiones comunes y no específicas de su área de actividad restringida. El análisis resulta de extraordinaria utilidad para detectar la dispersión cognitiva, explicitarla y poder discutirla.

Como señala von Glasersfeld (1991), los esquemas mentales construidos por las personas se refuerzan en el curso de su aplicación en la interacción social. Todos los integrantes de los SSTCs interactúan con mayor o menor intensidad. Así, dan y reciben *feedback* de uno o más miembros. Resulta imprescindible entonces tratar de captar la representación del total –la figura completa– comprendiendo los problemas del sistema desde un enfoque cognitivo globalizador, y rechazando los abordajes parciales. Sólo de este modo es posible dar cuenta de la complejidad del comportamiento de las personas. Así como los integrantes de cualquier sociedad comparten innumerables patrones de representación y comportamiento que les fueron programados como resultado de haber crecido en determinada cultura, subcultura y tradición, deben buscarse cuáles son los patrones de representación y de comportamiento del SSTC considerándolo como una suerte de micro-sociedad.

La tradición cartesiana, fuertemente incorporada a nuestras modalidades cognitivas, suele conducirnos a una metodología analítica para la solución de los problemas. Por lo tanto, tendemos a subdividir el objeto problemático hasta traducirlo en un número significativo de sub-problemas a fin de facilitar su tratamiento separado, de a uno por vez, para hallar una solución específica y particular. Por último, reunimos esas soluciones en un agregado al que identificamos con la respuesta apropiada para el problema original considerado como un todo. Sin embargo, esta metodología *no encaja* con una comprensión del emergente sistémico. Como hemos señalado reiteradamente, el concepto de sistema remite al conjunto de elementos conectados para formar un todo con atributos y características propios, imposibles de observar en los elementos aislados.

A modo de advertencia sobre la descomposición del conjunto complejo en sus elementos, Vygotsky (1995) emplea una analogía química referida a la relación entre el agua y sus componentes: el producto (agua) es de una naturaleza diferente de la de los elementos del cual deriva (oxígeno e hidrógeno); y señala no sólo que los elementos carecen de las características del todo sino que incluso presentan propiedades que este no posee. Cuando se abordan los fenómenos cognitivos con un procedimiento analítico, se adopta una estrategia similar a la de quien recurre a la descripción del hidrógeno y el oxígeno para dar cuenta del comportamiento del agua. Sin duda, quien proceda de este modo se hallará en serias dificultades para explicar por qué el agua puede apagar el fuego gracias a componentes que, por separado, son combustibles.

No obstante, un procedimiento analítico adecuadamente implementado puede contribuir a la interpretación del sistema y de la forma en que este mediatiza cognitivamente sus vínculos internos y con el teatro de operaciones. Muchas estrategias de abordaje destinadas al examen de la acción mediada no sólo admiten la división sino que, además, contribuyen aportando perspectivas especializadas y claves acerca de cómo operan. El abordaje analítico estimula el pensamiento acerca de las diversas combinaciones posibles entre los elementos. Por supuesto –como subrayó el propio Descartes–, cualquier ejercicio analítico debe realizarse prestando mucha atención a la forma en que las piezas volverán a ajustarse o encajarse al finalizar el proceso.

Los SSTCs tienden a operar cognitivamente de un modo analítico similar al de la organización de la ciencia: se dividen en subdominios especializados, olvidando con frecuencia que esas divisiones son el producto de una operación cognitiva *sin correspondencia con lo real*. Por eso, el enfoque sistémico se convierte en un antídoto destinado a prevenir la reducción de cualquier problema a ámbitos de competencia exclusivos, específicos y especializados de un determinado subdominio. El reduccionismo convierte al sistema cognitivo –de un individuo o de un SSTC– en una suerte de palomar, con un compartimiento intelectual para cada tipo de problema. El modelo cognitivo sistémico, en cambio, busca romper esos encasillamientos orientando todos los análisis hacia su vinculación dialéctica con el sistema considerado en su conjunto.

Según se los enfoque, los SSTCs ofrecen dos tipos de problemas. Por una parte, unos muy concretos, organizados y simples, como, por ejemplo, el *layout* de los equipos en una pequeña planta industrial o el flujo interno de una nota de pedido. Por otra, problemas muy difusos, caóticos y complejos, como el impacto de los cambios económicos mundiales sobre el teatro de operaciones del sistema, las tendencias en las tecnologías de punta y su influencia en las transformaciones geopolíticas, o las estrategias formuladas por otros SSTCs. Mientras que los problemas simples son muy acotados y, por lo tanto, sus soluciones pueden buscarse a través de un algoritmo, los problemas complejos son tan generales que obligan a lidiar con construcciones marcadamente abstractas. Por lo general, las intervenciones apuntan su ataque hacia problemas que se sitúan en un punto intermedio entre esos dos extremos, ya que de ese modo es posible identificar una complejidad organizada, un sistema reconocible. Esta estrategia de abordaje abre la posibilidad de intervenir de manera sistémica en la detección de problemas cognitivos sistémicos y en la formulación de soluciones también sistémicas.

La interpretación sistémica supone pensar en jerarquías y niveles de representación del SSTC y su teatro. Su puesta en práctica suele chocar con serias dificultades, ya que las personas –por lo general– tienden a elaborar sus percepciones, comprensiones y razonamientos en términos lineales, no complejos. Con frecuencia, los mapas mentales individuales producen representaciones fragmentadas por los subdominios especializados. Así, el precio del dólar, la producción de acero, la exportación de cuero, la tasa de inflación, la aftosa, las ventas de granos de los Estados Unidos a Rusia, la globalización, las elecciones en Brasil o la organización del Ciclo Básico Común en la Universidad de Buenos Aires aparecen ante el sujeto como datos naturalmente *aislados*, y le impiden construir una representación que los vincule y le permita interpretar el emergente sistémico. Por esta razón, los SSTCs deben alentar la creación de mapas mentales que, despojados de la linealidad que nuestra cultura ha convertido en espontánea, resulten aptos para lograr lecturas cada vez más ricas de la interacción sistémica. Y deben reforzar, además, los dispositivos que ayuden a establecer una consistencia cognitiva entre esos mapas a fin de asegurar un alineamiento adecuado.

La analogía entre el agua y sus componentes ejemplifica cómo los emergentes sistémicos correspondientes a un determinado nivel no pueden explicarse mediante el análisis de sus elementos constituyentes. Esto significa que existen problemas cognitivos del SSTC que sólo pueden ser interpretados desde un enfoque sistémico (modelo PENTA) y no desde la parcialidad de sus dimensiones (estrategia, recursos, mercados, cultura y organización). Por lo general, los conflictos de interacción se deben a que no se asume de manera consciente la producción de un texto más o menos común que instituya una tensión creativa adecuada entre alineamiento y dispersión.

4.5.2. La interacción cognitiva y el impacto en el desempeño

Cuando un SSTC exhibe un síntoma (por ejemplo, una baja en la productividad), el foco de atención no debe centrarse en anularlo, sino en comprender qué sucedería si el síntoma desapareciera. Esto significa abandonar la preocupación respecto de quién manifiesta el problema, qué lo causó y cómo eliminarlo, para abrir un espacio de reflexión sobre cómo funcionaría el sistema sin ese obstáculo, qué precio debería pagarse por su eliminación, quién lo pagaría y si valdría la pena. En esto consiste el dilema del cambio.

La interacción entre los miembros del SSTC y el impacto en el desempeño del conjunto dependen de los mapas mentales individuales. Estos sólo pueden ser rastreados en las producciones de texto y su dinámica en el marco de un lenguaje coordinador. Tal es la función del modelo PENTA.

Una forma de implementar esa pesquisa consiste en realizar entrevistas individuales confidenciales, en las que se planteen a cada integrante del sistema las mismas preguntas. Dado que el propósito es activar la interpretación de la totalidad y no del subdominio al que pertenece el sujeto, la entrevista debe recorrer las cinco dimensiones del PENTA (estrategia, cultura, recursos, organización y mercados). No se trata de comprender las causas que determinan la conducta individual, sino el patrón de interrelaciones que explica su significado. Es decir, se intenta relevar el modelo de situación que la disparó. Por lo tanto, el comportamiento de las personas debe interpretarse como un emergente cognitivo sistémico configurado por las interrelaciones sistémicas que definen la cognición.

La entrevista basada en un modelo que opera como lenguaje coordinador ofrece la ventaja adicional de mejorar la lexicalización de cada uno de los miembros de los subdominios mediante la incorporación de conceptos provenientes de otros. Esto se traduce en una mayor codificación, que aumenta la eficiencia en la comunicación así como la disponibilidad cognitiva.

Según von Glasersfeld (1991), cuando un sujeto confirma en la práctica que los demás actúan de acuerdo con patrones cognitivos similares a los suyos, tanto él como su grupo tienden a pensar que esos patrones se corresponden (*match*) con la realidad y que refieren a una experiencia objetiva. Sin embargo, como se explica en el Capítulo 2, lo que los miembros de un sstc denominan "realidad" es una construcción en el lenguaje, es el resultado de la comunicación entre ellos (Watzlawick, 1984).

De manera intuitiva, podría pensarse que la comunicación es sólo la forma de expresar y explicar lo real tal cual es. Sin embargo, hemos visto que las ideas que manejamos cotidianamente acerca de la realidad son sólo construcciones, en cuya defensa invertimos gran parte de nuestra vida, forzando muchas veces los hechos para que se ajusten a ellas.

Una de las construcciones más peligrosas cognitivamente es que existe una sola realidad. Por lo general, los seres humanos no somos conscientes de las visiones diferentes y discrepantes que elaboramos. Por el contrario, damos por supuesto –de manera ingenua– que la realidad es una y también una la percepción correcta (habitualmente, la propia). En ocasiones, esta creencia se torna delicada, sobre todo cuando quien sostiene la comprensión "correcta" asume el "deber misionario de iluminar al mundo" y acusa de locos a los que no la comparten.

Nuestro punto de partida, en cambio, asume la clausura operativa de los sistemas cognitivos. Por lo tanto, sostenemos que puede construirse un sinnúmero de versiones de "la realidad", muchas de ellas contradictorias entre sí, pero todas resultantes de la comunicación entre los seres humanos y nunca reflejos de verdades externas objetivas.

Para la psiquiatría tradicional, la salud mental de una persona se evalúa por su grado de adaptación a la realidad *objetiva*. ¿Cómo salvar este criterio si adoptamos una posición constructivista como la nuestra? Según Watzlawick *et al.* (1967), distinguiendo dos niveles de "realidad". El primero se refiere a las propiedades puramente físicas y discernibles de las cosas. Está ligado con la percepción sensorial correcta, con aquello que llamamos "sentido común" y con la "verificación científica", es decir, "objetiva". Se trata de una realidad de primer orden. El segundo nivel se vincula con la atribución de significado y valor a la realidad de primer orden basada en la comunicación.

Qué creemos, sabemos, decidimos y valoramos depende de nuestra interacción con otros. Por eso, para entender un SSTC como una organización humana conformada por individuos que intentan alcanzar objetivos comunes mediante la cognición y la acción organizada, no puede eludirse el tratamiento de la interacción y de su interfaz por excelencia: el lenguaje.

La realidad de primer orden corresponde a los aspectos que resultan accesibles al consenso perceptual y a la prueba experimental repetitiva. Este nivel no informa el significado ni el valor atribuidos al contenido. Un niño puede percibir la luz roja de un semáforo igual que su padre, pero no necesariamente entender que significa "no cruces la calle". Dos gerentes de una empresa pueden dar significados diferentes a la misma experiencia. De hecho, es lo más probable. Dado que los SSTCs son sistemas humanos, inductivos y propositivos o teleonómicos, resulta imprescindible tener en cuenta que los miembros deben comprender cómo cada uno de ellos conceptualiza la realidad de segundo orden dentro de las posibilidades físicas de la realidad de primer orden que el grupo comparte. Esa comprensión es el punto de partida para la comunicación entre ellos. Los integrantes de un SSTC sólo podrán comunicarse (es decir, elaborar una realidad de segundo orden compartida) si cada uno es capaz de descubrir el significado que el otro otorga a la realidad de primer orden. Este es el cimiento sobre el cual puede iniciarse el intercambio cognitivo orientado a mejorar el alineamiento y, por lo tanto, a alcanzar el logro de los propósitos compartidos.

Por supuesto, la tarea es ardua. Cuando un miembro del SSTC trata de comprender el significado que otro atribuye a una experiencia, no dispone de hechos "duros" observables respecto de lo que esa persona está pensando, ya que, como señalamos antes (Capítulo 2), en la comunicación no "viajan" significados sino sólo señales. No obstante, tendemos a creer que hemos capturado esos significados porque recibimos de los demás alguna clase de confirmación lingüística. Pero, en rigor, toda interpretación de las señales se realiza siempre en términos de conceptos y estructuras conceptuales que hemos construido a partir de elementos de nuestro campo subjetivo de experiencia. Y si bien podemos corregir o modificar nuestras interpretaciones a través de la interacción con otros, la adaptación que llevamos a cabo sólo elimina las diferencias que entorpecen la interacción. Así, el resultado no es la correspondencia de significados sino sólo el encaje (von Glasersfeld, 1991). Esta es la clase de alineamiento cognitivo para la que el modelo PENTA se ofrece como lenguaje coordinador, la interfaz en que fluyen las coordinaciones consensuales recurrentes.

4.6. El modelo PENTA y la dimensión temporal

Hemos explicado que el modelo PENTA presenta un tejido de cinco dimensiones y ocho interacciones, y que reconstruir el entramado constituye la clave para entender el sistema. En cada momento de su historia, el SSTC es lo que se configura en ese tejido. A mayor adecuación o acople entre los cinco pilares, mayor adaptación cognitiva del sistema.

El comportamiento de cada dimensión puede desarrollarse de maneras que encajen o no con las otras. Todos los pilares del modelo, en mayor o menor medida, cambian y se transforman a través de procesos que pueden generar desacoples no deseados o imprevistos que redunden en una debilitación del entramado. Algunas dimensiones se modifican de manera muy lenta; por ejemplo, las creencias que fundan la cultura. Otras lo hacen a gran velocidad, como los mercados. En cada momento, cualquiera de los cinco pilares –o una combinación de ellos– puede experimentar una alteración que repercutirá inevitablemente en todos los demás, y llevará al sistema a un nuevo estado de orden y estabilidad (Prigogine, 1996). Quienes ejercen la dirección del SSTC son, por lo general, los promotores intencionales de estos cambios, toda vez que realinean los pilares de acuerdo con los propósitos estratégicos. Pero, además, tienen la responsabilidad de controlar la dinámica del sistema y anticiparse a las modificaciones que, en forma eventual y espontánea, puedan producirse.

Los ajustes del PENTA son cíclicos. En cada caso, la dirección del SSTC debe diagnosticar (analizar y evaluar) cuáles son los pilares que evidencian desacoples críticos a fin de orientarse a su corrección mediante el ajuste o el cambio radical. Asimismo, dado que la acción sobre una de las dimensiones impacta sobre el conjunto, debe prever y tomar en consideración tales impactos. Para esto, debe construir "las leyes del todo", es decir, las interrelaciones de los pilares del modelo PENTA. El cerebro estratégico debe comprender que el SSTC se encuentra en permanente estado de flujo, en continuo movimiento. Que no se trata de un objeto sino de un proceso. Que el sistema no *es* sino que *está siendo*.

Trabajar con un SSTC no significa intervenir sobre un ser sino sobre un *devenir*. Conocerlo equivale a comprender su comportamiento a través del tiempo. Desarrollarlo es manejar su dinámica para orientarla hacia un mejor ajuste entre los pilares. Se trata de un proceso cognitivo, sistémico y dinámico. En los SSTCs pueden identificarse ciclos de estrategia, de cultura, de recursos, de organización y de mercados. Y si bien el nivel de energía invertida en cada pilar puede ir cambiando según el momento o la época, el objetivo inmutable es lograr que la "soga" continúe siendo firme. El modelo PENTA considerado en su despliegue temporal permite comprender la autopoiesis del sistema y sus procesos de adaptación.

4.7. La estrategia y el desafío metódico al paradigma

La experiencia muestra que, cuando los mapas mentales en uso dejan de resultar útiles para pensar y decidir, los SSTCs se estancan. Aferrados a una cognición de sí y del teatro de operaciones que ha perdido su capacidad de encaje, los sistemas terminan por perder su tiempo al solucionar con precisión genial los problemas equivocados. Llegados a este punto, la desorientación de aquellos navegantes enfrentados al arrecife de los que hablamos al principio del capítulo se torna abrumadora o paralizante. Para salir de semejante estado, es preciso explicitar y revisar los supuestos cognitivos críticos con los que el sistema ha esta-

197

do operando. Como primera medida, debe reconstruirse el paradigma de pensamiento y decisión operante mediante un relevamiento cuidadoso de las dimensiones e interrelaciones contempladas por el modelo PENTA.

El cuestionamiento del paradigma es una de las principales responsabilidades de la cúpula estratégica y, por esta razón, debe integrarse a sus prácticas de manera metódica y sistémica. Esto equivale a incorporar un dispositivo capaz de advertir tempranamente las dificultades de encaje que presentan las construcciones cognitivas. De lo contrario, la falta de anticipación condena al SSTC a la mera reactividad.

La aplicación del modelo PENTA mejora las capacidades de diagnóstico así como de formulación e implementación de estrategias de cambio. Al tiempo que provee lineamientos eficaces para la detección y la anticipación de problemas, permite que todos los integrantes del sistema operen con un modelo cognitivo común que, recogiendo y explicitando las diferencias de interpretación, asegura el acople adecuado de los subdominios. El modelo es un lenguaje coordinador, la interfaz de la red de conversaciones que constituyen el SSTC.

No obstante, es preciso recordar que el sistema opera como un rompecabezas cuyas piezas impiden que la figura sea reconstruida por completo, y que la tendencia natural es que la "soga" que conforman los "hilos" de cada pilar pierda tensión. En ningún momento todas las dimensiones permanecen estáticas, porque siempre hay algo que se está modificando. Los SSTCs no sólo se encuentran en interacción dinámica con el entorno sino también entre sus partes componentes. El trabajo principal de la cúpula estratégica consiste en guiar, controlar e intervenir en ambas interacciones de manera tal que ninguna produzca efectos no deseados. Su misión, en suma, es mantener la firmeza de la soga.

Lo expuesto hasta aquí nos devuelve al concepto de "diseño ideal", entendido como la definición del SSTC deseado. Cualquiera que sea este, nos obliga siempre a relacionar las cinco dimensiones del modelo PENTA. Trazar el ideal es definir la visión del sistema, aquella que orienta la toma de decisiones y la acción. La visión debe establecer el concepto que la dirección estratégica atribuye a cada uno de los cinco pilares y la definición de sus ocho interrelaciones. Con este propósito, es necesario:

- analizar el modelo actual;
- definir el diseño esperado;
- realizar las intervenciones necesarias en cada pilar; y
- llevar a cabo las intervenciones correspondientes en sus interrelaciones.

En síntesis, el modelo PENTA sirve para diseñar, conducir y cambiar SSTCS porque conduce a un abordaje sistémico de todas sus dimensiones.

CAPÍTULO 5

AL ACECHO DE LA RUPTURA

We consider something a unit
until we register a change
that we can categorize as a break,
i.e., as the beginning of something else.

Ernst von Glasersfeld

Como concluyera Barmash (1973) después de estudiar de manera minuciosa quince desastres empresarios, los fracasos responden por lo general a las falencias presentes en las construcciones cognitivas de quienes conducen los SSTCs. Si bien los teatros de operaciones y los entornos exhiben en la actualidad una complejidad creciente, son muchos los casos en que el estancamiento y el ocaso llegan como resultado de la ausencia de visión, deseo y medios para identificar las fuentes de riesgo, detectar precozmente los síntomas de una crisis e introducir los cambios cognitivos necesarios para revertir el proceso de declinación.

5.1. La distorsión cognitiva de los niveles decisionales

Diversos autores han interpretado el proceso de desarrollo de los SSTCs estableciendo una analogía con los seres vivos. Entre ellos, Miller y Friesen (1977) postularon –a partir de un amplio trabajo de campo– que los sistemas sociotécnicos despliegan un ciclo de vida en el que pueden reconocerse tres etapas (nacimiento, crecimiento y madurez). En algunos casos, a la madurez sigue la declinación; en otros, la revitalización. El pasaje de una etapa a la siguiente se caracteriza por un cambio en las construcciones cognitivas del sistema, bajo la forma ya sea de un deslizamiento suave o de un salto brusco, pero siempre encuadrado en mapas mentales que articulan las representaciones correspondientes al pasado, el presente y el futuro. Según Miller y Friesen, existen tres factores que influyen de manera crítica en el éxito o el fracaso resultante de cada etapa: el procesamiento de la información, el proceso de toma de decisiones y la innovación.

- **Procesamiento de la información.** En los SSTCs exitosos existe una preocupación mayor por el monitoreo del entorno (detección de oportunidades y amenazas), los controles (de la calidad, el desempeño, los costos, el presupuesto, etc.), y la comunicación interfuncional e interdivisional (a fin de mejorar la coordinación y facilitar la colaboración entre subdominios o áreas).
- **Proceso de toma de decisiones.** Los SSTCs exitosos exhiben elaboraciones cognitivas más complejas, multiplexidad e integración entre subdominios. Las decisiones se fundan en análisis sistémicos y más detallados, que toman en consideración la mayor cantidad posible de puntos de vista y posiciones particulares. Al mismo tiempo, se busca asegurar la consistencia y la complementariedad de las decisiones tanto en el tiempo como entre las áreas.
- **Innovación.** Los SSTCs en declinación presentan un comportamiento marcadamente errático, en el que se combinan fuertes innovaciones en algunos subdominios con una tendencia a la cristalización de las prácticas en otros.

Los tres factores mencionados constituyen aspectos cognitivos clave de los SSTCs para las diferentes etapas del ciclo de vida.

Cuando un sistema entra en crisis, se pone en marcha un proceso muy difícil de revertir y que impacta en el individuo, el grupo y el sistema (Cameron, Sutton y Whetten, 1988). De este modo, la declinación produce más declinación. Por una parte, se incrementan el conflicto político interno, los secretos, la centralización de las decisiones, la rigidez de los procesos, la búsqueda de culpables y –de manera paradójica– la innovación y el conservadurismo exagerados. Por otra, decaen la motivación, el sentido de pertenencia, el espíritu de innovación normal, el clima participativo, la influencia del liderazgo y la actitud de planificar. Al ocupar el campo atencional de los individuos y de sus áreas, el conjunto de estas circunstancias dificulta el funcionamiento del sistema en todos sus niveles decisionales y operativos. Por lo general, el corolario es la inflexibilidad y el distanciamiento crecientes entre los subdominios.

La declinación instala un estado de estrés cognitivo patológico y dispara la desesperación. Mientras que algunos miembros o subdominios reaccionan implementando múltiples innovaciones –lo que con frecuencia sólo conduce más rápidamente al colapso–, otros, en vista de la restricción de recursos propia de la situación, presionan por el repliegue. De este modo, las luchas políticas internas se intensifican al ritmo en que los subdominios compiten por apropiarse de los recursos provenientes de una base común cada vez más mermada. Los individuos y los grupos intentan proteger el interés propio y predominar en un conflicto que se cimienta en mapas mentales antagónicos, en una mayor dispersión y en un menor alineamiento. Así, el aumento de las disputas dentro del sistema favorece la conformación de grupos con intereses opuestos, que quebrantan la unidad cognitiva del SSTC fragmentándola en paradigmas divergentes (Pfeffer y Salancik, 1978). El deterioro de la motivación y el sentido de pertenencia se convierte en una epidemia, y los intentos por detenerla comprometen –aún más– los pocos recursos disponibles y que deberían aplicarse a la superación de las deficiencias operativas. Así, la reducción del campo atencional (de los subdominios y del sistema todo) y la pérdida de una visión comprendida, compartida y comprometida por el conjunto de los integrantes se traducen en una menor plasticidad cognitiva y en la incapacidad de aprender (en particular, de aprender a desaprender).

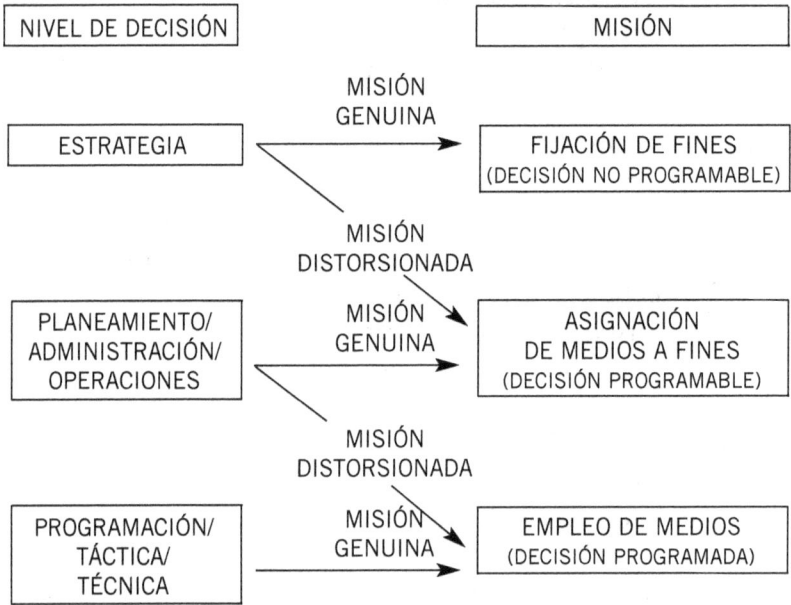

Figura V. SSTCS en declinación: distorsión de los niveles decisionales

Ante el escenario interno que impone la declinación, el desempeño de los niveles decisorios se altera profundamente (Figura V). La responsabilidad por la decisión estratégica suele quedar abandonada ya que, en vez de intentar centrarse en la búsqueda del quiebre cognitivo que está tornando inviable al sistema, la alta dirección comienza a tomar en sus manos las funciones de planeamiento, administración y operaciones a través de una profunda centralización. Consagrada a decidir recortes presupuestarios más o menos generalizados –en lugar de selectivos y basados en prioridades estratégicas–, desarrolla una actitud cortoplacista y conservadora, intentando que el SSTC entre en una suerte de estado de hibernación hasta que se produzcan cambios en el entorno. Así, los estrategas dejan de lado la búsqueda del encaje cognitivo que renueve la viabilidad perdida.

En el nivel de planeamiento/administración/operaciones tiende a privilegiarse la eficiencia (el hacer correctamente las cosas) en perjuicio de la efectividad (el hacer las cosas correctas), lo que congela aún más el paradigma que condujo al fracaso. En algunos SSTCs, cualquier intento de cambio se interpreta como una decisión temeraria; en consecuencia, se reduce la toma de riesgos. Otros sistemas, en cambio, se lanzan a la innovación exagerada y asumen riesgos que el sistema no está en condiciones de enfrentar. Con frecuencia, ambas estrategias de afrontamiento son puestas en juego por distintos subdominios internos de manera simultánea. Dado que los responsables del planeamiento/administración/operaciones no cuentan con un marco estratégico claro y definido, rehúyen cualquier toma de partido que implique comprometer los recursos y, por lo tanto, desplazan las decisiones que genuinamente les competen hacia niveles jerárquicos superiores, lo que genera una mayor centralización.

La progresiva concentración de la toma de decisiones en el nivel estratégico desvirtúa la misión a través de toda la cadena de mando. Esta situación, lejos de significar un achatamiento de la pirámide jerárquica, implica un corrimiento de funciones que deja al SSTC sin dirección estratégica, sin norte, sin hipótesis. La potencia cognitiva propia de cada nivel decisional queda inutilizada porque no se dispone de un mapa de referencia cuyo encaje con el entorno establezca las condiciones para la viabilidad del sistema.

En tales circunstancias, la dispersión cognitiva se torna incontrolable y la extinción, una amenaza cierta. Las señales de desacople entre los pilares que conforman el sistema (modelo PENTA) y/o las que provienen del entorno no logran ser interpretadas de acuerdo con una representación que permita trazar una estrategia viable. El sistema en su conjunto padece la ausencia de liderazgo cognitivo y, en consecuencia, no acierta dónde fijar la atención ni sabe qué, cómo, cuándo y por qué cambiar.

5.1.1. El éxito como semilla del fracaso

En algunos casos, la declinación obedece a circunstancias particulares. En los SSTCs maduros y de gran envergadura, señales de una merma en la efectividad o en la eficacia suelen pasar inadvertidas como resultado del gran número de *inputs* con que se opera. Por lo general, el deterioro progresivo sólo se hace patente cuando ya ha alcanzado proporciones difíciles de remontar. El estudio minucioso de sistemas en que el éxito ha conducido al fracaso (Nystrom y Starbuck, 1984) muestra que las dificultades tienen su origen en un trastorno cognitivo grave, que indica principalmente el congelamiento de la habilidad de aprender a desaprender. Los SSTCs muy exitosos muchas veces actúan con omnipotencia, exagerando la seguridad en sí mismos y en sus habilidades para manejarse en el teatro de operaciones. Se abandona de forma progresiva el desaprendizaje y el desafío metódico de los esquemas y modelos mentales. El buen desempeño tiende a fortalecer los mapas en uso, y favorece que se piense la estrategia no como una teoría fundada en una interpretación con *encaje* sino *correspondiente*. En este tipo de casos, el fracaso aparece como el resultado de la incapacidad, producida por la falta de liderazgo cognitivo, de reconstruir o re-representar al sistema y su entorno.

En algunas empresas exitosas, por ejemplo, la atrofia de la capacidad para desaprender suele *manifestarse* como ausencia de innovación. Se reducen los esfuerzos y los recursos destinados al desarrollo de productos nuevos, superadores de los actuales. Declina la preocupación por la calidad, por detectar las tendencias del mercado, por comprender la demanda y por conocer los cambios tecnológicos. La caída de corto plazo en los volúmenes de venta –una señal de alarma clásica para cualquier sistema– no se interpreta como un tema preocupante. Por el contrario, la memoria de largo plazo influye con tal potencia sobre la memoria de trabajo, que bloquea la recepción de cualquier *input* que contradiga los logros pasados. En este cuadro, los problemas no pueden anticiparse a fin de responder a las dificultades cuando aún se encuentran en estado embrionario. De este modo, y como explicaremos más adelante, el riesgo deviene en crisis, situación que favorece las reacciones desmedidas y no planificadas.

19Aquí, nuevamente, se produce una distorsión en la misión de los niveles decisorios (Figura V). Dado que no se buscan ni rechazan los *inputs* que refutan la interpretación estratégica, las decisiones correspondientes a este nivel se trabajan a partir de la hipótesis –mecanicista e implícita– de que el presente y el futuro serán como el pasado; por lo tanto, vuelven a implementarse las respuestas que ya mostraron viabilidad. En un SSTC cognitivamente saludable, esas respuestas son programas fundados en la decisión experta de los cuadros profesionales y/o con mayor entrenamiento –nivel de planeamiento/administración/operaciones– y destinados a solucionar los problemas repetitivos que se presentan en el nivel de programación/táctica/técnica. Sin embargo, la nega-

207

ción de la complejidad y el cambio induce a la dirección estratégica a adoptar decisiones *como si* las circunstancias fueran equivalentes a las que se plantearon en el pasado (supuesto *ceteris paribus*). Suprimida la incertidumbre, la decisión estratégica se trata como una decisión programable. El resultado de este proceder es la inercia cognitiva, una suerte de endurecimiento de las "arterias" del pensamiento que debe desarrollar todo sistema.

Los SSTCs que apelan en forma constante a los programas que han demostrado su efectividad histórica tienden a perder sensibilidad atencional respecto de los cambios externos. Por esta razón, los que cuentan en su haber con un número mayor de éxitos se transforman en los más vulnerables del presente, porque la memoria de largo plazo se impone a cualquier otra señal que pudiera llegar hasta la memoria de trabajo.

El desencaje entre las construcciones cognitivas del SSTC, por una parte, y respecto de su entorno, por otra, se manifiesta en vulnerabilidad, decisiones impulsivas y falta de respuesta al cambio. Quien aborda un sistema en esta situación suele observar que el liderazgo estratégico ha perdido legitimidad, y por lo general se vuelve demasiado poderoso y muy poco informado. Se trata de síntomas que indican el quiebre del vínculo cognitivo entre los miembros del sistema, y entre este y su teatro de operaciones.

5.1.2. El ciclo de vida y la extinción

La metáfora del ciclo de vida aplicada a los SSTC parece conducir a que se considere la extinción como el desenlace. Para algunos especialistas, los sistemas tienden al "equilibrio de la muerte", ya que el éxito alimenta al fracaso y este, a más fracaso (Boulding, 1981). Otros, en cambio, sostienen que los reveses –disminución de la rentabilidad, merma en la base de recursos u otras circunstancias similares– gatillan acciones correctivas destinadas a superarlos (Ansoff, 1970).

Desde nuestro enfoque, rechazamos tanto la idea de que los SSTCs tienen un destino marcado de manera fatal, como que las transformaciones necesarias para sobrevivir se operaron de manera espontánea, sin una reflexión de segundo orden. Entendemos que los sistemas pueden crecer sin desarrollarse e, incluso, introducir cambios comportamentales sin llevar a cabo un aprendizaje complejo (cfr. Capítulo 3). La acumulación de recursos, por ejemplo, es una señal de crecimiento de los sistemas, pero sólo el enriquecimiento de las formas de aprovecharlos y explotarlos al servicio de los propósitos estratégicos constituye un signo de desarrollo. Cuando la revisión continua de las construcciones cognitivas –y, por lo tanto, de los propósitos– ha sido adoptada como la dinámica característica de un sistema, corresponde hablar de desarrollo.

El desarrollo exige otorgar la máxima importancia al proceso de estrategización, habilidad cognitiva fundamental de cualquier SSTC. Como hemos señalado, fijar una estrategia consiste principalmente en construir los supuestos que se tomarán como punto de partida para las demás decisiones.

La estrategización requiere poner en práctica un pensamiento grupal que *tienda* a la formulación de un mapa, siempre provisorio y nunca cristalizado. Cuando un SSTC toma su estrategia como la única opción posible, ha perdido de vista la noción de encaje y adoptado la correspondencia o adecuación como marco epistemológico realista de su funcionamiento cognitivo. En la medida en que la estrategia trazada se interpreta como la respuesta correcta y acabada a las señales del teatro, el sistema ha dejado de aprender.

La biología brinda algunas observaciones que pueden resultar útiles para comprender los procesos de extinción de los SSTCs. Según MacArthur y Wilson (2001), los seres vivos desarrollan distintas estrategias de supervivencia. Algunas especies son colonizadoras y cuentan con una gran capacidad de adaptación y reproducción. Otras se presentan como poblaciones en equilibrio, con una alta tasa de supervivencia gracias a que son hábiles para ganar terreno a sus competidores en condiciones ambientales estables. Los autores llaman a las primeras "estrategas R" y a las segundas "estrategas K". Tanto en un caso como en otro, la supervivencia depende de la capacidad de carga de sus ambientes, que determina la población máxima que puede soportar en función de la base de recursos disponibles.

Si transferimos estos conceptos al estudio de los SSTCs, podemos suponer que los teatros de operaciones y los *clusters* ofrecen una capacidad de carga para la supervivencia que fija la población máxima que pueden soportar. Cuando un SSTC declina o se estanca cerca de ese límite, significa que está siendo víctima de la falta de recursos del sector. En este caso, la escasez afecta al sistema bajo estudio, pero también al resto de sus competidores. En cambio, cuando la declinación se produce lejos de la capacidad de carga límite, resulta altamente probable que la extinción esté siendo provocada por el propio sistema, lo que denuncia un problema cognitivo. Llamaremos a la primera modalidad "declinación tipo K" y a la segunda "declinación tipo R".

En los teatros con alta capacidad de carga, los sistemas pueden sobrevivir –en principio– sin preocuparse demasiado por evitar la declinación tipo R. Es el caso, por ejemplo, de las empresas que se desenvuelven en mercados tan grandes que proveen clientes para toda clase de ofertas, incluso para aquellas elaboradas con recursos materiales y –sobre todo– cognitivos muy pobres. Pero cuando los mercados se encuentran muy desarrollados y, por eso, cerca del límite de su capacidad de carga, la competencia se torna muy fuerte. Esto agudiza la inviabilidad de los SSTCs que cuentan con pocos recursos cognitivos para percibir, comprender y razonar respecto del teatro; es decir, se reducen las posibilidades de supervivencia de los sistemas con escasa capacidad de estrategizar.

Ante la proximidad del límite de carga de un teatro de operaciones, el SSTC que lucha por su supervivencia suele adoptar uno de dos caminos estratégicos. El primero consiste en mejorar su posición dentro del sector en que actúa a través de un incremento en el desempeño competitivo, lo que exige introducir una transformación representacional radical. El segundo apunta a evitar el estancamiento y la declinación por medio de la diversificación hacia nuevos sectores, estrategia que supone también un cambio representacional. Cualquiera de las dos elecciones requiere no sólo mayor innovación tecnológica sino, principalmente, mayor desarrollo cognitivo en todos los niveles de decisión.

La envergadura y la antigüedad de un SSTC suelen condicionar de maneras diversas su desarrollo cognitivo. Los sistemas que están grandes y maduros tienden a convertirse en burocracias ineficientes. Las facultades características de los tres niveles decisionales (libertad de acción, plasticidad y flexibilidad) tienden a anquilosarse. Por su parte, los SSTCs de menor envergadura y más jóvenes corren el riesgo de extinguirse a causa de la falta, no sólo de dinero y otros recursos tangibles, sino también de experiencia y otros recursos cognitivos. No obstante, en ambos casos, si el sistema no ensaya alguno de los caminos estratégicos señalados, resulta bastante probable que encuentre el "equilibrio de la muerte".

El atributo disfuncional característico de un SSTC en vías de extinción es la dispersión cognitiva. Esta se evidencia a través de diversos síntomas, entre los que cabe destacar:

- resistencia al cambio representacional;
- incredulidad o desconfianza en quienes se desempeñan en los distintos niveles decisionales;

- disminución de la preocupación por la calidad;
- desinterés por conocer los movimientos de los competidores;
- búsqueda de chivos expiatorios;
- sentido de pertenencia y motivación escasos;
- fragmentación política y conflicto;
- innovación pobre o desmesurada;
- centralización excesiva del poder; y
- diversificación azarosa.

En este cuadro, el *feedback* no hace más que potenciar y profundizar la espiral que conduce a la extinción.

5.1.3. La economía de los recursos atencionales

Hemos caracterizado la declinación como el resultado de un trastorno cognitivo grave, que bloquea u obstaculiza la sensibilidad y la capacidad de interpretación de las señales que llegan al SSTC desde el teatro de operaciones. El fenómeno se vincula con la *situation awareness* construida en los diversos niveles decisionales del sistema.

El concepto de *situation awareness* (expresión que suele traducirse como "conciencia de situación") surgió de las investigaciones realizadas por la psicología respecto de los sujetos que se desempeñaban en la aviación. El término fue extendido más tarde a otros dominios (control de plantas nucleares, tránsito aéreo, operaciones militares de combate, etc.) para describir los componentes y los procesos cognitivos que un individuo debía desarrollar para manejar un sistema complejo en entornos o situaciones muy cambiantes, a fin de alcanzar una meta preestablecida, o de mantener un determinado equilibrio. Diversos casos de estudio han demostrado que la pérdida de la *situation awareness* es una de las principales causas de fracaso en el desempeño de la tarea.

En sentido extenso, la expresión *situation awareness* designa las actividades cognitivas necesarias para operar o controlar un entorno dinámico. Esas actividades incluyen tomar información del entorno continuamente, integrarla al conocimiento previo del sujeto para componer una representación coherente, y emplear esta representación para interpretar percepciones ulteriores y/o anticipar eventos futuros (Endsley, 1990; Carroll, 1992). De acuerdo con Durso y Gronlund (1999), el grado de *situation awareness* que puede desarrollarse se ubica entre los límites que fijan la predictibilidad del entorno y la capacidad atencional del sujeto. Así, la máxima *situation awareness* coincide con la predictibilidad del sistema que el individuo controla, mientras que la mínima corresponde al menor grado de atención (atención dividida) que puede prestarse a la situación.

El constructo *situation awareness* nos enfoca en los procesos que se desarrollan en la memoria de trabajo. Dado que esta tiene una capacidad limitada en cuanto al número de elementos con que puede operar simultáneamente (entre cinco y nueve), el sujeto necesita hacer un uso económico de sus recursos atencionales. Así, quien debe resolver un cálculo matemático complejo concluye más fácil y rápidamente su tarea cuando ha logrado "automatizar" las operaciones más básicas, porque puede concentrar su atención en los aspectos más intrincados del problema. Un piloto de combate perseguido por tres aviones enemigos mientras intenta atacar un blanco ubicado a determinada distancia, ¿cuántos *inputs* debe procesar conscientemente de manera simultánea? Muchos desarrollos tecnológicos –desde una simple calculadora de bolsillo hasta los más sofisticados sistemas de información– constituyen en última instancia instrumentos al servicio de un empleo racional y racionado de los recursos cognitivos.

En los SSTCs, la *situation awareness* que desarrollan los diversos niveles decisorios opera como tecnología de base respecto de los otros. Así, por ejemplo, el nivel de planeamiento/administración/operaciones puede "automatizar" la estrategia y concentrarse en definir los lineamientos de ejecución. Pero cuando la misión de los niveles se distorsiona, la memoria de trabajo de cada uno se ve obligada, o bien, a ocuparse de construir las interpretaciones faltantes (ya sea la estrategia del sistema, la información que brinda el *feedback* sobre la gestión táctica, etc.), o bien, a operar aisladamente. El resultado es la profundización del desacople cognitivo interno y, en consecuencia, la inviabilidad respecto del entorno.

5.1.4. La posibilidad de anticipar los quiebres

Las creencias y los valores se integran en sistemas que se refuerzan mutuamente y cristalizan en mapas mentales. Resulta muy difícil lograr que los miembros de un SSTC abandonen o modifiquen sus creencias y formas de operar, no sólo porque estas son el fruto de un análisis racional, sino porque han sido aplicadas y probadas en experiencias pasadas exitosas. Antes de introducir el más mínimo cambio en su paradigma o forma de comprender el mundo, el sujeto (individuo o SSTC) exige que se le presenten las evidencias concretas que demuestren su desencaje e inviabilidad.

Si bien algunas personas y sistemas son capaces de interpretar ciertos síntomas como el anuncio de una crisis en estado embrionario, por lo general el arraigo y la cristalización de los mapas mentales requiere que el desastre se declare abiertamente para que se abra un espacio de problematización del paradigma cognitivo, es decir, para que se inicie el des-aprendizaje. Cuando los estrategas comienzan a detectar problemas de viabilidad, la primera respuesta suele consistir en atribuirlos a perturbaciones temporarias del entorno. No obstante, el germen del cuestionamiento de los mapas mentales institucionalizados queda sembrado. En los SSTC que exhiben una capacidad cognitiva de estrategización más rudimentaria, la reacción ante los síntomas de crisis suele ser el repliegue. Así, por ejemplo, se suspenden temporalmente las inversiones, se dejan sin cubrir las posiciones vacantes, se cancelan los programas de capacitación y desarrollo, se realizan algunos activos, se aumentan los precios de ciertos productos y se reducen los de otros, se retira la publicidad, se recortan los gastos, o se empobrecen los servicios de mantenimiento.

Al tiempo que se adoptan estas decisiones, la dirección estratégica tiende a concentrar su atención en información de rutina que, si bien puede mostrar los síntomas de la crisis, no logra dar cuenta de los problemas de base. El cuadro de resultados no informa si un competidor ha lanzado un producto sustancialmente mejor que el ofertado por el sistema, o ha instalado una planta nueva con tecnología más avanzada. Tampoco advierte acerca de los cambios en las políticas locales o la inminencia de un conflicto social. En estas circunstancias, el comportamiento del liderazgo estratégico denuncia un importante trastorno en su capacidad de construir conciencia de situación (*situation awareness*) debido a que, por una parte, recorta el problema de una manera que lo descontextualiza –lo aísla del marco complejo en que se inserta– y, por otra, concentra la atención exclusivamente en el corto plazo. Ante una crisis, esta clase de comportamiento sólo funciona durante un periodo muy breve, porque el problema cognitivo básico que produce los síntomas no está siendo atendido ni resuelto. De manera inevitable, más o menos rápido, comienzan a manifestarse otros síntomas, que encontrarán al SSTC más urgido a actuar, con recursos económicos mermados y –sobre todo– con menos recursos cognitivos.

En suma, la detección temprana de la crisis depende principalmente de la *situation awareness* desarrollada por la dirección estratégica del sistema. Para esto, debe despejar los síntomas del campo atencional y concentrar los esfuerzos cognitivos en la formulación de los problemas centrales. Por supuesto, la tarea no es sencilla, pues exige disponerse a lidiar con la ambigüedad y liderar en la incertidumbre. De acuerdo con nuestra experiencia profesional, los cambios cognitivos suelen postergarse hasta que una o varias crisis obligan a emprenderlos. El liderazgo proactivo se distingue por combinar la actitud y la aptitud para transformarse y transformar al sistema que dirige en el momento oportuno.

5.1.5. Algunas interferencias en el proceso decisional

La efectividad y la eficiencia de la dirección estratégica de un SSTC se relacionan de modo directo con la calidad de sus decisiones, y estas, a su vez, con los mapas mentales propios y su alineamiento respecto de los construidos por los demás miembros del sistema. Tradicionalmente, se entendía a la toma de decisiones como el resultado de un proceso lineal en que se debían desplegar una serie de pasos lógicos.

1°. Enunciación del problema supuesto.
2°. Determinación del problema verdadero.
3°. Propuesta de soluciones alternativas.
4°. Evaluación y elección de la mejor solución.
5°. Definición e implementación de las acciones orientadas a dar solución.

Sin embargo, en la mayoría de los casos este procedimiento está sujeto a restricciones cognitivas, afiliativas y egocéntricas, ajenas al componente racional (Janis, 1989). Las restricciones cognitivas son impuestas por factores tales como, por ejemplo, tiempo disponible insuficiente, recursos limitados para la búsqueda y la evaluación de información adicional, número excesivo de responsabilidades a cubrir, sensación de parálisis ante la complejidad percibida del problema, carencia de tecnología confiable, y compromisos ideológicos o culturales. Las restricciones afiliativas se relacionan con la necesidad de mantener el poder, el *status*, la compensación, el respeto social o el consenso general. Por último, las restricciones egocéntricas surgen de motivaciones personales fuertes (entre otras, necesidad patológica de acumulación de bienes, o deseo de fama), de la incidencia de una emoción muy fuerte (por ejemplo, el enojo), o de un conflicto altamente estresante.

Las restricciones suelen ponerse de manifiesto ante la aparición de una amenaza seria para el sistema, y provocan las distorsiones y los trastornos cognitivos más comunes. Una de las distorsiones más frecuentes consiste en subestimar la amenaza y conflar en las prácticas consuetudinarias elaboradas a través de la experiencia. Por lo general, esta actitud viene acompañada por el menosprecio hacia las predicciones de los expertos, la falta de profundidad en la interpretación del escenario y de apertura al desaprendizaje, así como por el gesto omnipotente o el optimismo crónico. En otros casos, la distorsión se presenta como una reacción exagerada ante la incapacidad de elaborar una estrategia viable. La dirección del SSTC reconoce los obstáculos, pero los enmarca en una sensación de escasa eficacia personal y pesimismo crónico que sólo retroalimenta la desconfianza y el desaliento.

Otra distorsión corriente consiste en tomar las decisiones sobre la base de reglas afiliativas sobresimplificadas. Así, la dirección estratégica acusa una marcada necesidad de recibir aprobación social o de lograr *status* y poder, un temor crónico a ser reprobada por una decisión equivocada, o una dependencia excesiva del consenso grupal. A veces, en cambio, la distorsión se produce al adoptar decisiones alentadas por reglas egocéntricas sobresimplificadas, aspiraciones personales desmedidas, o emociones más poderosas que las habituales. En estos casos, aparecen actitudes peligrosas, como, por ejemplo, el pesimismo, la hostilidad hacia el SSTC, la baja tolerancia al estrés, el descontrol, el compromiso ambivalente respecto del sistema y la agresividad constante.

Cuando la decisión estratégica se toma en marcos distorsionados como los descriptos, la ya comprometida situación del SSTC suele agudizarse debido a dos causas. Por una parte, se intenta consolidar internamente la decisión subestimando sus desventajas y exagerando sus ventajas. Con este fin, se busca sólo la información que la respalde y se evita percibir cualquier señal que la ponga en duda. Por otra, se trata de lograr el compromiso de los miembros del sistema haciendo un anuncio de la decisión –por lo general, prematuro– a todas las partes, principalmente a quienes deberán implementarla y/o son capaces de cuestionarla.

Las decisiones estratégicas metodológicamente viciadas se caracterizan por:

- omitir la determinación de los propósitos perseguidos y de las opciones disponibles;
- evitar la búsqueda exhaustiva de información relevante;
- interpretar selectivamente la información disponible, y establecer conexiones lineales y mecánicas que impiden comprender el emergente sistémico;
- descartar opciones de manera prematura;
- evaluar superficialmente los costos, riesgos y beneficios de la solución elegida; y
- considerar y prever de modo rudimentario la ejecutabilidad y la contingencia.

Se trata de síntomas que remiten a trastornos cognitivos, agudizados por la complejidad creciente y las discontinuidades que los escenarios actuales presentan. El modelo de organización burocrático –vigente aún hoy en muchos SSTCs– constituye una estrategia adaptativa inviable, porque uno de sus principales supuestos consiste en la estabilidad del entorno. El abandono de este supuesto real, no declarativo, implica una transformación profunda de las *teorías en uso* fundada en un cambio del paradigma representacional. Las condiciones de posibilidad de dicho cambio son el desaprendizaje (cfr. Capítulo 3) y su consecuencia: el rediseño cognitivo del sistema.

La turbulencia del entorno como supuesto básico del nuevo paradigma requiere refinar la habilidad de construir *situations awareness*, mediante una economía apropiada del campo atencional que permita al SSTC analizar, hipotetizar, prever, decidir y actuar en un *tempo* que acompañe adaptativamente la velocidad de los cambios del contexto y el teatro. Para lograr una explotación óptima del potencial cognitivo, el sistema necesita que los niveles decisionales se concentren en su misión específica y alineen sus esfuerzos tras una visión entendida, compartida y comprometida. El desafío implica crear formas viables de reflexión en la acción, de liderazgo y trabajo en equipo, de previsión y toma de riesgos, todas alineadas tras *una estrategia planteada siempre como hipótesis provisoria y revisable*. En esto consiste el metacambio cognitivo. Así, la supervivencia y el desarrollo de un SSTC son el emergente sistémico del sostenimiento de las rutinas eficientes y eficaces, del acecho sistemático de la ruptura y de la operación de los cambios oportunos.

5.2. La epistemología que sustenta la toma de decisiones

Los SSTCs y los individuos adoptan sus decisiones de acuerdo con un saber construido sobre la base de una epistemología elaborada en forma explícita o implícita. La vida cotidiana, por ejemplo, muestra que muchos de los que deciden "a cara o ceca" lo hacen fundados en la convicción de que racionalmente no es posible establecer *a priori* una previsión causal necesaria o probable entre ciertos hechos. (En otros casos, por supuesto, no se trata de escepticismo epistemológico, sino simplemente de un intento –torpe– de evadir la responsabilidad de decidir.) Analizaremos ahora las implicancias de algunos enfoques epistemológicos en que la toma de decisiones suele sustentarse.

5.2.1. El sentido común: la teoría y la práctica

Resulta frecuente que quienes desempeñan posiciones con responsabilidad decisoria dentro de SSTCs sostengan que la gestión no se funda en teorías sino en el sentido común. Cuando se analiza la definición fijada por esos mismos individuos, se descubre que el concepto remite a una colección de esquemas conceptuales no explicitados, surgida de una mezcla de influencias culturales, sabiduría folclórica y hábitos de pensamiento. En estos casos, la principal dificultad para el sistema consiste en no poder explicitar ese saber ni sus modos de construcción, no sólo a fin de analizarlo, evaluarlo y desafiarlo sino también de transmitirlo o enseñarlo (cfr. Capítulo 3). La situación desafía gravemente la posibilidad de operar un alineamiento cognitivo, y hace imprescindible la construcción de un lenguaje coordinador que facilite la explicitación, ya que sin reflexión no hay posibilidad de teorizar y, en consecuencia, tampoco de estrategizar.

Por lo general, los defensores del sentido común identifican la teoría con una amenaza que, en pos del afianzamiento y la aplicación de principios *típicos*, podría conducir a perder de vista las particularidades del *caso* que tan bien conocen gracias a su *experiencia*. Por lo tanto, se concentran en ella, y la toman como fuente genuina de elaboración del saber y cimiento de toda decisión. No obstante, esta actitud no evita el problema de explicar por qué los miembros de un mismo sistema desarrollan *experiencias* diferentes de un mismo caso, es decir, por qué no existe alineamiento representacional. Sólo a través de la deconstrucción del sentido común por medio de un lenguaje que opere como interfaz (por ejemplo, el modelo PENTA) se puede interpretar la dispersión cognitiva y realinear el sistema.

Sin dudas, la atención prioritaria del caso particular resulta legítima y necesaria para el sistema, porque es su responsabilidad y la condición necesaria de su supervivencia. Sin embargo, el rechazo programático a las teorías y a la teorización significa, entre otras cosas, un derroche de recursos –toda vez que, *por ignorancia*, se dediquen esfuerzos cognitivos y materiales a "reinventar la rueda"–, una renuncia a posibles oportunidades y, por sobre todo, la esterilización del potencial cognitivo del SSTC. De este modo, el sistema se convierte en objeto y paciente de los paradigmas inefables.

La gran cantidad de supuestos difíciles de hacer conscientes y de verbalizar que constituyen el sentido común hace que este suela vincularse estrechamente con la intuición y la percepción. Quienes sostienen esta visión suelen oponer esas facultades –en apariencia, facilitadoras del acceso a datos blandos, eminentemente cualitativos– a la racionalidad, caracterizada por su habilidad para la manipulación de datos duros o cuantitativos. De acuerdo con nuestro enfoque, rechazamos tomar como punto de partida una dicotomía entre lo intuitivo y lo racional, ya que consideramos que todo producto cognitivo es el emergente sistémico de subdominios especializados e interdependientes. Así, mientras unos aportan la dimensión sintética, simultánea, divergente, perceptual, subjetiva, implícita y creativa, otros contribuyen con la dimensión analítica, secuencial, convergente, detallada, objetiva y explícita.

La intuición no se opone a la racionalidad. Tampoco constituye un procedimiento aleatorio y de adivinanza. En rigor, lo que solemos llamar "intuición" es el producto de una extensa experiencia en el análisis, la identificación de problemas y la implementación de soluciones. Por esta razón, las conductas intuitivas resultan tan bien fundadas o descabelladas como las lecciones de la experiencia que las sustentan (Isenberg, 1984). El desempeño depende de que el SSTC y sus miembros puedan comprender cómo saben lo que saben y cómo piensan cuando actúan. En esto radican, por una parte, la importancia y el valor del alineamiento cognitivo y, por otra, el atributo que –según Schön– distingue a la verdadera esencia del profesional: transformar el propio trabajo en un campo de reflexión cognitiva, de generación de metacognición. En este sentido, la profesionalidad no se adquiere junto con el título de grado sino mediante el despliegue de la capacidad de construir modelos y teorías a partir de las situaciones cambiantes y novedosas que se viven en la práctica.

Cuando un SSTC interpreta el sentido común como la descalificación de la teorización, obtura la reflexión sobre el significado del problema a enfrentar y el propósito a perseguir, es decir, cancela el desarrollo del proceso de estrategización. Un sistema profesionalizado, en cambio, parte de la convicción de que hacer y pensar constituyen dimensiones complementarias, porque el pensamiento no interfiere con la acción sino que la potencia. La acción ofrece la ocasión para probar y experimentar los productos del pensamiento, mientras que el pensamiento fija las metas, recibe el *feedback* de la acción, elabora conclusiones y las reintroduce como *inputs* del comportamiento futuro. En suma, el rechazo a la teoría equivale a renunciar al deuteroaprendizaje y al enriquecimiento de la metacognición. No prestar atención a la forma en que se interpreta y conoce el medio en que el SSTC actúa significa entregarse pasivamente a él.

5.2.2. La asunción del supuesto empirista

Las diversas corrientes empiristas comparten la convicción de que todo conocimiento humano surge de y se reduce a las impresiones que lo real causa en nuestros sentidos. Se trata de una visión realista (cfr. Capítulo 2), que supone la existencia de un mundo independiente del sujeto cognoscente y que atribuye verdad o falsedad a nuestras descripciones según un criterio de correspondencia o adecuación (*match*) entre la percepción y el objeto experimentado.

Los SSTCs que parten de una epistemología empirista consideran a la experiencia como fuente de su saber y tribunal último para el juzgamiento de la verdad de sus construcciones cognitivas. Por lo tanto, todos los niveles decisionales —en particular, el estratégico— buscan desarrollar un método que permita distinguir las percepciones correctas del sistema, el teatro y el entorno a fin de que sirvan como base de las decisiones. Asimismo, estos sistemas entienden que la dispersión cognitiva debe corregirse mediante la adecuación uniforme de las percepciones "distorsionadas", tomando como referencia una percepción *objetiva* de lo real en sí. Habitualmente, las posturas empiristas entienden por "objetivo" aquel conocimiento que se *corresponde* con hechos (percepciones) que cualquier sujeto competente podría observar. Cabe señalar que en esta definición de la objetividad subyace la idea de un *consenso* observacional marcado por la intercambiabilidad de observadores.

Toda percepción es, por definición, una experiencia singular. Sin embargo, no pasa inadvertido para el empirismo que los seres humanos solemos operar cognitivamente empleando generalizaciones, que describen, conectan causalmente y predicen hechos. Así, afirmamos que los leones no vuelan, que las golondrinas migran cuando cambia la estación y que el día siempre seguirá a la noche. Se trata de generalizaciones construidas por inducción incompleta, fundadas en experiencias similares y reiteradas, que resultan muy útiles para abordar muchos aspectos de la vida. Sin embargo, las corrientes empiristas sostienen que, en sentido riguroso, las generalizaciones deben considerarse verdades provisorias, *creencias*, ya que no resulta posible para los seres humanos completar la inducción: no podemos acceder a todos los casos posibles comprendidos por el enunciado, ni garantizar que sean observados por todos los observadores competentes posibles.

En principio, podría considerarse que una epistemología empirista guarda una gran similitud con la epistemología constructivista que hemos adoptado en este libro. Por esta razón, creemos conveniente señalar las principales diferencias. En primer lugar, la postura empirista exige la existencia de un mundo independiente del sujeto cognoscente. Como hemos señalado en el Capítulo 2, esto conduce a la paradoja de obligarnos a *creer* en una realidad en sí a la que nunca podremos acceder a través de una experiencia acabada y completa. Esto significa negar la clausura cognitiva en que operan los sistemas cognoscentes.

En segundo lugar, mientras que el empirismo supone que el sujeto es capaz de percibir sin ser influido por el contexto social ni por las emociones, las investigaciones *empíricas* han demostrado que la fiabilidad de los sentidos como fuente primaria y excluyente de conocimiento es por completo cuestionable.

En tercer lugar, dado que el proceso de estrategización se inicia con la percepción del entorno (cfr. Capítulo 1), la asunción del supuesto empirista presenta una dificultad muy grave respecto del recorte perceptual. Este constituye una decisión clave para el diseño de la estrategia, pues significa elegir –de acuerdo con alguna clase de criterio– cuáles son los *inputs* que el sistema supondrá relevantes o superfluos (por ejemplo, quiénes serán considerados competidores indirectos). De acuerdo con nuestro enfoque, cuando esa elección no se interpreta en sí misma como una *decisión* sino como el reflejo fiel o adecuado de una realidad objetiva, la representación así cristalizada puede devenir en el más excelente camuflaje de un quiebre cognitivo; es decir, en una fuente de riesgo y/o crisis.

En cuarto y último lugar, la conceptualización empirista de las teorías y generalizaciones podría resultar compatible con la clase de desafíos que se presentan en programación/táctica/técnica y planeamiento/administración/operaciones (respectivamente, niveles III y II del Cuadro A, Capítulo 1). En estos niveles, el empleo de la inducción incompleta resulta viable para tratar con hechos ciertos o probables, porque estos admiten decisiones que pueden traducirse en programas o son programables. Creencias tales como "el incremento generalizado de las remuneraciones suele impactar positivamente en la motivación de los recursos humanos" o "la precisión en la información contable colabora en la toma de decisiones acertadas" facilitan, sin dudas, la dinámica cognitiva del SSTC. Pero cuando el supuesto empirista es adoptado en el nivel estratégico, el sistema en su conjunto puede caer en la trampa realista. Aunque los estrategas tengan explícitamente presente el carácter incompleto de la inducción, es muy probable que busquen las experiencias confirmatorias de sus construcciones cognitivas, filtren inadvertidamente las señales del entorno y pierdan el impulso innovador. Dado que, en esencia, el empirismo conserva la *ilusión* del acceso a lo real en sí, la eficacia pasada tiende espontáneamente a ser defendida y no desafiada: se trata del "éxito que alimenta el fracaso" del que hablamos más arriba.

En cambio, la convicción constructivista abandona esa ilusión y mueve al sistema hacia la búsqueda del quiebre, de la excepción que *cuestiona* la regla. La conciencia de la clausura no sólo permite al nivel estratégico abordar la incertidumbre y la ambigüedad, sino que además motoriza

la búsqueda de la excelencia en todos los niveles decisionales del sstc.

5.2.3. La asunción del supuesto racionalista

Si bien la posición racionalista considera que no es la inducción sino el método analítico-deductivo el único que
nos permite acceder a un conocimiento cierto, comparte con el empirismo algunos supuestos metafísicos y epistemológicos muy importantes. Ambas posturas ven el
mundo como una máquina compuesta por partes, cada
una de las cuales cumple una función propia, definible
de manera independiente del conjunto. Asimismo, operan con un concepto de la verdad entendida como adecuación o correspondencia entre un enunciado y la realidad en sí.

Tal como planteara Descartes en *El discurso del método*,
para acceder al conocimiento de un objeto, este debe divi-
dirse en partes hasta arribar a datos o unidades simples (es
decir, no divisibles). Dichas unidades son reconocibles y su
verdad no necesita demostración porque se presenta al inte-
lecto de manera clara y distinta. Por último, las partes deben
ser reunidas nuevamente en el todo que, ahora, es conocido. Así, el abordaje racionalista toma el análisis de los com-
puestos y la deducción a partir de principios evidentes como
el camino seguro para la construcción del edificio del saber.

Pero, como señalaron agudamente algunos autores
(Bateson, 1972; Ackoff, 1981), el mundo y los problemas se
presentan a los seres humanos y a los sstcs siempre como
un "lío" (en inglés, "*mess*"), nunca como una figura compuesta y recortada claramente del trasfondo. La noción de
"lío" alude a la complejidad, al hecho de que el entorno en
que nos movemos –así como nosotros mismos cuando nos
convertimos en objeto de nuestra reflexión– nos envía señales que se entretejen, interconectan e interactúan.

Desde un enfoque sistémico, el método analítico-deductivo resulta muy útil, necesario y eficaz para la solución de muchos problemas. En efecto, constituye la habilidad distintiva de algunos subdominios típicamente contemplados en los SSTCs (por ejemplo, los que desempeñan funciones de auditoría). Pero cuando se lo toma como único método, se convierte en un instrumento peligroso porque distorsiona gravemente la construcción de las cogniciones clave para el trazado de la estrategia y, por extensión, para la adopción de cualquier decisión. *El recurso al análisis como metodología excluyente cancela la posibilidad de elaborar una interpretación del emergente sistémico.* Ni los seres humanos, ni los SSTCs, ni el entorno pueden comprenderse si se los desagrega y se estudian sus partes. Como vimos al presentar el modelo PENTA (Capítulo 4), los SSTCs no son el resultado de una adición de subdominios, sino el vector resultante de su interacción.

5.2.4. La asunción del supuesto constructivista

En el Capítulo 2, hemos explicado la revolución copernicana introducida por Kant respecto del empirismo y el racionalismo, y cómo el constructivismo hunde sus raíces en esa postura gnoseológica.

Desde el punto de vista de la dinámica de los SSTCs, la asunción del supuesto constructivista implica considerar que toda interpretación del sistema y su entorno es una hipótesis, de la que sólo puede probarse su viabilidad pero no su verdad. En este marco, cuando un nivel decisional –en particular, el estratégico– dice "estar seguro" de una descripción, un supuesto o una predicción, significa sólo que no se han hallado aún indicios de desencaje entre las representaciones y las señales percibidas, ni de inviabilidad.

Las "certezas" de cualquier índole son consideradas por la dirección del SSTC como *esencialmente* provisorias, y deben desafiarse sistemáticamente. Mientras que la duda metódica cartesiana representaba el camino para llegar a una *verdad* indubitable, la "duda metódica" constructivista se orienta hacia la *adaptación* del sistema. El estratega constructivista no renuncia al concepto de verdad como adecuación o correspondencia porque sea material o prácticamente imposible realizar todas las experiencias necesarias para que la inducción sea completa. Deja de lado esa noción de verdad porque tiene conciencia de que su sistema cognitivo no puede acceder a lo real en sí, de que siempre existirá un hiato entre sus cogniciones y el origen de las señales que percibe. Por eso trabaja constantemente, mediante coordinaciones consensuales recurrentes, para construir y reconstruir una teoría (la estrategia) respecto de aquello que está fuera de su sistema cognitivo capaz de conferir viabilidad al SSTC que dirige.

En los que operan bajo un supuesto constructivista, la conciencia de la clausura operativa del SSTC en tanto sistema cognitivo se hace particularmente evidente en el nivel de la decisión estratégica, y se reduce progresivamente a medida que se desciende en los niveles decisionales. La libertad de acción como facultad característica del nivel estratégico (Cuadro A del Capítulo 1) no constituye sólo un atributo propio de la jerarquía sino que, desde el punto de vista epistemológico, es el requisito indispensable para desarrollar los cambios adaptativos que se estimen necesarios.

Para el nivel II (planeamiento/administración/operaciones), en cambio, la decisión estratégica funciona como punto de partida de la asignación de los medios necesarios para la consecución de los fines estratégicos. En este nivel, lo que queda sometido a problematización sistemática son sus decisiones respecto de la tecnología de ejecución y no de la estrategia. Para eso, se necesita plasticidad a fin de lograr una mejora permanente de los planes y diseños en que se traduce la formulación general estratégica. Por último, dado que la misión específica del nivel III (programación/táctica/técnica) consiste en el empleo de los medios asignados, cuenta con la flexibilidad que posibilita la revisión metódica de los modos de implementación de los planes y diseños fijados por el nivel II.

Debemos insistir en que la tematización que se lleva a cabo en cada nivel implica poner en cuestión los *supuestos* a partir de los cuales se *modelizan* el trazado de la estrategia, los planes y las tácticas. Con este fin, se construyen modelos de interpretación alternativos, no sólo para evaluar su encaje y eventual viabilidad, sino también para contrastar las suposiciones sobre las que cada uno descansa. La explicitación de los supuestos permite observar de manera clara cuáles son los esquemas y modelos mentales aplicados para transformar los *inputs* en información, medir la dispersión cognitiva, revisarlos, elaborar una síntesis y decidir cuál será adoptado para tomar la decisión. En la medida en que el SSTC es un sistema de aprendizaje continuo, los resultados obtenidos gracias a la ejecución de las decisiones son reintroducidos como *input* de nuevos procesos decisorios.

La adopción de esta dinámica cognitiva impone al conjunto del sistema –aunque en diversos grados– desarrollar la habilidad de convivir con la complejidad y, sobre todo, de aprender. Significa renunciar a la certeza y admitir que lo más probable o "natural" es la dispersión cognitiva, no el alineamiento. Esto exige desarrollar una cultura muy particular, que busque activamente disminuir la entropía por medio de la explicitación de los mapas mentales y la co-construcción de un modelo comprendido, compartido y comprometido. Creemos que esta visión no sólo incrementa las posibiliddes de encaje de los SSTCs respecto del entorno sino que, además, implica un reconocimiento concreto de las capacidades y la dignidad de los individuos que los componen.

5.3. La gestión del riesgo y la crisis

Configuramos nuestra representación del mundo alternadamente como un cosmos o un caos: todo depende de que hallemos o no la posibilidad de construir una interpretación que ofrezca consistencia interna y encaje con lo percibido. Esta es la particularidad distintiva del sistema cognitivo humano (Löwenhard, 1990).

La gestión estratégica demanda comprender en qué consisten la crisis y el riesgo, así como conocer de qué modo se generan. Una crisis es una situación que amenaza seriamente la supervivencia de un SSTC y que tiene su origen en la ambigüedad. El riesgo, por su parte, remite a una posibilidad de desencaje cognitivo más o menos previsible, ya que sus probabilidades de ocurrencia pueden estimarse de antemano. Tanto la crisis como el riesgo son emergentes del vínculo adaptativo entre el SSTC y su entorno. Por esta razón, cuando las previsiones de riesgo comienzan a exhibir un error creciente, consecuentemente se incrementan las posibilidades de crisis. Dada la índole de los *inputs* con que trabajan, la gestión de la crisis constituye una responsabilidad central del nivel decisional estratégico, en tanto que la gestión del riesgo corresponde principalmente al nivel de planeamiento/administración/operaciones.

La detección y el reconocimiento de los síntomas de una crisis, así como el control de las desviaciones del nivel de riesgo, no siempre se hacen presentes en la memoria de trabajo, ya sea porque las señales fueron rechazadas, porque no fueron interpretadas de este modo, o –peor aún– porque no llegaron hasta ese nivel decisorio por falta de canales de comunicación adecuados. Dado que, como explicamos antes, la declinación de los SSTCs obedece por lo general a problemas cognitivos, resulta imprescindible identificar, caracterizar y atender las fuentes *cognitivas* de riesgo y crisis más importantes.

5.3.1. Arquitectura de la mente:
fuentes de riesgo y crisis

Como expusimos en el Capítulo 2 (Figura I), las ciencias cognitivas suelen recurrir a la metáfora del ordenador para explicar el funcionamiento de la mente. Recordemos que, de acuerdo con esta interpretación, la mente elabora *inputs* y produce *outputs*. El proceso se inicia con el ingreso de las señales que provienen del exterior del sistema cognitivo a través de módulos receptores especializados. Estos realizan una primera configuración de los *inputs* para hacerlos disponibles a la memoria de trabajo, espacio donde se desarrolla el movimiento central del proceso cognitivo y se construye la *situation awareness*.

La memoria de trabajo es una suerte de equivalente de la memoria RAM (*Random Access Memory*). En el caso de los seres humanos, presenta la particularidad de tener una capacidad máxima de procesamiento simultáneo de entre cinco y nueve elementos. La memoria de trabajo toma los *inputs* procesados preliminarmente por los módulos receptores y, al mismo tiempo, recupera o "elicita" (en inglés, *retrieves* o *elicits*) información almacenada en la memoria de largo plazo. Allí, a su vez, se conservan tres tipos de memorias: la semántica (los significados construidos por el sujeto), la episódica (los recuerdos situados en espacio y tiempo o memoria histórica) y la procedimental (vinculada a habilidades o conocimientos perceptivo-motores o cognitivos automatizados).

En los tres niveles decisionales de los SSTCs, los dispositivos que funcionan como módulos receptores (tecnologías de la información y la comunicación), la memoria de trabajo y la memoria de largo plazo (episódica, semántica y procedimental) constituyen fuentes primarias de riesgo.

- **Riesgo en los módulos receptores.** Dado que, desde el punto de vista cognitivo, los sistemas operan en clausura –no tienen acceso al entorno o al teatro *en sí* sino sólo a sus señales–, la calidad de las percepciones elaboradas por los módulos receptores depende directamente de la sensibilidad del instrumental disponible.

- **Riesgo en la memoria de trabajo.** Debido a que el número de elementos que la memoria de trabajo puede procesar de manera simultánea es limitado, el grado de distorsión cognitiva que podría introducir depende de la relevancia de los *inputs* seleccionados. La reducción del riesgo exige, por una parte, economizar los recursos atencionales respetando las misiones específicas de cada nivel decisional (cfr. *ut supra*) y, por otra, aplicar un criterio de selección elaborado de manera cuidadosa y explícita. Los SSTCs deben desarrollar la habilidad de cambiar el foco atencional a fin de administrar eficientemente su memoria de trabajo. Este es el objetivo esencial del desarrollo tecnológico: reducir la necesidad de procesar en forma consciente un gran número de *inputs* mediante la automatización de ciertos procesos; por ejemplo, mediante la especialización de los niveles decisionales.
- **Riesgo en la memoria de largo plazo.** La influencia distorsiva de esta memoria en la elaboración de *situations awareness* suele incrementarse de manera proporcional a la envergadura, trayectoria y buen desempeño logrado en el pasado por el SSTC. Cuanto más grande, más líder y más exitoso ha sido el sistema, mayor es la tendencia a reiterar la aplicación de los mapas mentales ya probados. De este modo, se reintroducen los viejos criterios de selección de *inputs* relevantes, y se descartan las señales no previstas o contradictorias con esos esquemas y modelos mentales. En tales circunstancias, el SSTC ha congelado su paradigma interpretativo y lo tras-

lada mecánica y acríticamente a la lectura de la situación actual.

Dado que los sistemas de gran envergadura ofrecen una mayor y más refinada especialización de sus subdominios, se incrementa la especialización de sus memorias de largo plazo, y aumentan las posibilidades de aislamiento y de ruptura en la interacción entre áreas. Este fenómeno favorece la desintegración y el desalineamiento cognitivo esenciales al riesgo.

Una segunda y muy importante fuente de riesgo es la teoría de la mente, lo que el SSTC *supone* que piensan los sistemas con los que interactúa. Cuando los individuos entran en interacción, la *situation awareness* que construyen no sólo toma como *inputs* las señales provenientes de los módulos receptores y la información recuperada desde la memoria de largo plazo. También consideran una intencionalidad que atribuyen al otro (lo que creen que el otro cree, quiere, etc.) y la incorporan a la elaboración de sus *outputs.*

Así, por ejemplo, dos SSTCs que se disputan un mismo *target* elaboran sus decisiones estratégicas, operacionales y tácticas haciendo hipótesis, es decir, construyendo una representación, de los recursos, las operaciones cognitivas y los propósitos de su competidor. Algo similar ocurre cuando un miembro de un SSTC imparte una orden a otro. En estos casos, se ponen en juego no sólo la competencia lingüística de los interlocutores (capacidad de entender el significado de los signos que se emplean para dar la instrucción) sino también la reconstrucción hipotética (teoría de la mente) de los trasfondos semánticos individuales en que la orden fue formulada y aceptada, así como las condiciones de satisfacción o cumplimiento de la petición y la promesa. Como puede apreciarse, la teoría de la mente es un elemento clave de la interacción, y en particular del lenguaje que debe servir como interfaz dentro de un SSTC dado y entre este y otros SSTCs.

Por último, otra fuente cognitiva de riesgo se encuentra en el impacto de los aspectos emocionales en la construcción de la *situation awareness* y, por lo tanto, en la toma de decisiones. De acuerdo con nuestro modelo, ninguna decisión se funda exclusivamente en la lógica que provee la racionalidad. Factores tales como el estrés, las motivaciones afectivas, el pánico y la desesperación, entre otros, así como sentimientos y vivencias recuperados desde la memoria de largo plazo, influyen sobre la memoria de trabajo; a veces provocan su parálisis, pero en ocasiones fortalecen su funcionamiento.

En suma, módulos receptores, memoria de largo plazo, teoría de la mente y emociones representan fuentes potenciales de riesgo, ya sea para el individuo como para los niveles decisionales de un SSTC. Toda conducta deliberada es el resultado de un proceso de toma de decisiones en el que intervienen estos componentes de la mente. La viabilidad de cualquier sistema depende, por lo tanto, de su capacidad, por un lado, de tomar decisiones que permitan la adaptación al entorno y, por otro, de aprender cómo funciona cognitivamente y cómo modificar el proceso decisorio a través de una reflexión de segundo orden.

5.3.2. Habilidades de diagnóstico

Hasta aquí hemos indagado en las fuentes de riesgo presentes en los componentes del aparato mental. Nos centraremos ahora en la detección de factores de riesgo y crisis en los productos cognitivos construidos.

Una de las habilidades distintivas que los SSTCs deben desarrollar es la de diagnóstico. En cualquier nivel, la toma de decisiones se funda en un diagnóstico de situación basado en una interpretación que define lo que se considera real, probable o posible, relevante o accesorio, etc. El diagnóstico *per se* supone una construcción cognitiva, un recorte de la complejidad y un entramado causal.

La construcción del diagnóstico presenta las mismas posibilidades de dispersión cognitiva que cualquier otra interpretación (cfr. Capítulo 4). La Figura VI presenta una esquematización del fenómeno que puede aplicarse al análisis intra e inter SSTCs.

Podemos leer la figura suponiendo que "A" y "B" son miembros de un nivel decisional o dos SSTCs en conflicto. El círculo correspondiente a la percepción de cada uno representa la *Gestalt* o configuración dada a las señales externas de acuerdo con la capacidad de interpretación propia. Las vinculaciones de los campos perceptivos y de las señales definen siete áreas.

Habilidades de diagnóstico intrasistema. Comenzaremos por analizar la Figura VI como si describiera las habilidades cognitivas de dos integrantes de un SSTC que se desempeñan en un mismo nivel de decisión. El número 4 corresponde a las señales que no son captadas por ninguno de los dos sujetos. Grafica el ángulo ciego de sus sistemas cognitivos, fuente de riesgo (cuando lo no percibido puede llegar a estimarse) y/o de crisis (cuando no resulta calculable).

La intersección identificada con el número 2 representa, por el contrario, lo que ambos individuos perciben efectivamente y configuran de la misma manera. Comprende aquello en que están de acuerdo y encaja con las señales. Dado que este es el dominio de las percepciones fiables, cuanto menor es su área, mayor es el potencial de riesgo y crisis.

Por su parte, las intersecciones 1 y 3 simbolizan las habilidades de diagnóstico relativas, las señales que sólo uno de los sujetos logra percibir. Pueden constituir el reflejo de la especialidad de subdominio de cada uno.

Las numeradas como 5 y 6 comprenden las cogniciones que no encajan con las señales, pero que cada sujeto

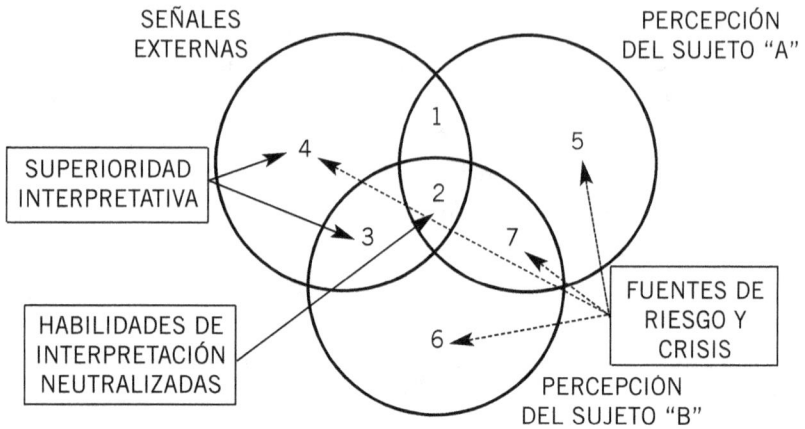

**Figura VI. Fuentes de riesgo y crisis
por dispersión cognitiva**

toma por ciertas. Respecto de estos contenidos, "A" y "B" no están de acuerdo ni pueden ofrecerse mutuamente pruebas. Según el grado de compromiso que tengan con estas cogniciones, la dispersión representacional puede conducir a la disolución del sistema.

Por último, el área 7 corresponde a las interpretaciones coincidentes de los sujetos pero sin encaje con las señales. Su tamaño ofrece un indicio del grado de congelamiento alcanzado por el paradigma cognitivo del sistema, que se expresa como rechazo o desprecio hacia las señales que pudieran refutarlo o poner en evidencia sus inconsistencias. El fenómeno no sólo explica la extinción de muchos SSTCs, sino también importantes fracasos bélicos como, por ejemplo, la invasión a Bahía Cochinos. El concepto de *groupthink* elaborado por Janis (1971) arroja una interesante luz al respecto.

De acuerdo con este autor, algunos equipos decisionales malinterpretan el valor de la cohesión al punto de privilegiarla sobre la discusión y la evaluación de los cursos alternativos de acción. Con este fin, buscan el acuerdo en detrimento de la interpretación de las señales percibidas. En estos casos, los síntomas característicos son:

- sensación de invulnerabilidad exacerbada, que conduce a una toma de riesgos y un optimismo excesivos;
- represión de cualquier manifestación de desacuerdo o duda acerca de las representaciones compartidas por la mayoría del grupo, dado que cualquier disenso se interpreta como un signo de deslealtad;
- temor individual a expresar dudas que llevan al sujeto a negar o descalificar sus propias percepciones;
- ilusión de unanimidad de opiniones reforzada por los síntomas anteriores;
- construcción de un estereotipo demoníaco de cualquier otro SSTC competidor, que lo presenta como débil, torpe y/o incapaz de oponerse o interferir en las acciones del grupo, aun cuando sean altamente riesgosas;
- creencia ciega en la moralidad del SSTC y, por lo tanto, cancelación de la posibilidad de cualquier planteo ético respecto de las eventuales consecuencias de sus decisiones y acciones;
- formación espontánea de subgrupos encargados de filtrar cualquier información que pudiera menoscabar la moral del sistema y la creencia en la eficacia de sus decisiones; y
- construcción de racionalizaciones que permitan desestimar alarmas o *feedbacks* negativos.

El *groupthink* es un trastorno paradigmático del conjunto de los integrantes de un nivel decisional o del SSTC completo. Así, mientras que las áreas 5 y 6 muestran la dispersión intersubjetiva, la 7 señala el grado de obnubilación grupal respecto del entorno. Todas constituyen fuentes de riesgo y crisis.

Habilidades de diagnóstico intersistemas. En el caso de SSTCs en competencia o conflicto, dado que la intersección

2 representa la capacidad de interpretación neutralizada, las posibilidades de imponerse uno a otro dependen de las respectivas habilidades para ampliar las áreas 1 o 3. Esto implica asumir menos riesgos y estar preparados para desarrollar estrategias, operaciones y tácticas más viables.

Las habilidades de diagnóstico intersistemas están particularmente condicionadas por la teoría de la mente. Dado que esta exige hipotetizar los supuestos interpretativos del SSTC competidor, es necesario afinar la capacidad de descentramiento, de ponerse en el lugar del otro, para intentar pensar *como si* se operara con su sistema cognitivo. Las distancias culturales, las diferencias en las creencias, las tradiciones, las experiencias acumuladas y los modelos mentales incrementan las posibilidades de distorsión y, por lo tanto, de crisis. Cuando los paradigmas de dos SSTCs en conflicto son extremadamente heterogéneos, no sólo la estrategia sino también las decisiones operacionales y tácticas deben incluir la crisis –además del riesgo– en sus horizontes interpretativos.

5.3.3. Niveles y *loops* de cambio

La decisión estratégica no es programable porque no se conocen todas las variables intervinientes, ni sus valores, ni sus interrelaciones. Cuanto mayor es la precisión con que pueden determinarse estos tres tipos de datos, más fácil es representar la decisión por medio de una función o un algoritmo. Por eso la decisión operacional se torna programable y la táctica, programada. Dado que la estrategia constituye el fundamento cognitivo último de todas las decisiones y acciones del SSTC, su mejora y superación dependen de que se retroalimente con los *outputs* del nivel táctico.

Como hemos explicado, la decisión estratégica funciona como marco interpretativo de las decisiones de planeamiento/administración/operaciones, y estas, a su vez, como punto de partida de las decisiones de programación/técnica/táctica. El circulo se cierra con la retroalimentación desde el nivel táctico al estratégico. Por lo tanto, las fuentes de riesgo y crisis no sólo se dan *en* cada nivel decisorio según las diversas habilidades de diagnóstico que hayan desarrollado, sino también *a través* de los niveles decisorios, en la transmisión de las decisiones que operan como marco interpretativo y en la recepción del *feedback*.

La retroalimentación que incorpora cada nivel decisional es la ocasión para un tipo particular de cambio o aprendizaje. En el nivel táctico, el aprendizaje consiste en el desarrollo de la flexibilidad o capacidad de resiliencia, que permite amoldarse a las circunstancias particulares sin perder el diseño original. En el nivel operacional, el aprendizaje se traduce en plasticidad, capacidad de crear y recrear mejores maneras de articular la estrategia con la tactica. Implica deuteroaprendizaje, aprender a aprender.

Por último, en el nivel estratégico, el aprendizaje se orienta hacia el ejercicio de la libertad de acción respecto de los supuestos cognitivos del conjunto del SSTC. Es aprender a desaprender el paradigma. Por eso, en el marco de un conflicto, la reducción de la libertad de acción del oponente constituye una meta estratégica clave. Se trata de paralizar u obstaculizar en el otro la capacidad de representar nuestra estrategia por medio de acciones que desarticulen la economía de sus recursos atencionales. Esas acciones no sólo apuntan a los procesos cognitivos duros (por ejemplo, incrementando la ambigüedad de las señales enviadas) sino también a los aspectos emocionales.

5.3.4. Variedad requerida y variedad disponible

Las señales del entorno permiten hipotetizar múltiples escenarios futuros posibles, cada uno de los cuales demanda –al menos– una respuesta viable. Se denomina "variedad requerida" al conjunto de respuestas que permitirían al sstc desarrollar un comportamiento adaptado a cada escenario posible. En cambio, el concepto de "variedad disponible" designa el conjunto de respuestas que el sistema está en condiciones de dar efectivamente (habilidad para modificarse a sí mismo de manera armónica con los cambios del entorno). Así, a mayor complejidad del entorno, mayor es la variedad requerida; y a mayor variedad disponible, menor es el riesgo y mayor la viabilidad del sistema.

La brecha entre la variedad requerida y la variedad disponible indica la capacidad de mitigación del riesgo (habilidad para eliminarlo, disminuirlo o trasladarlo). Mientras que la definición de la variedad requerida es un aspecto central de la misión que corresponde al nivel decisional estratégico, la variedad disponible depende de las previsiones formuladas en el nivel de planeamiento/administración/operaciones, ya que implica establecer los diseños que posibiliten responder ante los diferentes escenarios hipotetizados.

La variedad requerida es una construcción cognitiva. Por lo tanto, está expuesta a las distorsiones que pueden introducir los módulos receptores, la teoría de la mente, las emociones, la memoria de trabajo y –especialmente– el paradigma y los modelos mentales conservados en la memoria de largo plazo. Conviene recordar que de los tres niveles y *loops* de cambio, el más complejo –sin dudas– es el de aprender a desaprender o aprender a olvidar, porque exige detectar la inviabilidad del paradigma. Retomando algunos conceptos de Piaget, la tendencia a la conservación del paradigma podría explicarse por medio de los mecanismos de asimilación y acomodación. El primero permite representar las señales percibidas en el marco interpretativo en uso. El segundo, en cambio, acusa o detecta desencajes e inconsistencias entre las señales y el paradigma y mueve a la reformulación. Mientras que en la asimilación prima la influencia de la memoria de largo plazo sobre la percepción elaborada por los módulos receptores, en la acomodación el *input* perceptivo lleva a transformar la memoria de largo plazo. Esto nos permite suponer que el proceso de definición de la variedad requerida implica en sí mismo otra fuente de riesgo y/o crisis.

Al trabajar sobre el modelo PENTA (Capítulo 4), es posible relevar la correspondencia o la brecha entre variedad requerida y variedad disponible en los pilares (estrategia, cultura, recursos, organización y mercados). En cada caso, la intersección entre lo requerido y lo disponible informa la capacidad de mitigación o *fiabilidad* lograda por el SSTC en cada dimensión. Además, el relevamiento permite reconocer, por una parte, los riesgos para los que el sistema no tiene previstas respuestas y, por otra, los dispositivos disponibles pero innecesarios, es decir, no requeridos.

La fiabilidad superior de un SSTC es el emergente sistémico de una cohesión interna compatible con espacios específicos e institucionalizados de debate de la disidencia. Tomando como referencia nuevamente la Figura VI, podemos inferir que alentar la *uniformidad* representacional implica renunciar a la capitalización de las habilidades cognitivas correspondientes a las intersecciones 1 y 3, y circunscribe la inteligencia del sistema al área de habilidades cognitivas neutralizadas. El *alineamiento*, por el contrario, implica desplegar en cada nivel decisorio los aprendizajes *pertinentes* (aprender, aprender a aprender y aprender a desaprender) y orientados hacia una visión compartida, comprendida y comprometida. Esto permite el acople de los actos, de la conducta y de las representaciones.

La recursividad sistémica es condición de posibilidad del aprendizaje y, por ende, de viabilidad. Los niveles decisionales se nutren a través de un círculo virtuoso, que se inicia cuando la estrategia (*output* del nivel decisional máximo) se introduce como *input* del nivel operacional, y se cierra y reinicia cuando el mando estratégico se retroalimenta con los resultados logrados por el nivel táctico. Dado que el nivel intermedio (planeamiento/administración/operaciones) articula la cúspide y la base del sistema, su intervención resulta clave, ya que su principal responsabilidad consiste en conectar lo que manda el nivel superior (estrategia) con las acciones que deben realizarse en el nivel inferior (táctica).

Cuando la demanda del nivel estratégico excede los recursos cognitivos del nivel operacional y existe escasa cohesión en el nivel táctico, la interrupción del círculo virtuoso es inminente. La memoria de trabajo del nivel decisional intermedio tiende a abroquelarse y construir barreras que impiden el flujo comunicacional en ambos sentidos (hacia el nivel estratégico y hacia el nivel táctico). Este fenómeno señala otra importante fuente de riesgo y crisis.

La gestión del riesgo puede esquematizarse en una matriz de dos por dos que relaciona grado de probabilidad y nivel de impacto. Mientras que los riesgos de baja probabilidad y alto impacto deben reducirse (según la aversión o propensión al riesgo que manifieste quien decide, aumentará y mejorará la variedad disponible, o bien aceptará el daño), los que combinan niveles bajos en ambas variables deben ser monitoreados. Por su parte, los riesgos que ofrecen alta probabilidad y escaso impacto exigen redesplegar la variedad disponible, en tanto que los que presentan alto impacto y probabilidad imponen incrementar la variedad.

Dado que el riesgo y la crisis son *emergentes sistémicos* de un entramado complejo, creemos conveniente citar algunos antídotos propuestos por Mitroff y Linstone (1993) contra el recurso abusivo al método analítico-deductivo.

- Buscar lo obvio, pero intentar por todos los medios desafiarlo y hasta ridiculizarlo.
- Cuestionar cualquier restricción, ya que —en la mayoría de los casos— no se originan en el problema mismo

sino en las limitaciones cognitivas de quien intenta resolverlo.

• Desafiar el mayor número de supuestos posible, ya sea que se refieran al problema o a la modelización que de este se está elaborando. Es necesario recordar que lo que puede resultar por sí mismo evidente para nosotros podría no serlo para otros.

• Cuestionar el alcance y/o la definición del problema y del modelo ya que, con frecuencia, lo que se omite en el enunciado del problema o en la caracterización del modelo suele ser más importante que lo explícito.

• Explicitar si se busca solucionar, resolver o disolver el problema. La primera opción significa elaborar una respuesta exacta u óptima. La segunda, buscar una salida suficientemente buena. La tercera, comprender que es otro el problema central que debe ser atendido, aun cuando el menos importante también deba ser solucionado o resuelto oportunamente.

• Cuestionar la lógica empleada en sí misma.

CAPÍTULO 6

LA ESTRATEGIA

The ethical imperative:
Act always so as to increase the number of choices.

Heinz von Foerster

El proceso de estrategización requiere anticipar y responder a un entorno de complejidad creciente, lo que torna más imperiosa la necesidad de contar con la habilidad de prever los cambios a partir de la comprensión de su dinámica. Sin embargo, dado que la interacción entre los SSTCs y sus entornos se desarrolla como un juego del que no se pueden conocer las reglas, construir una estrategia significa *hipotetizarlas* y *experimentar* su viabilidad a través de la ejecución.

Desalentados por el caos y la complejidad que los rodea, muchos SSTCs reaccionan frente a la falta de certezas enfocándose cognitivamente sólo en su funcionamiento interno. El resultado, por lo general, es la ampliación de la brecha que los separa del entorno o, dicho de otro modo, la inadaptación progresiva. Así, los sistemas se vuelven paulatinamente más *eficientes* pero menos *efectivos*, es decir, hacen correctamente la cosas pero no hacen las cosas correctas. Construir una representación del entorno que encaje exige abandonar los supuestos mecanicistas y convertir el caos y la complejidad en el punto de partida de cualquier interpretación.

Como explicamos en el Capítulo 1, el clásico modelo científico determinista alienta una visión del futuro como una simple extensión del pasado y, por lo tanto, el azar, el cambio en el comportamiento típico de las variables intervinientes, la creatividad o la autopoiesis no son considerados relevantes. Se trata de una lógica aplicable en el nivel decisional táctico, pero su encaje merma de manera creciente a medida que la decisión se hace menos programable.

Debido a que los niveles estratégico y operacional afrontan problemas poco o nada estructurados que funcionan como fuentes de riesgo y crisis, los SSTCs que recurren al marco conceptual determinista suelen fracasar en la búsqueda de viabilidad, porque la estrategia y el diseño de la operación dependen de la interpretación del vínculo sistémico, no lineal, entre el sistema y el entorno. Como señaláramos al presentar el modelo PENTA (Capítulo 4), es necesario partir del supuesto de que cualquier cambio dentro o entre los sistemas, por más nimio o notable que resulte, puede modificar el emergente de maneras con frecuencia imprevisibles.

El proceso de estrategización exige un cuidadoso trabajo de definición de las coordenadas del conflicto, la toma de decisiones, y el recorte del entorno y de los actores que será incluido en el foco cognitivo del SSTC. El conjunto de estos elementos determina el nivel de complejidad e incertidumbre que los decisores estratégicos deberán elaborar.

6.1. De la complejidad y el caos

Sin dudas, la principal dificultad para construir el escenario –y, por lo tanto, para tomar decisiones– se vincula con la diversidad de variables abarcadas, el cambio veloz y turbulento, la complejidad de las interrelaciones y la incertidumbre o imprevisibilidad.

Respecto de la diversidad, Kast y Rosenzweig (1979) identificaron nueve ejes de dominio principales del entorno de cualquier SSTC. Dichos ejes facilitan una guía para elaborar la percepción con que se inicia el proceso de estrategización.

- **Dominio cultural.** Antecedentes históricos, ideologías, valores y normas sociales, modos de vincularse con la autoridad, patrones de liderazgo y relaciones interpersonales.
- **Dominio tecnológico.** Grado de adelanto alcanzado, definido por el soporte físico, la infraestructura y el *know how* disponibles. Indica la capacidad con que se cuenta para desarrollar nuevos conocimientos y aplicarlos.
- **Dominio educacional**. Nivel de alfabetización alcanzado por la población. Grado de profesionalización, de entrenamiento especializado y de sofisticación con que opera y se supera el sistema educativo.
- **Dominio político**. Clima social, concentración del poder, organización y sistema de partidos.
- **Dominio legal.** Características del sistema jurídico, competencias jurisdiccionales de las unidades de gobierno y leyes establecidas respecto del funcionamiento, la formación, la contribución impositiva y el control de los SSTCs.
- **Dominio de los recursos naturales.** Tipos, cantidad, disponibilidad y situación geográfica.
- **Dominio demográfico.** Características de los recursos humanos (cantidad, distribución, edad, sexo, etcétera).
- **Dominio sociológico.** Estructura y movilidad social, roles, organización, instituciones y otros.

- **Dominio económico.** Relación entre la propiedad privada y la propiedad pública, centralización o descentralización del planeamiento económico, sistema financiero, política fiscal, nivel de inversión en recursos físicos y características del consumo.

A los señalados por Kast y Rosenzweig, consideramos que deben agregarse los siguientes.

- **Dominio informacional.** Discursos instalados por los medios de comunicación masiva que impactan en los esquemas cognitivos.
- **Dominio ecológico.** Sustentabilidad de los modos de vinculación entre la actividad humana y el ambiente.

En cuanto a la velocidad del cambio, Emery y Trist (1965) la adjudican a tres factores principales. En primer lugar, a la emergencia de numerosos SSTCs interligados que intentan mejorar su posición relativa dentro de un teatro de operaciones compartido de acuerdo con vectores teleológicos opuestos o simétricos. En segundo lugar, a la interdependencia cada vez más pronunciada entre los SSTCs y sus entornos general e inmediato. En tercer lugar, al incremento exponencial de los esfuerzos de investigación y desarrollo destinados a mejorar el desempeño de los sistemas.

Antes de tratar el concepto de complejidad, proponemos al lector que realice un ejercicio sencillo. Elabore una lista con los seis problemas más relevantes que, en su opinión, se enfrentan hoy en algunos de los dominios mencionados más arriba (cultural, tecnológico, educacional, etc.). Una vez identificados, construya una matriz como la que se presenta en la Figura VII.

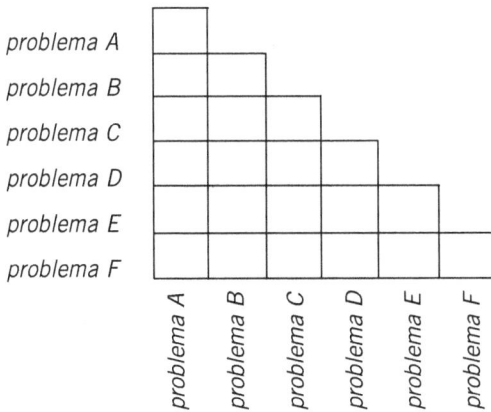

Figura VII. Problemas e interrelaciones

Para cada problema ubicado en el eje horizontal, pregúntese si cree que está relacionado de algun modo con los problemas situados sobre el eje vertical. Si la respuesta es afirmativa, marque la intersección con una cruz; de lo contrario, déjela en blanco. Una vez revisados todos los temas incluidos en la matriz, cuente cuántos casilleros quedaron libres. ¿Son muchos?

Creemos que el ejercicio –inspirado en una propuesta de Mason y Mitroff (1981)– constituye una forma bastante sencilla de mostrar cómo los temas importantes que se plantean en un determinado dominio se encuentran imbricados. Por esta razón, cada vez que se busca dar respuesta a un problema particular deben considerarse también sus posibles relaciones con los demás. Para cumplir con este requisito, quienes tienen la responsabilidad de adoptar decisiones estratégicas u operacionales necesitan, por una parte, contar con un extenso conjunto de conceptos que les permitan dar cuenta de los problemas propios de sus dominios y, por otra, con un amplio repertorio de herramientas y dispositivos destinados a la adquisición de la información relevante.

La Figura VII pone de manifiesto cuatro características sobresalientes de la complejidad. La primera y más evidente es que cualquier problema de un dominio dado comprende muchos problemas y temas. La segunda, que estos están estrechamente interrelacionados y, por lo tanto, el abordaje de uno exige también el de los otros. La tercera, que cada solución crea nuevas dimensiones, que repercuten sobre los demás problemas. Por último, que son muy pocos (si es que existe alguno) los temas que pueden aislarse o recortarse a fin de darles un tratamiento separado o independiente. Como explicáramos al exponer nuestro modelo PENTA, la dinámica de sus cinco dimensiones y ocho interrelaciones muestra por qué los sistemas sociotécnicos son *complejos.*

Asimismo, las características mencionadas pueden relacionarse con el "efecto mariposa" –descripto por Lorenz (1963) durante los años '60– y la teoría del caos, abordaje matemático que estudia el comportamiento de los sistemas dinámicos no lineales. En esta clase de sistemas, las cosas nunca suceden dos veces del mismo modo. Debido a que todas las partes se hallan en constante interacción, una modificación –por pequeña que sea– en el comportamiento de un componente gatilla siempre cambios en algún otro y este, a su vez, en otros más. De acuerdo con Lorenz, esta clase de sistemas contienen un altísimo potencial creativo, son en todo momento extremadamente sensibles a cualquier influencia, y muestran gran cantidad de sinergias y procesos de retroalimentación. Por lo tanto, sus posibilidades de innovación y cambio son infinitas. El "efecto mariposa" trata de ilustrar este concepto: una mariposa que agita sus alas en algún lugar de Asia –un cambio pequeño en el gran sistema de la naturaleza– puede iniciar una larga serie de transformaciones que terminen por desatar un huracán en el Golfo de México. Así, una leve transformación en las condiciones iniciales de un sistema tiene un efecto que se multiplica y expande, capaz de provocar en el futuro consecuencias significativamente mayores.

Para Lorenz, existe un cierto tipo de patrón o estructura auto-organizadora en los sistemas dinámicos no lineales, un orden en el desorden, que se hace visible cuando el comportamiento del conjunto –por ejemplo, la naturaleza– es estudiado como una totalidad. La estructura surge de la atracción y de la interacción entre las variables del sistema. Mientras que la atracción de los componentes establece los límites de la estructura, la interacción crea sucesivos diseños internos, que nunca se repiten a sí mismos pero hacen que el sistema se comporte de cierto modo. Por ejemplo, cuando tratamos de comprender un SSTC, debemos preguntarnos cuál es el patrón al que responde así como cuáles son las conexiones y relaciones que mantienen unido al sistema en tanto tal, es decir, cómo es su PENTA.

Lorenz distingue entre "atractor" y "atractor extraño". El primero refiere a un estado o comportamiento final predecible hacia el que converge un sistema dinámico. Pero existen sistemas caóticos que nunca convergen hacia un estado predecible o estable sino hacia un "atractor extraño". Cuando se construye una representación gráfica de los sistemas caóticos, esta muestra patrones muy complicados, cuyo diseño interno nunca se repite. La teoría del caos describe el comportamiento de los sistemas no lineales caóticos y sus atractores extraños, es decir, la fuerza (o fuerzas) que mantienen a las variables unidas (atracción) y que, a la vez, permiten que estas interactúen y se modifiquen mutuamente. Un tornado, por ejemplo, es un sistema de energía que se mantiene unido por un atractor extraño. Como analogía, podríamos decir que el PENTA, así como la visión o PENTA deseado, constituye una suerte de modelización del atractor extraño de los SSTCs.

Según la teoría del caos, basada en el planteo fundacional formulado por Poincaré a fines del siglo XIX, el comportamiento de los sistemas dinámicos no lineales sólo puede predecirse para el corto plazo. Toda predicción se basa en un modelo construido por un observador, quien fija las condiciones iniciales e infiere los cursos posibles. Sin embargo, dado que la complejidad de los vínculos entre los elementos intervinientes impide definir las condiciones iniciales con exactitud, cualquier imprecisión en ellas, por más pequeña que sea, puede significar una enorme distorsión en las predicciones inferidas. Dicho de otro modo, como nunca podremos contar con todos los datos (porque siempre puede escapársenos "el aleteo de una mariposa"), nuestros cálculos inevitablemente sufrirán una desviación creciente, al punto de impedirnos "predecir el huracán".

Las teorías científicas desarrolladas durante el siglo XX (la teoría general de la relatividad, la teoría cuántica y el principio de incertidumbre, entre otras) conmovieron las bases de las concepciones deterministas. De acuerdo con la física cuántica, las partículas más pequeñas son haces de energía (cuantos), cuyo comportamiento es imposible medir o predecir con absoluta certeza. Como observadores, sólo podemos apreciar un resultado y conjeturar cuáles fueron las interacciones de los cuantos que lo produjeron. La física cuántica se vale de un tipo de matemática que permite a los científicos identificar probabilidades emergentes de la *dinámica del conjunto de las partículas*, no de cada una de ellas. Así, la ciencia comenzó a mostrar que, en su nivel más fundamental, el mundo es un campo energético de conexiones, relaciones e interacción. "Sigmund Freud escribió que la historia de la ciencia es la historia de una progresiva alienación", recuerda Prigogine (1996). "Copérnico mostró que la Tierra no está en el centro del universo; Darwin, que somos animales entre otros animales. Y el mismo Freud, que nuestra vida intelectual es consciente sólo en parte. La ciencia, entonces, sería fuente de sucesivas heridas narcisistas. Me parece que la física lejos del equilibrio invierte esa perspectiva. La actividad humana, creativa e innovadora, no es ajena a la naturaleza. Se la puede considerar una ampliación e intensificación de rasgos ya presentes en el mundo físico, que el descubrimiento de los procesos alejados del equilibrio nos ha enseñado a descifrar" (p. 78).

El estudio de la dinámica de los sistemas no lineales permitió a los científicos investigar más profundamente las interacciones dentro y entre sistemas; entre otras, el cambio, la fluctuación, la evolución y la extinción. Esto condujo a la formulación del concepto de sistemas complejos adaptativos. Se trata de sistemas abiertos (es decir, que mantienen alguna clase de intercambio energético o de información con el entorno), no lineales y que evolucionan. Dado que su existencia y estructura dependen del intercambio con el entorno, resulta imposible establecer cuáles son todas las condiciones iniciales en cualquier punto del tiempo.

Ante ciertas modificaciones en los *inputs*, los sistemas complejos adaptativos pueden sufrir cambios drásticos. Si es sensible a las nuevas señales o informaciones, el sistema ingresa en un periodo de adaptación, del que emerge con un nuevo patrón de autoorganización. En ocasiones, la transformación es tan profunda que no es posible reconocer al sistema como *el mismo*.

En síntesis, mientras la teoría del caos describe cómo las potencialidades del cambio dependen de las condiciones iniciales, la teoría de la complejidad trata de dar cuenta de cómo el orden y la estructura surgen de un proceso de adaptación puesto en marcha por la recepción de nueva información desde el entorno, lo que hace ingresar al sistema en un episodio caótico. "La naturaleza nos presenta a la vez procesos irreversibles y procesos reversibles, pero los primeros son la regla y los segundos la excepción", afirma Prigogine. Y ejemplifica: "Los procesos macroscópicos, como las reacciones químicas y los fenómenos de traslado, son irreversibles. La irradiación solar resulta de procesos nucleares irreversibles. Ninguna descripción de la ecósfera sería posible sin los innumerables procesos irreversibles que en ella se producen. Los procesos reversibles, en cambio, siempre corresponden a idealizaciones: para atribuir al péndulo un comportamiento reversible debemos descartar la fricción, y ello sólo vale como aproximación" (p. 25). La reflexión, en el caso de los sstcs, tiene especial validez: no hay modo de retornar a las "condiciones iniciales" ni manera de identificarlas a todas. *El caos,* definido como lo hemos hecho, no es un contratiempo o accidente excepcional, sino la lógica a través de la cual el cambio se inicia y organiza. Es la manera en que la naturaleza y, en particular, los seres humanos crean la extraordinaria diversidad que nos rodea.

6.2. La decisión estratégica

Hasta aquí hemos tratado de brindar las herramientas conceptuales que faciliten una comprensión profunda de la relación entre el pensamiento y la acción estratégicos.

"¿Es la decisión una mera respuesta?", se pregunta Shackle (1966). Y responde: "A menos que los seres humanos sean simples máquinas, no. Entonces debe haber en una decisión algún elemento distinto del enfrentamiento racional con un problema-acción. (...) Yo me he aventurado a denominar a este elemento originador de la decisión *inspiración*" (p. 15). Según el autor, "(...) podemos hallar funciones 'parciales' en que los actos y el comportamiento aparecen condicionados, pero no dictados por la situación de un hombre y por los acontecimientos que han conducido a ella; habrá una serie de funciones de este tipo, pero no podemos combinarlas en una función que lo abarque todo, que lo determine todo" (*id.*). Consideramos que "inspiración" puede ser un nombre bastante adecuado para designar un elemento clave –y en ocasiones, elusivo– relacionado con la decisión estratégica.

Según Jaques (1989), la toma de decisiones estratégicas y operacionales supone una elección entre un número ilimitado de opciones sobre la base de un número también ilimitado de razones. Así, la explicación última con que puede justificarse *a posteriori* una decisión es *en aquel momento, parecía la mejor elección*. La mayoría de las razones que respaldan una estrategia están fuertemente influidas por los propósitos, valores y preocupaciones del decisor, lo que contribuye a que sean difíciles de verbalizar y permanezcan implícitas para siempre.

Además, la decisión estratégica pone de relieve la incertidumbre que los seres humanos y, por extensión, los SSTCs deben afrontar. La incertidumbre, según Jaques, nos desespera. Por eso, tratamos de aferrarnos a ideas y creencias más o menos rudimentarias que procuramos revestir con palabras para pensar con mayor claridad acerca de ellas. El elemento central en la incertidumbre es la imposibilidad de *definir cuáles son* todos los datos relevantes y de *contar con ellos*. En este sentido, la incertidumbre nos remite a la teoría del caos así como al corazón del planteo constructivista y cognitivo desarrollado hasta aquí.

La decisión estratégica, enmarcada por definición en la ambigüedad, supone el trabajo de un *equipo* que, a partir de diversas fuentes de información, sea capaz de construir y evaluar opciones ricas y poderosas. Es decir, que pueda teorizar. Quienes estando al mando de un SSTC dicen despreciar la teoría y sólo buscan la práctica, no se dan cuenta de que sus decisiones están siendo gobernadas *también* por una teoría inconducente, de la cual aún no se han anoticiado (cfr. Capítulo 3). Construir un escenario y fijar los propósitos estratégicos exige un análisis sensato de los hechos y las teorías, de los principios y los procedimientos, de los valores y del compromiso.

El debate y la argumentación en torno a los problemas estratégicos no sólo constituyen los métodos por excelencia para la adopción de decisiones. Son, sobre todo, la oportunidad para sistematizar las dudas y los interrogantes que se plantean al SSTC, pues implican:

- explicitar la información con que se cuenta y los supuestos que subyacen a ella; y
- formular preguntas, buscar evidencia y elaborar argumentos a favor y en contra de cada una de las opciones en discusión.

La principal dificultad que plantea cualquier problema reside en su complejidad, definida por el número de variables intervinientes, la claridad y precisión con que pueden identificarse, y su tasa de cambio. Como muestra el Cuadro A del Capítulo 1, la calidad y la cantidad de conocimiento y tecnología disponibles reducen o acotan la complejidad, y permiten delegar las decisiones en niveles jerárquicos inferiores. En rigor, la complejidad en la toma de decisiones no radica en el objetivo (*goal*) que se intenta alcanzar, sino en el camino que debe elegirse o construirse, y atravesarse.

La decisión estratégica es el resultado de un proceso cognitivo orientado hacia la acción. A fin de poder elaborar argumentos, juicios y extraer conclusiones, el proceso decisional exige desarrollar el análisis y la síntesis. El primero permite desagregar el problema estratégico en sus dimensiones componentes y definir la naturaleza de los vínculos que los configuran como un complejo. La segunda, comprender la complejidad como un todo. No se trata de dos procedimientos que se despliegan de manera secuencial. El análisis es un recurso al servicio de una síntesis integradora, que busca la construcción de una representación de lo complejo, consistente desde el punto de vista interno y viable respecto de sus propósitos pragmáticos. La calidad de los procesos decisionales, así como el modo en que se despliegan, indican el poder cognitivo del SSTC. Dicho poder expresa –tomando en cuenta la cantidad y la clase de información abarcada– la escala y la complejidad del entorno y de sí mismos que el sistema y sus integrantes son capaces de modelizar e interpretar.

6.2.1. El poder cognitivo

El poder cognitivo constituye el principal capital de cualquier SSTC. La afirmación no sólo se aplica a los sistemas que se ocupan de crear valor social o público, o de prestar servicios. Quinn (1992), por ejemplo, ha mostrado que el verdadero valor de una corporación industrial no reside en sus activos físicos sino en las competencias de sus miembros, las bases de datos, la capacidad de organización, su imagen y otros intangibles. No obstante, admite el autor, las *core capabilities* –o, podríamos agregar, la *core competence* de Hamel y Prahalad (1990)– suelen perderse de vista porque se tiende a pensar que las fortalezas de una industria se definen en términos de productos y no de las actividades o servicios que presta y la distinguen. Pero en el contexto de un mundo donde los productos manufacturados se convierten cada vez más rápidamente en *commodities*, sólo es posible la diferenciación por medio del activo con mayor capacidad de desarrollo: el poder cognitivo del SSTC.

Desde este punto de vista, podría afirmarse que la estrategia se plantea en dos dimensiones íntimamente relacionadas: la que orienta la definición del producto (valor económico, social o público) y la que dirige el esfuerzo destinado a la ampliación del poder cognitivo del sistema. Dichas dimensiones admiten distinguir entre *strategic fit* y *strategic intent* (Hamel y Prahalad, 1989). El primero permite descubrir nichos, delinear el portafolio de negocios, diseñar productos, seleccionar *targets*, hallar ventajas competitivas, adecuar los objetivos a los recursos disponibles y fijar las metas financieras. El segundo, en cambio, guía la búsqueda de nuevas interpretaciones del sistema y el teatro de operaciones, así como la definición del portafolio de habilidades distintivas, la construcción de ventajas competitivas sinérgicas, la dinamización del aprendizaje, el apalancamiento de los recursos para alcanzar las metas y la asunción de nuevos desafíos estratégicos. El *strategic intent* designa el movimiento que apunta a reducir continuamente la brecha entre el poder cognitivo *disponible* en un SSTC y el poder cognitivo *requerido* para adaptarse a su entorno y su teatro de operaciones.

6.2.2. ¿Sólo racionalidad?

"Clausewitz definió dos niveles de decisión, el estratégico y el táctico. Posteriormente dos autores contemporáneos, Schelling en los Estados Unidos y Beaufre en Francia, reivindicaron este criterio, para diferenciar teóricamente a la estrategia de la táctica. La primera se refiere a la conducción del conflicto, al enfrentamiento de voluntades. La segunda hace al combate, o sea al enfrentamiento de fuerzas. Tiempo después, se avizoró la necesidad de completar este esquema creándose, a modo de interfaz, un tercer nivel de decisión, el operacional, que relaciona a los dos anteriores. Aparecieron así, claramente diferenciados, tres niveles de decisión" (Delamer, 2005, pp. 28-29). Las distinciones presentadas por Delamer se corresponden con los tres niveles decisionales con que estamos trabajando en este libro.

- **Nivel de la decisión estratégica.** Se ocupa del enfrentamiento de voluntades –ya sea entre Estados, empresas, ONGs, entidades de bien público, partidos políticos, etc.– y del establecimiento de las pautas y los lineamientos generales que orientan la acción.

- **Nivel de la decisión operacional.** Caracterizado por la profesionalización, formula los planes generales que articulan los lineamientos estratégicos con la ejecución táctica.
- **Nivel de la decisión táctica.** A partir del encuadre operacional definido, resuelve problemas estructurados y sumamente acotados. La eficacia de estas decisiones retroalimenta el nivel de la decisión estratégica.

La decisión, en cualquiera de los niveles señalados, parecería exigir despojarse, tanto como sea posible, de cualquier elemento no racionalizable, a fin de corregir los errores evitables (percepciones equivocadas, supuestos refutables, información faltante pero accesible, o ausencia de una previsión suficientemente exhaustiva de las consecuencias probables y posibles). Si bien hemos insistido en que la potencia cognitiva depende en gran medida de la explicitación de los elementos que intervienen en la construcción del pensamiento en general y de la estrategia en particular, señalamos también que aunque la razón –en el sentido que la tradición moderna atribuye al concepto– desempeña un papel protagónico en la toma de decisiones, no es el único recurso ni el único factor que interviene en ese proceso.

Desde hace tiempo, los aspectos no racionales del proceso decisorio se han convertido en un tema central para diversas disciplinas. Así, Simon (1957) afirma que "la conducta real no alcanza la racionalidad objetiva en por lo menos tres puntos (...) 1. La racionalidad requiere un conocimiento completo y anticipación de las consecuencias de cada elección. De hecho, el conocimiento de las consecuencias es siempre fragmentario. 2. En tanto estas consecuencias son futuras, la imaginación debe suplir la falta de experiencia para valorarlas. Pero esos valores sólo pueden ser imperfectamente anticipados. 3. La racionalidad requiere una elección entre todas las posibles conductas. En la realidad sólo unas pocas de esas conductas posibles son apenas imaginadas" (citado por Gore y Dunlap, p. 46).

En el Capítulo 5 hemos explicado algunas restricciones cognitivas, afiliativas y egocéntricas (Janis, 1989). De acuerdo con Abelson y Levi (1985), por ejemplo, la identificación de un problema como tal sólo ocurre cuando el sujeto (individuo o sstc) percibe que el estado de cosas existentes no se compadece con el estado de cosas que él desea como futuro para sí mismo. Este deseo, según los autores, se encuentra fuertemente marcado por ideologías y creencias no siempre fundadas en un argumento racional. Luego, el proceso de toma de decisiones exige analizar con mayor detalle qué clase de motivaciones se ponen en juego y cómo operan.

La teoría económica, por ejemplo, ha supuesto tradicionalmente que el comportamiento de los actores es gobernado por un interés propio capaz de dirigir racionalmente la toma de decisiones. Sin embargo, Daniel Kahneman y Vernon Smith, reconocidos investigadores laureados con el Premio Nobel en Economía del año 2002, han mostrado –desde la psicología cognitiva y la economía experimental– que ese supuesto típicamente utilitarista del egoísmo y la racionalidad (Mill, 1980), aplicado a las decisiones adoptadas bajo circunstancias inciertas, debía ser revisado.

Como ya explicamos (cfr. Capítulo 2), si bien considera que los procesos mentales se llevan a cabo de manera eminentemente consciente, la psicología cognitiva señala que otros factores menos explicitables, verbalizables o accesibles a la conciencia operan también. Entre ellos se cuentan, por ejemplo, los modelos mentales empleados para la interpretación de situaciones particulares, las emociones, las características actitudinales del sujeto y los recuerdos de decisiones adoptadas en el pasado y almacenadas en la memoria de largo plazo.

Por lo general, los teóricos de la decisión parten de la idea de que toda decisión importante –podríamos agregar, "estratégica"– entraña una apuesta, ya que nunca es posible conocer de antemano y con precisión cuál será el efecto. El tipo de apuesta puede definirse de acuerdo con el rango, la probabilidad y el valor asignado a los resultados posibles. La experiencia muestra que las decisiones económicas, por ejemplo, no aparecen siempre asociadas a una evaluación probabilística y consciente orientada hacia la maximización del beneficio (von Neumann y Morgenstern, 1944). De acuerdo con Kahneman y Tversky (1979), cuando las consecuencias de una decisión resultan inciertas, las personas suelen ser incapaces de llevar a cabo un análisis completo de todos los aspectos comprendidos y, por lo tanto, se inclinan por respuestas basadas en atajos heurísticos (métodos poco rigurosos, recurso a la experiencia y/o el tanteo, entre otros) o en reglas generales. Las investigaciones realizadas por estos científicos mostraron que los individuos parecen más proclives a obedecer la "ley de los números pequeños" y a desatender la "ley de los grandes números" de la teoría de la probabilidad. De este modo, cualquiera que sea el tamaño de la muestra respecto de la que se formula la predicción, las personas atribuyen la misma probabilidad a un resultado, aun cuando esta se haya construido a partir de un número reducido de casos. Esta clase de miopía en la interpretación de los datos, además de arrojar una luz nueva sobre el comportamiento de los mercados financieros y la teoría de la decisión en general, pone de relieve que el comportamiento humano no sólo se delinea en función de procesos racionales y explícitos.

Desde el enfoque de la psicología cognitiva, Kahneman buscó detectar las motivaciones intrínsecas y los procesos mentales que enmarcan la toma de decisiones complejas.

Así, pudo probar empíricamente que la *accesibilidad* y la *familiaridad* que ofrece cierta información incrementa la creencia del individuo en su exactitud y relevancia. Esto explicaría –por ejemplo– por qué la reiteración de un mensaje a través de los medios masivos de comunicación, independientemente de su falsedad o precisión, hace que su contenido sea percibido como verdadero y tenga una influencia significativa en las decisiones individuales.

Kahneman investigó también el papel destacado que desempeñan los juicios, entendidos como generalizaciones que logran imponerse aun cuando los cálculos probabilísticos los contradigan o cuestionen abiertamente. Asimismo, encontró que las personas resultan mucho más perceptivas a los datos que muestran una desviación respecto de los resultados esperados que a los resultados en sí. Cuando los sujetos deben adoptar un conjunto de decisiones en circunstancias riesgosas, tienden a parcializar el proceso analizando cada decisión *separadamente* en términos de pérdidas y ganancias y no desde una visión de conjunto del posible resultado global de sus acciones.

En vista de sus investigaciones, Kahneman y Tversky desarrollaron una teoría prospectiva (*prospect theory*), diferente de la tradicional teoría de la ganancia esperada (*expected utility theory*). Según los autores, la aversión a las pérdidas, así como la incapacidad de considerar adecuadamente los costos ocultos, conducen a los individuos a adoptar decisiones con frecuencia contrarias a sus intereses económicos. Para la teoría prospectiva, las preferencias dependen del encuadre de referencia en que el sujeto enmarca el problema a resolver. Si, dentro de esas coordenadas cognitivas, un resultado posible es interpretado como una ganancia, se tiende a rechazar el riesgo. Y, por el contrario, cuando se lo representa como una pérdida, el decisor se preocupa más por detectar el riesgo.

En suma, las líneas de investigación en torno a las teorías de la decisión ponen de relieve una vez más la necesidad de abordar los fenómenos complejos desde varias perspectivas y sin reducirlos a dominios exclusivos. Trabajos como el de Kahneman parecen inscribirse en esta línea.

"Asistimos al surgimiento de una ciencia que ya no se limita a situaciones simplificadas, idealizadas, mas nos instala frente a la complejidad del mundo real, una ciencia que permite que la creatividad humana se vivencie como la expresión singular de un rasgo fundamental común en todos los niveles de la naturaleza." La afirmación pertenece a otro Premio Nobel, Ilya Prigogine (p. 15), quien sostiene que, a pesar de que la física newtoniana fue conceptualmente desplazada por la mecánica cuántica y la teoría de la relatividad, sus supuestos esenciales –el determinismo y la simetría temporal– gozan aún de buena salud. Por esta razón, tomando como punto de partida el marco interpretativo propuesto por la nueva ciencia del caos y la complejidad, Sanders (1998) formula siete principios del pensamiento estratégico que resumen con acierto algunos aspectos destacados de nuestro enfoque.

- Los sistemas deben, siempre, observarse como un todo y no como un agregado de partes.
- Existe una relación entre el orden y el desorden. El cambio tendiente a la autoorganización sucede como resultado de la interacción entre ellos.
- Cualquier hecho acaecido en una parte del sistema, aunque parezca insignificante, puede provocar una tremenda turbulencia en otras.
- Los mapas y modelos mentales facilitan la comprensión de conexiones, relaciones y patrones de la interacción.
- Los relevamientos transdisciplinarios y transectoriales constituyen la clave para detectar condiciones emergentes, cambios de paradigma y oportunidades de innovación.

- El pensamiento no lineal resulta crítico para reconocer las claves del cambio en el entorno.
- La perspectiva es importante cuando se trata de observar hechos caóticos.

6.3. Conflicto y poder

"La práctica de la Estrategia se trata de un ejercicio prolongado de ajustes recíprocos entre medios y fines, en un proceso permanente de 'prueba y error'. En los procesos estratégicos el razonamiento práctico es el dialéctico, aplicable a cuando el saber es escaso y la situación es poco estructurada. Los niveles en los que se ejerce la práctica de la Estrategia pasan desde la conducción de un Estado, de instituciones, empresas, grupos e individuos, porque el conflicto, donde la guerra es su extremo más violento, es parte de todas las actividades en las que participa el ser humano, sin excepción alguna" (Delamer, 2005, p. 11).

Desde la década de 1950, la teoría del conflicto, así como la teoría de los juegos, han devenido en áreas clave de investigación. Dejando atrás la identificación necesaria del conflicto con un fenómeno eminentemente negativo, se ha desarrollado una visión del concepto que permite vincularlo también con la fuerza innovadora, dinamizadora y positiva de la competencia.

Según Schelling (1960), "(...) la teoría del conflicto no niega que quienes intervienen en él tengan intereses comunes, además de otros encontrados u opuestos. (...) El conflicto puro, en el que los intereses de los antagonistas sean completamente opuestos, es un caso especial; solamente se produciría en el caso de una guerra (...) que tendiese a la total exterminación del adversario. (...) Estudiar la estrategia del conflicto supone aceptar la idea de que la mayoría de las situaciones de conflicto son esencialmente situaciones de negociación". La noción de negociación subraya el hecho frecuente de que la consecución de los objetivos de uno de los contendientes depende principalmente de las decisiones que tome el otro y que, por tanto, el atravesamiento de la situación de conflicto requiere el despliegue de una dialéctica de cooperación y competición.

Al respecto, Robert Aumann –quien compartiera con Schelling el Premio Nobel de Economía 2005– ha investigado también el conflicto y la cooperación a través del análisis de la teoría de los juegos. Según Aumann, la cooperación constituye habitualmente una solución de equilibrio propia de los juegos repetitivos a largo plazo que se desarrollan entre grupos o individuos que sostienen conflictos fuertes en el corto plazo. Es el caso, por ejemplo, de las empresas que compiten en el corto plazo por un mismo *target*, pero que coinciden en la búsqueda del mantenimiento de un nivel de precios alto en el largo plazo.

El conflicto implica una confrontación de poder. En su acepción clásica, el poder es identificado con el poder político, en particular con el ejercido por el gobierno estatal. Sin embargo, las ciencias sociales han buscado ampliar esa identificación a fin de incluir la pluralidad de poderes característica de la sociedad moderna.

Las diversas definiciones del concepto de poder pueden clasificarse en tres tipos: voluntaristas, sistémicas y críticas (Rojo, 2005). Las primeras enfatizan la perspectiva de quien tiene más probabilidades de alcanzar sus objetivos e imponer su voluntad. Así, el poder se define como la capacidad de producir los efectos deseados por el sujeto. Entre los principales representantes de esta postura se encuentran Max Weber, Bertrand Russell y Dennis Wrong.

Las definiciones sistémicas, si bien ponen también el acento en quien ejerce el poder, subrayan la perspectiva del sistema social. "El ejemplo clásico", explica Rojo, "es la de Talcott Parsons, quien definió el poder como 'capacidad generalizada para servir a la realización de las obligaciones encadenadas (*binding obligations*) por las unidades dentro de un sistema de organización colectiva, cuando las obligaciones son legitimadas con respecto a su relación con los objetivos colectivos'.(...) [Las obligaciones] son engendradas por la búsqueda de los fines colectivos, inherentes a toda organización social. Y son estas obligaciones las que, a su vez, permiten el ejercicio del poder y legitiman la capacidad de coerción y el recurso eventual a sanciones negativas o punitivas" (pp. 44-45). En esta línea sistémica se encuadran las visiones del poder elaboradas por Niklas Luhmann y Karl Deustch.

Por último, las definiciones críticas –respecto de las voluntaristas y sistémicas– adoptan la perspectiva de quienes son objeto del poder, entendido principalmente como "(...) una relación de dominación y de sujeción que no se comprende a menos que se la refiera a los conflictos de intereses que reinan en un contexto global de desequilibrio de las relaciones de fuerza" (*ib.*, p. 47).

6.3.1. El conflicto competitivo

Dado que su dinámica constituye el modelo por excelencia de la competencia, explicaremos la situación de conflicto competitivo tomando como ejemplo el vínculo entre dos empresas.

Supongamos que dos o más competidores que participan de un mercado (compuesto por segmentos más o menos heterogéneos de individuos con conjuntos de expectativas de satisfacer una necesidad) eligen un mismo *target* para su oferta.

El atractivo del *target* ha sido determinado por las respectivas estrategias corporativas, las que motivaron que las empresas decidieran invertir (asignar) recursos en ese mercado, así como construir una cultura compatible y una organización adecuada. Esto significa que ambos SSTCs alinearon las cinco dimensiones de sus correspondientes PENTAS a fin de que fueran sistémicamente congruentes para crear valor económico.

Asimismo, cada competidor analiza los requerimientos que ese *target* demanda y construye su oferta, estructurándola en una proposición de valor para los demandantes basada sobre la plataforma de habilidades distintivas propias. Dicha proposición de valor es presentada al *target* mediante un proceso neurolingüístico, que se perfecciona o completa con el proceso de interpretación que realizan los individuos integrantes del *target*.

La construcción simbólica forjada en la mente de cada intérprete constituye una argumentación competitiva particular de la oferta de un competidor en contra de la oferta de otro (u otros, si fueran más de uno). La argumentación competitiva que el intérprete prefiera genera en su mente la ventaja competitiva de la oferta (de la marca) de ese competidor contra las argumentaciones opuestas. Todo esto ha sucedido en el plano simbólico del consumidor o usuario final.

Dinámicamente, dadas las habilidades distintivas de ese oferente, su capacidad de innovación, los cambios en los requerimientos del demandante y los ofrecimientos de los competidores, la proposición de valor irá cambiando y, por lo tanto, la potencia competitiva del oferente se irá modificando en el plano simbólico respecto de la desarrollada por sus competidores.

El proceso anterior supone que existe una vinculación directa entre el oferente y el demandante final. En el caso más común de que haya uno o más intermediarios –por ejemplo, un empresario que opera como canal de distribución del producto o servicio–, el proceso simbólico del paso anterior se repite, aunque los requerimientos del empresario intermediario puedan ser distintos. Por ejemplo, los atributos puramente económicos de precio y de margen pueden estar más activados. Dinámicamente, esta relación competitiva también será cambiante.

En el plano físico, dada la relación de cada competidor con el canal y su capacidad logística de distribución física y gestión de *stocks*, en función del resultado del punto anterior y de otras consideraciones –tales como las alianzas estratégicas previas, los acuerdos de largo plazo, o las exigencias de los demandantes finales (clientes del intermediario)–, cada competidor logrará un determinado ratio de cobertura o despliegue (*deployment*) físico de su producto. En este caso, no se trata de una conquista en el plano simbólico, sino de una presencia logística concreta en el terreno. El objetivo básico es asegurar la máxima accesibilidad posible del producto al demandante final. Lógicamente, este es un atributo más o menos requerido por ese demandante final ("lo encuentro donde quiero"). La cobertura del terreno tendrá mayor o menor importancia según de qué producto se trate. Así, por ejemplo, un producto de consumo masivo de alta rotación requerirá mayor cobertura física que un producto técnico de compra muy planificada y de alto impacto económico para el demandante. Es el caso de un insumo crítico para la fabricación de un producto industrial que, a su vez, el demandante puede ofrecer a otro o usar para sí mismo.

6.3.2. El conflicto bélico

Un determinado *target* o teatro de operaciones es considerado estratégico para las Fuerzas Armadas de un país, dados su planteo político y su estrategia nacional.

Desde el plano estratégico, se definen los fines u objetivos, que se traducen en la asignación de medios para el logro de esos objetivos en el plano operacional. A su vez, este se vuelca en el plano táctico en programas de empleo de medios para la acción en el terreno. (Con el propósito de hacer más simple la exposición, evitamos la explicitación de las diferencias de razonamientos y de acciones entre el nivel estratégico, el operacional y el táctico.)

Cada contendiente define sus fines y sus medios. Estos medios serán tangibles (por ejemplo, armamento, número y tipo de tropas, capacidades logísticas y otros) o intangibles (habilidad y entrenamiento, voluntad de vencer y conciencia de causa, alineamiento funcional y cognitivo, apoyo de opinión pública nacional, etc.). Las partes en conflicto actúan en el marco de la opinión pública internacional, así como en el definido por las leyes y reglamentaciones relativas a los derechos humanos y al derecho de los conflictos armados.

La diferencia fundamental entre las situaciones en que se desarrollan el conflicto competitivo y el conflicto bélico (además –y sobre todo– de que en este último se ponen en juego vidas humanas) consiste en que el teatro de operaciones es un terreno físico a ocupar o a destruir y no sólo un campo simbólico. No obstante, existe un componente simbólico incluido, conformado por las interpretaciones que construyen los combatientes enemigos y su opinión pública propia no involucrada en el combate directo. Dichas interpretaciones pueden operar como fuentes de disuasión.

En el conflicto bélico, el plano simbólico adquiere un especial protagonismo cuando es puesto al servicio del objetivo de influir en las construcciones cognitivas y emocionales de los combatientes enemigos, en la opinión pública propia de ese enemigo y en la opinión pública internacional. Así, la lógica estrategia-operación-táctica puede ser dirigida a influir sobre la opinión pública propia del enemigo y/o sobre la opinión pública internacional para generar efectos indirectos en el juego de fuerzas y el consiguiente logro de los objetivos.

CAPÍTULO 7

EL LIDERAZGO

Lidiar con la incertidumbre. La bibliografía de las últimas décadas ha insistido en que este es el desafío central de los tiempos, y que la competencia para hacerlo constituye la cualidad que distingue al líder.

Cuando la incertidumbre se piensa en relación con los mercados, el fracaso del liderazgo puede medirse, inmediatamente, en términos de pérdida económica y, mediatamente, en deterioro de la calidad de vida de muchos participantes (desde el empresariado, hasta los trabajadores y la comunidad en que la organización está inserta). En la actualidad, la dimensión ética del liderazgo se ha convertido en un tema central de las investigaciones sobre gestión. Y aunque, en esencia, todos los líderes enfrentan la exigencia de un desempeño exitoso, los que desarrollan su actividad en el ámbito militar soportan –entre otras– la responsabilidad concreta de evitar el único quebranto irreversible: la vida y la salud de seres humanos.

El pensamiento estratégico es, en última instancia, un sistema de valores, principios, creencias e ideas sobre liderazgo. Sólo cuando los líderes resultan capaces de desafiar sus propios conceptos y supuestos, es posible que el SSTC que dirigen construya nuevas interpretaciones de las percepciones actuales y pasadas que permitan trazar, de cara al futuro, un curso de acción viable.

El desafío exige al líder asumir un compromiso siempre provisorio con la estrategia actual. Esta es la condición de posibilidad excluyente del cambio y del liderazgo de la incertidumbre en el marco de la ambigüedad. Resulta esencial comprender que la estrategia, en tanto construcción cognitiva, no es el producto exclusivo de una elaboración racional de los sujetos responsables de trazarla, sino también de sus emociones, valores y creencias. Por eso, el ejercicio del liderazgo estratégico (Janis y Mann, 1977) requiere:

- relevar un amplio rango de cursos de acción alternativos;
- revisar el espectro completo de metas y valores contenidos en la decisión;
- sopesar con cuidado los costos y los riesgos, así como los beneficios y las consecuencias positivas, potencialmente emergentes de cada opción bajo estudio;
- buscar activamente información nueva que permita revisiones ulteriores de las decisiones;
- tomar en cuenta y considerar cualquier dato nuevo u opinión experta, aun cuando contradiga la decisión adoptada;
- examinar todas las opciones planteadas, incluso las desechadas preliminarmente por inaceptables, antes de tomar una decisión definitiva; y
- prever las contingencias que pudieran presentarse en la ejecución, en especial aquellas que se desprenden de los riesgos identificados.

Muchos libros presentan al líder como un personaje misterioso, medio genio y medio mago. Nada más alejado de la realidad. El líder es una persona común que se distingue de las demás solamente porque busca sistemáticamente la innovación, entusiasma a la gente para conseguirla y trabaja con intensidad para ponerla en práctica. Busca el cambio, responde a él, y lo explota como una oportunidad. Sabe que alguien tiene que hacer preguntas que ya no se preguntan, así como otras que jamás se formularon. Su foco de interés es la capacidad de detección y de corrección de errores, así como la calidad de la información. Sabe que el SSTC que dirige y el *cluster* en que está inserto deben estructurarse como un sistema de aprendizaje continuo, que lo que se busca es un sistema de mente grupal.

El líder es consciente de que las soluciones nunca son definitivas, de que no hay nada más problemático que una decisión y de que muchos de los principales desafíos que afronta fueron creados por el mismo SSTC que conduce.

Sabe que puede investir a sus subordinados con un cargo, pero que la afirmación de esa resolución sólo puede venir desde abajo. Que el desarrollo del SSTC comienza cuando los pioneros se encuentran con los logradores y cuando las ideas se transforman en impactos.

Comprende que la cultura apropiada para el sistema sólo se crea cuando él, por ser líder, establece puntos focales a través de su ejemplo. Que las creencias, las reglas y los hábitos brotan como hierba en un jardín y que su responsabilidad consiste en asegurar que en vez de malezas crezcan plantas. Porque cultura y liderazgo son dos caras de una misma moneda.

Las personas que reúnen estas características saben cuándo tienen que fomentar el cambio. Porque han entendido que la era del conocimiento reemplazó a la de la energía y que esto implica transformaciones profundas en todos los SSTCs. Lo sienten en el corazón y en el estómago. Y no sólo lo dicen. Lo creen.

El nuevo liderazgo tiene como prioridad excluyente cambiar la forma de razonar. Por eso el líder es creativo. Ve cosas que los demás no pueden ver. Asume riesgos. Es obsesivamente tenaz. Sabe qué debe cambiar y qué no debe cambiar jamás en el sistema que comanda.

Ser líder es tener una misión. Esto significa asegurarse de que todos están tratando de hacer cosas en lugar de hacer nada, que es la mejor forma de evitar que algo salga mal.

Para lograr excelencia, la gente necesita herramientas, respeto y entusiasmo. El trabajo del líder es brindar esas tres cosas. Todos quienes lo rodean esperan que él los haga sentir importantes y, al mismo tiempo, desean sentirse orgullosos de trabajar con él. Los líderes saben que la clave de la motivación es que su gente se sienta con el poder para hacer lo que se le pidió que hiciera y que nadie está bloqueado en su creatividad y capacidad de innovación. Porque la innovación proviene del conocimiento, la experiencia y la autoconfianza, y todos tendemos a apoyar aquello que ayudamos a crear. Esto es mística.

El nuevo liderazgo no vive lamentándose de que el ayer no haya durado un poquito más. Al nuevo líder la incertidumbre no lo aterroriza sino, por el contrario, lo invita a la innovación y a la creatividad. El mundo cambia todos los días. Los sstcs exitosos son los que aprendieron a reconocer esos cambios anticipadamente. La dirección estratégica tiene el futuro del sistema en sus manos. No es la ley de probabilidades la que puede definir qué sucederá, sino lo que haga u omita hacer la dirección. Lamentablemente, la mayoría de los sstcs se preocupan por medir el desempeño pasado, pero no lo que se está haciendo hoy para el mañana.

El líder sabe que los sistemas que desaparecieron fracasaron porque no supieron aplicar el cambio. Y también que otros lo manejan. Esto es *momentum*. Manejar el cambio es considerar la renovación como parte de la rutina y el líder es un maestro de la renovación. Su precepto fundamental es "tiene que haber una manera mejor". La información es su principal ventaja estratégica; la plasticidad, su arma más preciada; la gente, su activo más cuidado. Sabe que no hay que estar enfermo para querer estar mejor. Sabe que las preguntas más importantes son por qué y para qué.

El líder se considera a sí mismo como "gente en proceso", como alguien que está para siempre evolucionando, superándose y cambiando. Jamás se considera como un producto terminado.

Sabe también que lo que debe mover a los SSTCs son los sueños, no la desesperación. Muchos liderazgos son inefectivos porque están orientados a evitar el fracaso, en lugar de estar encaminados a lograr el éxito. El líder sabe que siempre hay mil razones para no hacer algo. Que sólo aprendemos cuando nos equivocamos. Pero también sabe que lo malo es que muchas veces no descubrimos que estamos equivocados. Que el peor enemigo del hombre es la incapacidad de autocrítica. Que esta es la enfermedad de los idiotas, que les permite mantener intacta la mente, pero vacía. Que la arrogancia es el vicio principal de los débiles y que se manifiesta en la creencia de su propia infalibilidad.

Que si uno analiza un SSTC vulnerado, mirándolo por el espejo retrovisor, se da cuenta de que la mayoría de los problemas ya existían desde mucho tiempo atrás. Que un número importante de dificultades pueden ser prevenidas. Que son cosas que nos pasan todos los días, pero no hacemos nada para evitarlas. Que la palabra clave es prevención. Que en la era del conocimiento, la mentalidad de la gente es el motor de cualquier empresa.

Para ello, el líder crea el clima de crecimiento personal, de estímulo intelectual; actúa como consejero, como entrenador. El verdadero liderazgo no es dar órdenes. Es ayudar a la gente a crecer, es proponer valores. La gente quiere dinero. Pero también quiere crecimiento personal, aprecio y sentido de pertenencia. Entonces, el líder hace a cada uno un agente de cambio, en lugar de una víctima del cambio. Comunica a la gente todo lo que se pueda, lo antes posible. Sabe que a la gente no le importa cuánto uno sabe, hasta que sabe cuánto a uno le importa.

Crecer es aumentar en tamaño. Desarrollarse, aumentar en habilidad. Un basural crece pero no se desarrolla. Un artista se desarrolla pero no crece. El desarrollo es el resultado de aprender, no de ganar. Tiene menos que ver con lo que uno tiene que con lo que uno sabe hacer con lo que tiene.

"Inspirado". "Elegido". "Genio". Muchas veces la figura del líder se describe como la de un ser casi sobrenatural. Aquí preferimos destacar, en cambio, aquello humano y terrenal que define tanto a la función como al perfil de quien la ejerce.

La búsqueda constante de la innovación, el afanoso trabajo por conseguirla, el esfuerzo por contagiar ese entusiasmo, son algunas de las piedras de toque para reconocer al líder. Percibe los desafíos de cambio en la perspectiva de la oportunidad. Aunque preserva lo que sirve, lo revisa constantemente. Es tenaz, laborioso. Se ocupa de lo que falta, de lo que todavía nadie se preguntó, de lo bueno por venir. Asume los riesgos, pero no es temerario. Su convicción no es instrumental, sino visceral. Desea. Quiere. Tiene la voluntad.

El ejercicio del liderazgo significa poner en acto un modelo que se despliega como eje de la tensión entre cuatro exigencias cardinales: *querer* alcanzar la meta, *saber* lo relevante, *conservar* lo que es útil y *cambiar* lo que sea necesario. El líder gestiona la cultura del grupo, *reforzando* sus competencias y *reformando* lo que obstaculiza el cumplimiento de la misión. Mantiene la *disciplina* pero estimula la *iniciativa*. Toda la idoneidad de su *profesionalismo* está *al servicio de la misión*.

Acicate y combustible del grupo, el líder sabe cuánto necesita de la gente: su propio desarrollo depende de que todos lo logren. Estimula el aprendizaje, la autonomía, la creatividad y el buen juicio. Tiene la autoridad moral y la capacidad de maniobra para hacerlo, porque él hace lo que dice y lo que alienta. A través del ejemplo, sostiene, recrea y opera el sistema de valores y creencias. Encarna y transmite la mística que compromete al conjunto con la misión.

Como se señaló más arriba, el liderazgo militar enfrenta una clase particular de incertidumbre: la que pone en juego las vidas. Sin dudas, esto demanda dominar y convivir con un tipo de estrés definitivamente especial. La guerra representa uno de los hechos más traumáticos que puede atravesar el ser humano. Para afrontarlo, se le exige suprimir sus emociones normales, suspenderlas, dejarlas entre paréntesis, levantar "la pared del sobreviviente". Este mecanismo que –en principio– fortalece, con el paso del tiempo horada la integridad del psiquismo.

El desempeño exitoso del liderazgo militar requiere la atención particular del estrés en combate, no sólo con el fin instrumental de asegurar los recursos humanos para el cumplimiento de la misión sino –y sobre todo– como parte de un compromiso ético con la salud del grupo, incluido su conductor. Estas son las razones que fundamentan el deber operativo y moral de intervenir.

Ni inspirado, ni elegido, ni genio. El líder verdadero es una persona que se asume como sujeto moral y actúa en consecuencia.

El documento *Human Goals* ("Metas humanas"), adoptado por el Departamento de Defensa de los Estados Unidos, modeló el proceso de capacitación del líder de la Fuerza Aérea. La piedra angular es el reconocimiento de la importancia del personal. El líder nunca debe perder de vista las necesidades, aptitudes y aspiraciones del individuo. Más bien, se tiene que concentrar en el desarrollo, satisfacción y potencial creativo de cada miembro del grupo (Mayor Dewey E. Johnson, 1970).

Desde principios del siglo XX, el Ejército de los Estados Unidos ha investigado activamente el liderazgo a través del Army Research Institute (ARI, Instituto de Investigaciones del Ejército). El ARI indaga, investiga y documenta con el objetivo de determinar lo que funciona mejor en el campo del liderazgo y, lo que es más importante, por qué funciona.

En el combate, el hombre es imprevisible ante las emociones, la tensión producida antes y durante el enfrentamiento, el temor, o la angustia, las enfermedades, el frío, el hambre, el sueño y el nivel de relación con el camarada. Conocer y dominar estos factores es sabiduría.

El soldado que debe seguir a un líder –especialmente en momentos de ansiedad– necesita una imagen creíble que lo motive a hacer cualquier cosa. Por lo tanto, los comandantes jóvenes tienen que competir exitosamente con su gente en todo: correr, disparar, conocer al enemigo y estar familiarizados con la tecnología de las armas empleadas. Muchos ojos llenos de admiración habrán de seguir a un comandante así. Ese que puede resolver problemas. El profesionalismo puede compensar la falta de liderazgo innato.

La mutua influencia entre el comandante y su equipo debe ser puntualizada. Esta interacción se manifiesta principalmente en el síndrome de "prueba de coraje". Cómo uno disipa el miedo es una clave personal. La orden "¡Detrás de mí!" o "¡Síganme!" implica satisfacer a muchos camaradas que esperan no ser defraudados. Sus hombres deben verlo sin temor. Todos deben escuchar y comprender sus órdenes, consejos e instrucciones. Su voz por radio en medio de una emergencia no debe ser diferente de la empleada en los entrenamientos. El contenido de lo que el comandante dice es menos importante en momentos de ansiedad. Es el tono el que puede convencer al equipo de atacar un objetivo o de no animarse a hacerlo. Los comandantes valerosos son aquellos que inducen a sus hombres a sobrellevar el miedo. Muchos ojos los miran. Muchos oídos los escuchan. Ellos decidirán lanzarse o no. Esto sólo se logra si sienten que el comandante estará a su lado en la carga del ataque. Hay que escuchar hablar a los combatientes. Cuando repiten "él dijo", como la razón suficiente para hacer algo, uno comprueba que "él" ha penetrado en sus mentes y en sus almas. Esos soldados tienen el privilegio de que su comandante es un líder.

El tema del comando y del liderazgo asume un cariz especial según el rango del líder. Los tradicionales "¡Detrás de mí!" o "¡Síganme!" prevalecen en los niveles de pelotón y de compañía. Allí, los líderes marchan al frente de sus formaciones, guiando a todos los demás con su impulso. Los comandantes de batallones y de brigadas ejercen el liderazgo desde el medio. En el nivel de división, un general es responsable por el despliegue de fuerzas más numerosas en un área mucho mayor. Aquí, la ubicación física del comandante no es importante en tanto él pueda motivar y controlar a sus fuerzas donde sea que se encuentren.

No hay duda de que la verdadera prueba de un comandante como líder se produce en el campo de batalla. Toda su preparación previa sirve para pasar este examen final.

En resumen, el liderazgo es la habilidad de conseguir que la gente y los grupos hagan lo que uno quiere. El método puede variar entre diferentes comandantes, y lo que motiva a un grupo puede no motivar a otro. Liderazgo y equipo son dos caras de un sistema que debe ser entendido como tal. El resultado es un emergente sistémico psicosocial.

La prueba del liderazgo es que los soldados están dispuestos a ir a la batalla bajo las órdenes de su comandante. Los soldados siguen a los líderes en los que creen, los que saben cómo comandar y obtener el máximo rendimiento del sistema, y los que podrán llevarlos de vuelta a casa sanos y salvos cuando las armas se silencien.

Los soldados necesitan y buscan comandantes y lideres. Están dispuestos a dar todo lo que tienen por su comandante y por sus camaradas. Quieren confiar en él. Necesitan contacto personal directo, ya que, si no lo hay, no hay liderazgo. No es posible liderar si no se tiene el deseo de controlar los hechos y sin un objetivo por el cual luchar. No se puede liderar sin la habilidad de inspirar entusiasmo en cada individuo y en toda la formación. No se puede liderar con insensibilidad por la vida humana. No se puede liderar sin autoconfianza y fe en la capacidad de uno mismo para lograr el objetivo, sin inspirar confianza, sin comprender la mente de cada uno de los combatientes y comandantes a cargo, sin tener conciencia de qué están pensando los demás sobre él o ella, sin desplegar un profundo nivel de profesionalismo, sin saber fijar prioridades velozmente, sin informar en tiempo real, sin conocer personalmente a sus subordinados, sin tomar la iniciativa, sin demostrar la capacidad de decidir y sin sentido común, sin consistencia, compromiso y compasión.

Cuanto más firmemente el líder sigue el camino que se espera de él, mayores son sus probabilidades de éxito. Hasta los subordinados de menor rango deben saber por quién están peleando. Las personas detrás de las órdenes. La actitud de una formación hacia su comandante depende de la posición que él elige adoptar dentro de ella.

Deben ser los comandantes, *ellos mismos*, quienes desarrollen y enfaticen constantemente sus atributos naturales, en lugar de adoptar los de otros. Deben saber cómo elucidar, cómo persuadir y, cuando sus tácticas resultan inadecuadas, cómo cambiar.

Los comandantes que enfrentan situaciones difíciles y que se encuentran inhabilitados para continuar motivando a sus unidades jamás deben hundirse en la indiferencia. Una vez que la indiferencia se instala, inmediatamente aparece la pérdida de control. La inconsistencia de un comandante teje dudas, confusión, escepticismo en la mente de sus subordinados.

Cualquier comandante que piense que esta es una demanda demasiado alta debe requerir su reasignación. Cuanto más rápido lo haga, mejor será para la seguridad de su país.

En la siguiente figura se muestran los cinco valores (ejemplo, apego a la misión, profesionalismo, disciplina e iniciativa) y las cuatro actividades básicas del líder (reforzar, reformar, motivar y enseñar). Asimismo, se grafica el ciclo de los cuatro condicionantes (visión, simulación, experiencia y gestión) que influyen circular, simultánea y sucesivamente en los cinco valores y en las cuatro actividades.

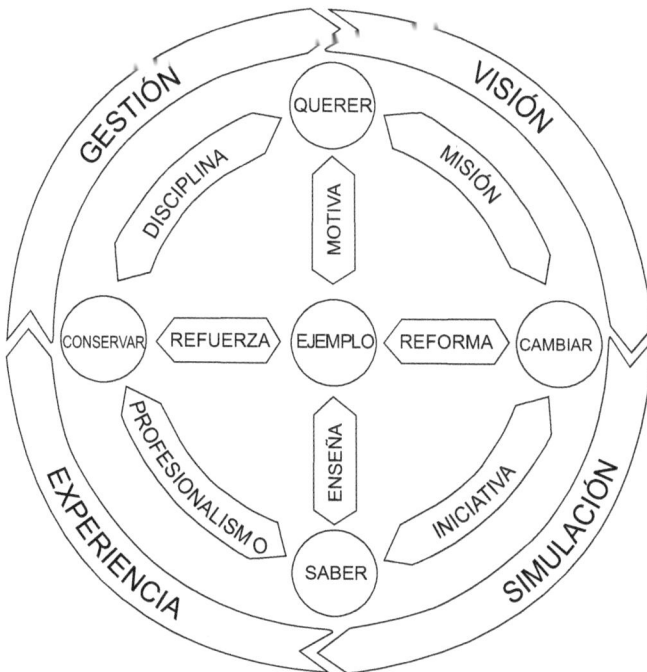

Figura VIII. Modelo de liderazgo sistémico cognitivo

El apego a la misión, la perseverancia, requiere que el comandante de una unidad comprenda la visión del comandante de la unidad mayor a la cual pertenece. El comandante de una compañía debe conocer la visión del comandante de un batallón, para comprender mejor su misión. La disciplina requiere claros parámetros acerca de qué se debe cumplir, qué se espera de cada posición y de cada rango, con el mayor detalle posible y la manifestación de las condiciones de satisfacción del que conduce con respecto al desempeño del conducido. Explicitar las condiciones de satisfacción de una orden o de una instrucción parametrizada constituye el encuadre en el vínculo deber-cumplimiento-logro y debe constituir un modelo de gestión.

Por otra parte, el profesionalismo requiere experiencia, haber pasado muchas veces por lo mismo, mucho conocimiento de cada pormenor a tener en cuenta y mucho juicio acumulado a través del tiempo.

La iniciativa ante lo nuevo es la capacidad para manejar un cambio, un escenario desconocido. Para ello, el comandante debe haber practicado la simulación de todos los posibles escenarios diferentes que nunca experimentó. Este proceso es fundamental para fortalecer su liderazgo. Por lo general, debe tener lugar en tiempos de paz, ya que en el campo de batalla no hay tiempo para ensayar. La práctica debe ser previa; debe haber sido planificada y programada con la mayor anticipación posible para llevarla a cabo la mayor cantidad de veces posible, imaginando los escenarios más novedosos, aunque no sean probables o resulten imposibles para los mapas mentales que hoy tenemos. La simulación prepara al comandante para liderar por iniciativa, hacer lo que nunca hizo y ganar el desafío.

El valor central es el ejemplo. Ser un modelo a imitar. Representar el ideal de persona en la mente y en el alma de la gente. Esta es la clave de "¡Detrás de mí!". A través del ejemplo se refuerza aquello que nunca debe cambiar, lo que debe ser inmodificable, lo que jamás debe ser puesto en duda, el andamiaje de todos los cambios.

A través del ejemplo, se reforma lo que debe cambiarse, lo que no sirve más, desde un procedimiento operacional hasta un mapa mental a olvidar. A través del ejemplo, el líder motiva lo que se debe querer: la voluntad. A través del ejemplo, el líder enseña aquello que se debe saber: lo cognitivo, los nuevos mapas mentales o los nuevos procedimientos, las nuevas misiones, los nuevos planes, las nuevas armas, las nuevas tácticas.

Pero el mejor ejemplo, más allá del apego a la misión, la disciplina, el profesionalismo o la iniciativa, es el que ofrece el líder cuando es un modelo a imitar *como persona* por lo que *siente*. Esto le sale desde adentro; la *autoridad*, desde arriba; y el *liderazgo*, desde abajo: desde el respeto y el cariño que ha despertado en su gente.

El liderazgo militar ha sido estereotipado como dictatorial y autocrático cuando, en realidad, lo que hemos de presentar como liderazgo transformacional ha demostrado ser una fuente poderosa de liderazgo efectivo en entornos militares. Esto ha sido especialmente estudiado por los militares de los Estados Unidos y de Israel.

El *liderazgo transformacional* se basa en que el atributo clave del líder consiste en ejemplificar los valores centrales de su organización. El líder debe ser el portaestandarte de los valores expresados. MacGregor Burns (1978) distingue entre el liderazgo transaccional y el transformacional. Mientras que el transformacional busca el reconocimiento y la satisfacción de las necesidades prioritarias de los seguidores, el transaccional es el intento del líder de satisfacer las necesidades de sus seguidores enfocando la atención en un intercambio. Este intercambio implica la promesa de premiar el buen desempeño o la amenaza disciplinaria por un desempeño pobre. Para el autor, se trata de los extremos en un continuo del comportamiento del líder.

Por el contrario, Bass y Avolio (1990) presentan un nuevo paradigma. Así como el líder transformacional gana el crédito de sus seguidores por considerar sus necesidades como más importantes que las propias, y el líder transaccional practica el reconocimiento contingente con relación al desempeño, los autores definen un tercer tipo de liderazgo: el liderazgo no transaccional o el *laissez-faire*. Se trata de la ausencia de liderazgo, de evitar la intervención, o ambas situaciones a la vez (Hater y Bass, 1988).

Más recientemente, Bass y Avolio (1991) desarrollaron el Modelo de Liderazgo de Rango Completo (*Full Range Leadership Model*, FRLM). Se compone de cinco factores transformacionales, tres factores transaccionales y un factor no transaccional. Los cinco factores transformacionales, a su vez, se dividen en un factor atribuido y cuatro comportamentales. Estos son:

- **carisma atribuido**, que se presenta cuando los seguidores reportan que su líder es carismático;
- **influencia idealizada**, que permite al líder inspirar orgullo, fe y respeto, y causa identificación y emulación;
- **motivación inspiracional**, el comportamiento que a través de símbolos y apelaciones emocionales incrementa las expectativas y el optimismo entre los seguidores;
- **estimulación intelectual**, que lleva a descubrir nuevas formas de resolución de problemas a través del pensamiento proactivo; y
- **consideración individualizada**, cuando el líder delega tareas y estimula y apoya a cada seguidor en forma personal.

Por otro lado, el liderazgo transaccional consiste en tres factores comportamentales:

- **reconocimiento contingente**, que provee recompensas por el cumplimiento de convenios;
- **dirección por excepción (activa)**, que evita dar directivas cuando los métodos están dando resultados y los objetivos están siendo cumplidos; la versión activa define el estilo de liderazgo cuyo desempeño monitoriza activamente los errores; y
- **dirección por excepción (pasiva)**, porque el líder espera un proceso de aprendizaje sobre la base de los errores; igual que en la versión activa, el líder castiga a los individuos por el fracaso en lograr el desempeño esperado.

El constructo final, el liderazgo no transaccional (*laissez faire*) implica la ausencia de liderazgo, la no intervención o ambas situaciones a la vez.

Para R. Gal (1985) el compromiso es el concepto central en la motivación militar, en contraste con el tradicional énfasis en la obediencia. El compromiso hasta el extremo de la muerte crea la "cláusula de responsabilidad ilimitada". Para ese nivel de compromiso el autor sostiene que el liderazgo transformacional es imprescindible en tres niveles: la organización, la carrera y la moral.

El compromiso organizacional se asume con respecto a los objetivos, propósitos y normas de la organización. El compromiso de carrera tiene que ver con el éxito propio individual. El compromiso moral se refiere a los valores básicos en los que uno cree y por los que está dispuesto a sacrificarse. Estas tres perspectivas deben estar fuertemente alineadas entre sí. Aquellos que ocupan posiciones de comando, deben comprometerse con su gente, su unidad y su tarea. El compromiso deriva del sentido internalizado del deber, de la responsabilidad y de la convicción.

A diferencia de las órdenes y la obediencia, no proviene de una fuente externa, sino que refleja la interacción entre creencias, valores y conciencias.

La obediencia es mantenida a través de los procesos correctivos transaccionales, pero la autoestima y el compromiso transformacional no responden al modelo "palo y zanahoria".

En el modelo que presentamos en la Figura VIII, entendemos la complementariedad entre el liderazgo transaccional, más volcado a la disciplina y el profesionalismo, y el liderazgo transformacional, más volcado hacia el apego a la misión y la iniciativa.

Steiner y Neuman (1978) puntualizaron que la confianza en sus comandantes se basaba en el liderazgo transformacional, en el que tres elementos se potencian mutuamente: la confianza en la habilidad profesional del comandante, su credibilidad, y la percepción de cuánto le importa su gente. Es imprescindible relacionar dos caras de la misma moneda: el liderazgo y la cultura organizacional. La cultura militar es la personalidad de las Fuerzas Armadas que refleja los valores, la filosofía, las normas y las reglas no escritas de la organización (Stroup, 1996).

Schein (1985) sostiene que la única importancia real de los líderes radica en su capacidad de crear y gerenciar la cultura, y que el único talento de un líder es su habilidad para trabajar una cultura. Bass (1998) agrega que la cultura organizacional afecta al liderazgo tanto como el liderazgo afecta a la cultura. El liderazgo transformacional está relacionado con una cultura innovadora y protectora, mientras que el liderazgo transaccional se vincula con una cultura orientada hacia los objetivos y las reglas.

Bass afirma que los líderes transaccionales trabajan en el marco de sus culturas organizacionales siguiendo las reglas, procedimientos y normas existentes, mientras que los líderes transformacionales cambian la cultura de sus organizaciones primero comprendiéndola y luego realineándola con una nueva visión y con la revisión de los supuestos valores y normas compartidos.

Si le preguntaran qué significa ser líder, lo primero que contestaría un instructor de liderazgo del cuerpo de Marines de los Estados Unidos es: que a uno le importe su gente.

Para los marines, uno de los más importantes reconocimientos (Townsend y Gebhardt, 1997) de la importancia de preocuparse por su gente es reflejado en el más alto honor otorgado por el Congreso, que casi siempre condecora por actos de heroísmo que sobrepasan cualquier explicación racional.

Construir una unidad cohesionada es cuidar a la gente.

Las siguientes son algunas frases de un documento del Cuerpo de Marines, *Band of Brothers:*

- Todos los marines merecen la dignidad y respeto como individuos pero deben respetar los estándares establecidos por la autoridad.
- Un marine debe contribuir con el 100% de su habilidad a la misión de su unidad.
- Una unidad, sea cual sea su tamaño, es una estructura familiar disciplinada basada en el respeto mutuo de sus miembros.
- La mezcla de distintas culturas, niveles educacionales y antecedentes sociales es posible en una atmósfera no egoísta de objetivos comunes, aspiraciones comunes, y comprensión mutua.
- Todo marine merece satisfacción en su tarea, consideración como un igual y reconocimiento por sus logros.
- Conocer al compañero marine permite aprender a ver el mundo "a través de sus ojos" así como a través de los propios.

Así como es importante hablar del líder, también es imprescindible describir el rol del seguidor. La Escuela de

Infantería del Ejército de los Estados Unidos ha redactado las *Guías del seguidor.*

1. Conócete a ti mismo y busca la autoperfección.
2. Sé competente en lo técnico y en lo táctico.
3. Cumple con las órdenes y, si no las hay, inicia las acciones que consideres apropiadas.
4. Desarrolla un sentido de responsabilidad y sé responsable de tus acciones.
5. Toma decisiones o haz recomendaciones sustentables y oportunas.
6. Da el ejemplo a otros.
7. Familiarízate con tu líder y con su trabajo anticipándote a sus requerimientos.
8. Mantén informados a tus líderes.
9. Comprende la tarea y cúmplela éticamente.
10. Sé el miembro de un equipo, no un simple "sí señor".

La emoción es un estado afectivo intencional. La emoción responde al significado evaluativo de un hecho (Clore y Ortony, 2000). Cuando las emociones y el estado de ánimo afectan la atención, la memoria y el pensamiento, producen:

- reducción de calidad de la información;
- reducción en eficiencia del procesamiento de la información;
- efectos de sesgo;
- tendencia a confusión en el proceso;
- tendencia a confusión en el contenido y
- reducción de recursos de memoria.

Uno de los impactos fundamentales descripto en la *Fisiología del miedo* es el ejercido en el *appraisal* (apreciación de situación) que produce la llamada "memoria de túnel" o "foco en el arma", por el que el combatiente sólo se concentra en el arma que lo apunta borrando la atención de todos los sucesos periféricos, lo que aumenta su vulnerabilidad.

Se parte de la idea de que la emoción es una de un gran conjunto de complejas y diferenciadas condiciones biológicas que tratan sobre "algo". En los humanos, las condiciones normalmente están caracterizadas por la presencia de cuatro componentes principales:

- un componente cognitivo;
- un componente motivacional-comportamental;
- un componente somático; y
- un componente subjetivo-experiencial.

El componente cognitivo consiste en la representación –consciente o no consciente– del significado emocional o de la significancia personal de algún aspecto relevante percibido por la persona en el mundo.

El componente motivacional-comportamental tiene que ver con las inclinaciones a actuar sobre los constructos que estas representaciones reflejan y con su relación con lo que realmente se hace.

El componente somático implica la activación del sistema nervioso autónomo y del sistema nervioso central, y con sus efectos viscerales, musculoesqueléticos y procesos neuroquímicos y neuroanatómicos (Damasio, 1994).

El componente subjetivo-experiencial es la parte total del sentimiento subjetivo de la emoción particularmente elaborado en humanos y que implica una estructura sistémica de sentimientos, creencias, deseos y sensaciones corporales.

La perspectiva cognitiva de la emoción se enfoca en el componente cognitivo sobre la base de que la emoción depende del significado percibido en una situación dada, al que se otorga valor o sentido emocional (Mandler, 1984).

Las emociones, por definición, son sobre "algo" y tienen que ver con estados afectivos de valencia positiva o negativa que poseen los objetos (para los filósofos estos estados se llaman "intencionales"). Esto implica que no todo sentimiento afectivo constituye una emoción. Por ejemplo en la medida en que "miedo" refiere a un estado afectivo dirigido a un objeto específico, esto califica como emoción; pero si "ansiedad" refiere a un estado afectivo sin un objeto *target*, no estamos hablando de una emoción.

En la aplicación de estos conceptos a nuestro modelo, partiremos de la premisa de que los líderes generan emociones de mayor o menor valencia para el sujeto, según cuál sea el conjunto de atributos, valores y beneficios que ese líder le elicita. Qué le "marca" esa marca. Cuál es su significado o su semántica.

Si consideramos a las emociones como un conjunto de procesos (cognitivos, conductuales, neurofisiológicos, experienciales) que componen un estado mental intencional *de corta duración*, podemos decir que estaríamos ante escenarios diferentes según si el vínculo con el comandante, el "seguimiento" es de largo plazo o momentáneo. Si es de largo plazo ya estaría implicando un proceso de sentimiento con más intervención de la memoria de largo plazo.

Volviendo al trabajo de Clore y Ortony, en él se postulan tres tipos de estructuras de valor subyacentes a las percepciones de lo bueno y de lo malo: objetivos, estándares y actitudes.

Cualquier cosa, al ser vista como un objeto, puede ser experimentada como deseable o no deseable, como interesante o no interesante, según sus atributos sean compatibles o no con el gusto y la actitud de quien decide. La organización estructural sistémica de estas tres fuentes de afecto genera diferentes dimensiones de valor que provocan diferentes tipos de reacciones afectivas. Es decir, cuando la fuente son los objetivos, uno puede sentir placer con los resultados evaluados como deseables y displacer con los resultados evaluados como no deseables.

En contraste con este primer caso, algunas emociones no se basan en objetivos sino en estándares . Orgullo, vergüenza, admiración y reproche son formas de reacciones afectivas de aprobación o desaprobación de las acciones de un sujeto. La emoción específica depende de si la acción es propia (orgullo, vergüenza) o de otro (admiración, reproche).

Otras emociones están basadas en actitudes o gustos. Emociones tales como amor, odio y disgusto momentáneos, son formas de reacciones afectivas de gusto o de disgusto. La explicación de cómo estos gustos y preferencias se desarrollan es muy difícil, pero juegan un rol importante en el dominio cognitivo. Por ejemplo, el gusto por una comida puede ser afectado significativamente por las creencias del sujeto sobre qué está comiendo.

Finalmente, además de las emociones exclusivamente basadas en objetivos, estándares o emociones, algunas, como la ira y la gratitud, implican un foco conjunto en el que se intersectan objetivos y estándares. Por ejemplo, el nivel de ira depende de cómo pueden ser de indeseables los resultados de un hecho y cuánta culpabilidad pueden provocar las acciones relativas.

Que las emociones estén constituidas por elementos cognitivos no significa que en sí mismas sean cognitivas. En este sentido, Reisenzein (1998) sostiene que las emociones son meta-cognitivas o meta-representacionales. Postula que la emoción no es una reacción ante un resultado cognitivo de la evaluación de un proceso, sino una forma no cognitiva de esa evaluación. Que la evaluación conduce directamente a las emociones y a las creencias como formas alternativas de representar la significación de la situación. Que las emociones tienen elementos constitutivos cognitivos en el sentido de que las evaluaciones son transformaciones de *inputs* sensoriales primarios (mensajes de la imagen del comandante) convertidas en representaciones psicológicas con significado emocional.

Un tema fundamental es el de la reinstalación de las emociones. El punto central de la reinstalación no es el hecho de que la gente aprende de su experiencia, sino la idea de que una situación actual puede activar episodios anteriores completos en lugar de meras generalizaciones derivadas de ellos o de una regla abstracta que llevan implícita.

Clore y Ortony afirman que las emociones pueden despertarse a través de la reinstalación de significados emocionales anteriores, así como también cuando una situación actual recuerda (*priming*) una situación emocional anterior y que, en ciertas circunstancias, el sujeto puede ser sorprendido por las emergencias de tales emociones. Los autores sostienen, sin embargo, que esto de ninguna manera altera la naturaleza esencialmente cognitiva de las condiciones elicitantes que hacen que estas emociones sean experimentadas. Muchos de los fenómenos que inicialmente podrían aparecer como desafiando la perspectiva cognitiva de la emoción no tienen ninguna relación con esta última. En realidad, se trata de fenómenos cognitivos generales que resultan muy familiares para los psicólogos cognitivos.

Cuando una percepción activa consecuencias emocionales, también puede gatillar el rango completo de procesos comprometidos en los estados emocionales, ya que la unión entre las percepciones que tienen significados emocionales y la elicitación de una emoción es automática. A pesar de que la relación entre evaluaciones y emociones puede ser exclusiva para el caso de las emociones, los procesos cognitivos que tienen que ver con las evaluaciones no lo son.

Todos los líderes tienen una visión y el deseo de conducir al grupo hasta ella. No obstante, estas condiciones necesarias no son suficientes. Es preciso que al líder le importe su gente *en tanto gente*. Cuidar sus vidas y cuidar su salud constituyen la única prueba de que ha asumido un compromiso con ese valor.

Muchos de los "heridos que no sangran" penan de modo anónimo, desarrollando patologías conexas que los alejan de sus familias y sus entornos laborales y sociales. El efecto multiplicador de la desatención resulta letal.

EPÍLOGO

Desde hace décadas, los SSTCs atraviesan circunstancias que han provocado y consolidado la racionalización –es decir, la búsqueda de una justificación supuestamente racional, aunque no tanto– de una decisión clave: no planificar.

"La imprevisibilidad, el cambio y la discontinuidad hacen que el proceso de planeamiento estratégico sea teórico, fútil, antieconómico, desmotivante, retardatario y burocratizante." "Planificar es imposible porque nada se puede prever." "El cambio es demasiado drástico." Sin embargo, cabe preguntarse qué emprendimiento humano se ha llevado a cabo en un contexto de cambios previsibles y riesgos controlados. Si la guerra es origen y metáfora de lo estratégico, ¿podría pensarse un enfrentamiento sin estrategia, sin planes, sin programas? De hecho, la historia muestra que muchos fracasos bélicos estuvieron caracterizados, precisamente, por esa carencia.

Algunos férreos defensores de la improvisación contraatacan esgrimiendo la experiencia como argumento. Entonces, pasan revista a todos aquellos conflictos económicos, competitivos, tecnológicos y bélicos que, conducidos de acuerdo con una estrategia, han terminado en magníficos fracasos.

No negamos los hechos. Discutimos su interpretación.

Las derrotas pueden poner en evidencia muchas cosas, desde la falta de formación, entrenamiento y poder cognitivo del estratega que formula el plan, hasta su incapacidad o impericia para transformarlo en acción. La estrategia no sólo necesita profesionalismo y sagacidad. También requiere una ejecución impecable y una concepción diferente del tiempo.

En suma, exige una recognición del concepto de estrategia. Ese es el propósito de este libro.

¿Qué significa la estrategia para cualquier SSTC? Definir los objetivos que conduzcan a la creación de valor económico, social y/o público. Los objetivos estratégicos son sólo cuatro y responden exclusivamente a dos decisiones. Dos objetivos por cada decisión.

La primera decisión es la de portafolios de negocios. En el caso de las empresas, es una decisión particularmente orientada hacia los aspectos económicos y financieros. Cuando se trata de una ONG, se vincula con la cuestión de interés social que busca abordar. Para los gobiernos, remite a una decisión estrictamente política.

Preguntarse por el portafolios de negocios equivale a decidir en qué ocupación, quehacer o trabajo se está. Sobre esta decisión se sustenta la formulación de dos objetivos:

- determinar cuáles son esos negocios, ya sean productos o servicios; y
- definir cómo se asignan los recursos disponibles a cada negocio.

La segunda decisión refiere al planteo estratégico para cada negocio considerado de manera individual. Los dos objetivos que se deben derivar de esa decisión son:

- determinar cuáles son las ventajas competitivas, diferenciadoras respecto de los competidores y valoradas por los destinatarios de la oferta como proposiciones de mayor valor; y

- definir cuáles son las habilidades distintivas del SSTC. Se trata de aquello que mejor sabe hacer, que busca hacer cada día mejor, y que evidencia un conocimiento insuperable por cualquier competidor. Las habilidades distintivas representan la fuente y el cimiento de todas las ventajas competitivas.

Como puede deducirse, todas las demás decisiones, cualquiera que sea el nivel en el que se tomen, deben estar alineadas con las dos decisiones estratégicas básicas. Por su parte, los cuatro objetivos que en ellas se fundan están ligados entre sí, razón por la cual no puede definirse ninguno sin tener en cuenta a los otros tres.

Estas decisiones y objetivos conforman, en conjunto, el metasistema lógico del SSTC, las células madre que dan vida a todo su funcionamiento y operación.

El error más frecuente de quienes deben crear la estrategia consiste en pensar que esta *sólo* refiere al largo plazo, a un futuro más o menos remoto. Enfatizamos la palabra "sólo" porque estamos convencidos de que allí se encuentra la clave. Los cambios, incansablemente adjetivados como bruscos y turbulentos, con frecuencia acortan el campo visual del estratega, con lo que limitan la *longitud* de la apreciación de situación, acercan el horizonte de la decisión y reducen la flecha del tiempo. Como es lógico, cuanto más amplio es el horizonte abarcado, más serán las contingencias imprevisibles y mayores resultan la incertidumbre, la ambigüedad y el riesgo. Esto requiere aumentar la *latitud* de la apreciación de situación a fin de incluir más escenarios futuros posibles.

La estrategia debe vérselas con la *gran complejidad*. Tarea difícil, pero imprescindible e imperiosa. El liderazgo estratégico no puede dejar de pronunciarse respecto de las dos decisiones y los cuatro objetivos en que se sustenta todo el quehacer del sistema.

Definir el portafolios y formular el planteo estratégico son dos decisiones cuyo impacto es *siempre* de muy largo plazo.

Mientras que el planteo habla de la longitud de la apreciación de situación, la latitud condiciona la capacidad de maniobra, es decir, la facultad de generar opciones y brindar así la movilidad necesaria para enfrentar las contingencias del mundo. La capacidad de maniobra es física (como la que ofrecen las plantas industriales), pero también mental (la que nuestras creencias y hábitos de conducta permiten).

Las dos decisiones y los cuatro objetivos, una vez establecidos en el marco de la máxima capacidad de maniobra, deben bajarse a tierra, anclarse en un aquí y un ahora concretos. Deben traducirse primero en planes y después en programas.

La formulación de los planes corresponde a las funciones típicas de las áreas funcionales (por ejemplo, Producción, Finanzas, Marketing, Comercialización, Capital Humano, Operaciones, Administración, Sistemas o Logística). En SSTCS organizados en negocios que repiten esas divisiones (por ejemplo, las entidades financieras que se estructuran en banca individual y banca empresarial), el procedimiento debe repetirse en cada una de ellas. Todas las funciones deben supeditarse a los cuatro objetivos estratégicos. Así, el plan elaborado por Producción deberá asegurar que el producto se destaque por sus ventajas competitivas; el de Capital Humano, la disponibilidad de las habilidades distintivas, etc.

Los programas, por último, son las acciones específicas requeridas por cada función o por la interrelación entre funciones. Este es el paso más próximo a la ejecución.

Los tres niveles decisionales (estrategia, plan y programa) ligan las grandes decisiones con las acciones concretas. De este modo, se construye la mencionada "conexión a tierra". Sólo resta introducir el componente fundamental para asegurar la ejecución: la lógica dura.

La lógica dura sostiene que el planeamiento estratégico es un proyecto, no una función. Sin importar el horizonte de tiempo que se tome en consideración, el planeamiento –como todo proyecto– tiene un principio y un momento de finalización. Aunque una vez terminada su primera versión sea preciso realizar reformulaciones y ajustes, el planeamiento estratégico debe poder convertirse en un "entregable" capaz de guiar el comportamiento de todas las funciones.

El planeamiento estratégico constituye el proyecto director de cualquier SSTC. Se renueva siempre. Pero también finaliza siempre. Para ser un entregable, un auténtico planeamiento, debe incluir:

- las dos decisiones y los cuatro objetivos estratégicos principales, así como todas las opciones posibles que surgen de la capacidad de maniobra (latitud); y
- los planes funcionales de soporte y los programas que formalizan la ejecución.

De estos elementos se desprenden todos los proyectos específicos que complementan a las actividades constantes (*ongoing*), tales como las operaciones tradicionales de las áreas funcionales que no tienen puntos de cierre. Este es el proyecto director del SSTC.

El proyecto director debe estar respaldado por un centro de gestión de proyectos (*Strategic Planning Proyect Management Center*, SPPMC), que debe administrar nueve áreas de conocimiento o dominios de proyecto, incorporados para asegurar la ejecución. Estas son:

- la gestión de **alcance** (*scope*) del proyecto, que define qué se incluye y qué se excluye;
- la gestión de la **integración** de los distintos elementos del proyecto para asegurar su coordinación;
- la gestión del **tiempo** requerido para el cumplimiento del proyecto;
- la gestión de la **calidad**;
- la gestión del **capital humano**;
- la gestión de la **comunicación**;
- la gestión del **abastecimiento**;
- la gestión del **costo**; y
- la gestión del **riesgo**.

Pero en esta enumeración aún falta lo esencial: el alineamiento y el cambio. No nos referimos sólo a alinear las tareas, los objetivos, las actividades o los procesos. Hablamos principalmente del alineamiento de los modelos mentales, condición de posibilidad de cualquier otro. Nuestra experiencia en consultoría nos ha demostrado –y continúa haciéndolo– que este es el tema central, el de mayor importancia.

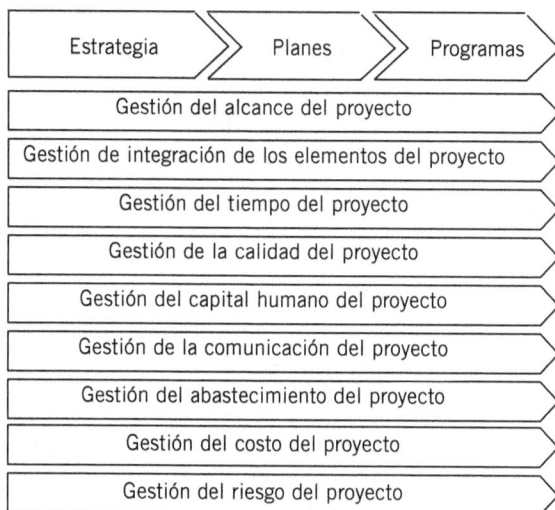

Estrategia	Planes	Programas

Gestión del alcance del proyecto
Gestión de integración de los elementos del proyecto
Gestión del tiempo del proyecto
Gestión de la calidad del proyecto
Gestión del capital humano del proyecto
Gestión de la comunicación del proyecto
Gestión del abastecimiento del proyecto
Gestión del costo del proyecto
Gestión del riesgo del proyecto

Figura IX. Proyecto director

Alinear los modelos mentales presentes en los miembros del SSTC supone, como hemos explicado en este libro, relevar y armonizar los mapas que cada uno porta en su memoria de trabajo y en su memoria de largo plazo, y que influyen fuertemente en sus decisiones. En los grupos humanos –especialmente, en aquellos que se han estructurado en áreas, niveles, profesiones, responsabilidades, roles y expectativas diferentes– esos modelos mentales no sólo tienden a ser divergentes, sino que es necesario que lo sean. Este es el gran desafío del liderazgo: lograr la compatibilización de modelos que permita la acción conjunta, conservando la dispersión necesaria para la dinamización del sistema. Porque cuando todos piensan igual, nadie está pensando.

La efectividad y la eficiencia en la ejecución de la estrategia depende de que los modelos mentales estén alineados. No se busca eliminar la disidencia, la diversidad, sino explicitarla, potenciarla y aprovecharla. Es preciso detectar la dispersión en los modelos, discutirlos y desafiarlos, porque se necesita su coordinación. Esto debe ser parte del proyecto director.

En ocasiones, algunos modelos deben modificarse, ya sea el de un individuo o un grupo pertenecientes al SSTC, o los del sistema considerado en conjunto. El ingreso en un nuevo negocio o la sustitución de los sistemas de información, por ejemplo, pueden disparar la necesidad de estos cambios. Pero muchas veces es una fuerte disrupción total o una transformación radical del escenario que cambia las reglas de juego lo que pone a la orden del día una nueva configuración estratégica. Como puede deducirse, este es un gatillo muy caliente.

La gestión de los cambios requiere enfrentar las resistencias. Cuando el gatillo apunta a quien ha sido exitoso con sus antiguos modelos mentales, esas resistencias son más fuertes. Superarlas exige transitar el duelo provocado por la comprobación de que las viejas prácticas y creencias ya no sirven más. Demanda comprender que no se trata de aprender sino de olvidar y aprender a desaprender lo que fue útil, pero ahora es estéril. El cambio significa incorporar lo nuevo; con frecuencia, saltando sin red. El proceso, como es natural, despierta los dos miedos básicos: a la pérdida y al ataque.

¿Cómo atravesar este proceso sin perderse en el intento? Construyendo un liderazgo extremadamente convocante, que sea un verdadero modelo a imitar. Ese es el desafío. Un liderazgo capaz de alinear tras una visión comprendida, compartida y comprometida a todos los integrantes del SSTC. Esta es la pieza clave del proyecto director.

Fácil de decir. Difícil de hacer. Pero debe ser hecho.

Avi Levy

BIBLIOGRAFÍA

Abelson, R.P.; Levi, A.: "Decision-making and decision theory". En Lindzey, G.; Aronson, E. (eds.): *The handbook of social psychology*. Random House, New York, 1985, 3rd ed.

Abrahamson, E.: *Change without pain: how managers can overcome initiative overload, organizational chaos, and employee burnout*. Harvard Business School Press, Boston, 2004.

Ackoff, R.L.: *A concept of corporate planning*. Wiley, New York, 1970.

———: *Creating the corporate future: plan or be planned for*. John Wiley & Sons, New York, 1981.

———: *Management in small doses*. John Wiley & Sons, New York, 1986.

Aldrich, H.E.: *Organizations and environment*. Prentice Hall, Englewood Cliffs (NJ), 1979.

Alonso, M. (ed.): *Organization and change in complex systems*. ICUS, Paragon House, New York, 1990.

Altschul, C.; Carbonell, R.: *Transformando: prácticas de cambio en empresas argentinas*. Eudeba, Buenos Aires, 2003.

Anderson, D.: *Beyond change management: advanced strategies for today's transformational leaders*. Jossey-Bass, San Francisco, 2001.

Anderson, J.R.: *Cognitive psychology and its implications*. W.H. Freeman & Co, New York, 1995, 4th ed.

Ansoff, I.H.: "Toward a strategic theory of the firm". En *Business Strategy*. Penguin Books, New York, 1970.

Arendt, H.: *¿Qué es política?* Paidós, Barcelona, 1997.

Argyris, C.; Schön, D.: *Theory in practice*. Jossey-Bass, San Francisco, 1974.

———: *Organizational learning a theory of action perspective*. Addison Wesley, Reading (Mass.), 1978.

———: *Productive and contraproductive reasoning processes*. Organizational Dynamics, Amacom, Otoño 1982.

Arnold Cathalifaud, M.: "Recursos para la investigación sistémico-constructivista". En *Cinta de Moebio*, Facultad de Ciencias Sociales, Universidad de Chile, Santiago. N° 3, abril 1998. Disponible en línea: http://www.moebio.uchile.cl/03/frprin05.htm.

Arnold Cathalifaud, M.; Osorio, F.: "Introducción a los conceptos básicos de la Teoría General de Sistemas". En *Cinta de Moebio*, Facultad de Ciencias Sociales, Universidad de Chile, Santiago. N° 3, abril 1998. Disponible en línea: http://www.moebio.uchile.cl/03/frprinci.htm.

Atkinson, R.C.; Shiffrin, R.M.: "The control of short-term memory". En *Scientific American*, 225, 1971, 82-90.

Aumann, R.J.; Maschler, M.B.: *Repeated games with incomplete information*. Massachusetts Institute of Technology, Cambridge, 1995.

Austin, J.L.: *How to do things with words*. Oxford University Press, Oxford, 1962.

Bandura, A.: *Social foundations of thought and action: A social-cognitive theory*. Prentice Hall, Upper Saddle River, (NJ), 1986.

Baquero, R.: "Ángel Rivière y la agenda postvigotskiana de la psicología del desarrollo". En Rosas, R. (comp.): *La mente reconsiderada*. Psykhé, Santiago de Chile, 2001.

Barmash, L.: *Great business disasters*. Ballantine Books, New York, 1973.

Bar-Tal, D.: *Group beliefs. A conception for analyzing, group structure, processes, and behavior*. Springer-Verlag, New York, 1990.

Bass, B.; Avolio, B.: *Manual for the multifactor leadership questionnaire*. Consulting Psychologist Press, Palo Alto (CA), 1990.

Bass, B.; Avolio, B.: *Assessing leadership across the full range*. Society for Industrial and Organizational Psychology, Miami Beach, 1991.

Bateson, G.: *Nave. The culture of the Iatmul people of New Guinea as revealed through a study of the "naven" ceremonial*. Stanford University Press, Stanford, 1958.

————: *Pasos hacia una ecología del espíritu. Una aproximación revolucionaria a la autocomprensión del hombre*. Carlos Lohlé, Buenos Aires, 1985.

————: *Espíritu y naturaleza*. Amorrortu, Buenos Aires, 2001.

Beer, S.: *Platform for change*. John Wiley & Sons, Chinchester, 1975.

Bertotto, J.: *La formación del conductor estratégico*. Editorial Centro de Estudios Estratégicos, Buenos Aires, 2002.

Blake, R.R.; Mouton, J.S.; Bames, L.B.; Greiner, L.E.: "Breakthrough in Organizational Development". En *Harvard Business Review*, 42, 1964.

Block, N.: "Aviso en favor de una semántica para la psicología". En Rabossi, E. (comp.): *Filosofía de la mente y ciencia cognitiva*. Paidós, Barcelona, 1995.

Bolman, L.G.; Deal, T.E.: *Reframing organizations: artistry, choice, and leadership*. Jossey-Bass, San Francisco, 2003.

Brache, A.P.: *How organizations work: taking a holistic approach to enterprise health*. Wiley, New York, 2001.

Bridges, W.: *Managing transitions: making the most of change*. Persus Publishing, Cambridge (Mass.), 2003.

Brown, A.: "Metacognition, executive control, self-regulation, and other mysterious mechanisms". En Weinert, F.E.; Kluwe, R.H. (eds.): *Metacognition, motivation, and understanding*. Lawrence Erlbaum Associates, Hillsdale (NJ), 1987, pp. 65-116.

Bruner, J.S.; Goodnow, J.J.; Austin, G.A.: *A study of thinking*. Wiley, New York, 1956.

Burns, T.; Stalker, G.M.: *The management of innovation*. Talvistock, London, 1961.

Cameron, E.; Green, M.: *Making sense of change management: a complete guide to the models, tools & techniques of organizational change.* Kogan Page, London, 2004.

Cameron, K.; Sutton, R.; Whetten, D.A. (eds.): *Organizational decline. Framework, research and prescriptions.* Ballinger Publishing Co, Cambridge, 1988.

Camus, J.F.: "Atención. Psicología cognitiva". En Houdé *et al.: op. cit.,* 2003 pp. 37-39.

Carroll, L.A.: "Desperately seeking SA". En TAC *Attack,* 32, 1992, pp. 5-6.

Castro, E.: *El vocabulario de Michel Foucault.* Universidad Nacional de Quilmes, Bernal, 2004.

Ceruti, M.: "El mito de la omnisciencia y el ojo del observador". En Watzlawick, P.; Krieg, P. (comp.): *El ojo del observador. Contribuciones al construccionismo.* Gedisa, Barcelona, 1994.

Chandler, A.D.: *Strategy and structure: chapters in the history of the industrial enterprise.* MIT Press, Cambridge, 1962.

Chi, M.T.; Slotta, J.; Leeuw, W.: "From things to processes: a theory of conceptual change for learning science concepts". En *Learning and Instruction,* 4, 1994, pp. 27-43.

Choi, S.J.; Pritchard, A.C.: "Behavioral economics and the SEC". En *Stanford Law Review,* Vol. 56, 2003, pp. 1-83.

Clore, G.L.; Ortony, A.: "Cognition in emotion: always, sometimes or never?". En Lane, R.D.; Nadel, L. (eds.): *Cognitive neuroscience of emotion.* Oxford University Press, Oxford, 2000.

Craik, K.J.W.: *The nature of explanation.* Cambridge University Press, Cambridge, 1943.

Cyert, R.M.; March, J.G.: *A behavioral theory of the firm.* Prentice Hall, New Jersey, 1963.

Damasio, A.: *El error de Descartes.* Andrés Bello, Santiago de Chile, 1994.

Davis, S.M.: *Managing corporate culture.* Ballinger, Cambridge, 1984.

Delamer, G.R.: *Estrategia. Para la política, la empresa y la seguridad.* Answer Just in Time - Instituto de Publicaciones Navales, Buenos Aires, 2005.

Dennett, D.: *La conciencia explicada. Una teoría interdisciplinar.* Paidós Básica, Barcelona, 1995.

Descartes, R.: *Obras escogidas.* Editorial Charcas, Buenos Aires, 1980.

Deutsch, K.W.: *Los nervios del gobierno. Modelos de comunicación y control político.* Paidós, Buenos Aires, 1969.

Dienes, Z.; Perner, J.: "A theory of implicit and implicit knowledge". En *Behavioral and Brain Sciences,* N° 22, Año 5, 1999, pp. 735-808.

Downey, D.; Kates, A.: *Designing dynamic organizations: a hands-on guide for leaders at all levels.* Amacon, New York, 2001.

Driver, R.; Squires, A.; Rushword, P.; Wood-Robinson, V.: *Making sense of secondary science: research into children's ideas.* Routledge, London, 1994.

Duck, J.D.: *The change monster: the human forces that fuel or foil corporate transformation and change.* Crown Business, New York, 2001.

Dupuy, F.: *The chemistry of change: problems, phases and strategy*. Palgrave, New York, 2002.

Durso, F.T.; Gronlund, S.D.: "Situation awareness". En Durso, F. T. (ed.): *Handbook of applied cognition*. John Wiley & Sons, New York, NY, 1999.

Emery, F.E.; Trist, E.L.: "Socio-technical systems". En *Management Sciences Models and Techniques*. Vol. 2, London, 1960.

Emery, F.E.; Trist, E.L.: "The casual texture of organizational environments". En *Human Relations*, Vol. 18, 1965, pp. 21-32.

Hendry, J.; Johnson, G.; Newton, J. (eds.): *Strategic thinking: leadership and the management of change*. John Wiley & Sons, Chichester, 1993.

Endsley, M.R.: "Predictive utility of an objective measure of situation awareness". En *Proceedings of the Human Factors*, Vol. 34, 1990, pp. 41-45.

————: "Towards a theory of situation awareness in dynamic systems". En *Human Factors*, Vol. 37, 1995 pp. 32-64.

Enwistle, N.: "A model of the teaching-learning process". En Richardson, J.T.E.; Eysenck, M.W.; Warren-Piper, D. (eds.): *Student learning: research in education and cognitive psychology*. Open University Press and SHRE, Milton Keynes, 1987.

Flavell, J. H.; Wellman, H. M.: "Metamemory". En Kail (Jr.), R.V.; Hagen, J. W. (eds.): *Perspectives on the development of memory and cognition*. Erlbaum, Hillsdale (NJ), 1977.

————: "Speculations about the nature and development of metacognition". En Weinert, F.; Kluwe, U.R. (eds.): *Metacognition, motivation, and understanding*. Erlbaum, Hillsdale (NJ), 1987.

Flavell, J.H.; Miller, P.H.; Miller, S.A.: *Cognitive development*. 4th ed. Prentice Hall, Upper Saddle River, 2002.

Flores, F.: *Inventando la empresa del siglo XXI*. Hachette, Santiago de Chile, 1989.

Fodor, J. A.: *The modularity of mind*. 11th ed. The MIT Press, Cambridge, 2000.

Ford, K.G.; Osterhaus, J.D.: *The thing in the bushes. Turning organizational blind spots into competitive advantage*. Pinon Press, Colorado Springs, 2001.

Frawley, W.: *Vygotsky y la ciencia cognitiva*. Paidós, Barcelona, 1997.

French, W.L.; Bell (Jr.), C.H.: *Organizational development: behavioural science interventions for organizational development*. Prentice Hall, Englewood Cliffs, 1984.

Fried Schnitman, D.: *Nuevos paradigmas, cultura y subjetividad*. Paidós, Buenos Aires, 1994.

Frye, D.; Moore, C.: "The acquisition and utility of theories of mind". En Frye, D.; Moore, D. (eds.): *Children's theories of mind*. Erlbaum, Hillsdale (NJ), 1991.

"FY 2002 Program" *U.S. Army Research Institute for the Behavior and Social Sciences.* Alexadria (VA), 2001.

Gal, R. "Commitment and obedience in the Military: An Israeli case study". En *Armed Forces and Society,* 11, 1985, pp. 553-564.

Gaonac'h, D.: "Memoria. Psicología". En Houdé *et al.: op. cit.,* 2003 p. 284-286.

Gardner, H.: *La nueva ciencia de la mente. Historia de la revolución cognitiva.* Paidós Transiciones, Barcelona, 1985.

Gerloff, E.A.: *Organizational theory and design: a strategic approach for management.* McGraw, New York, 1985.

Glenberg, A.M.; Kruley, P.; Langston, W.E.: "Analogical processes in comprehension: simulation of a mental model". En Gernsbacher, M.A. (ed.): *Handbook of psycholinguistics.* Academic Press, Orlando, 1994.

Gopnik, A.; Meltzoff, A.N.: *Words, thoughts and theories.* Bradford MIT Press, Cambridge (Mass.), 1997.

Gore, E.; Dunlap, D.: *Aprendizaje y organización: una lectura educativa de las teorías de la organización.* Granica, Buenos Aires, 2006, 3ª ed.

Hamel, G.; Prahalad, C.K.: "Strategic intent". En *Harvard Business Review,* May-June 1989, pp. 63-76.

———: "The core competence of the organization". En *Harvard Business Review,* May-June 1990, pp. 79-91.

Hargadon, A.; Eisenhardt, K.M.: *How breakthroughs happen. The surprising truth about how companies innovate.* Harvard Business School Press, Boston, 2003.

Hatter, J. J.; Bass, B.M.: "Superior's evaluations and subordinate's perceptions of transformational and transactional leadership". En *Journal of Applied Psychology,* 73 (1), 1988, pp. 695-702.

Hax, A.C.; Majluf, N.S.: *Strategic management: an integrative perspective.* Prentice Hall, Englewood Cliffs, 1984.

Hewitt, J.P.: *Self and society. A symbolic interactionist social psychology.* Allyn and Bacon, Needan Heights, 1991.

Higgins, T.: "Social cognition: learning about what matters in the social world". En *European Journal of Social Psychology,* N° 30, 2000, pp. 3-39.

Hirschfeld, L.A.; Gelma, S.A.: *Cartografía de la mente. La especificidad de dominio en la cognición y en la cultura.* Gedisa, Barcelona, 2002.

Houdé, O.: "Aprendizaje. Psicología". En Houdé *et al.: op. cit.,* 2003, pp. 25-29.

Houdé, O.; Kayser, D.; Koenig, O.; Proust, J.; Rastier, F.: *Diccionario de ciencias cognitivas.* Amorrortu, Buenos Aires, 2003.

Isenberg, D.J.: "How Senior Managers think". En *Harvard Business Review,* November-December 1984, pp. 80-90.

Janis, I.L.: "Groupthink among policy makers". En Sanford, N.; Comstock, C (eds.): *Sanctions for Evil.* Jossey-Bass, San Francisco, 1971.

Janis, I.L.: *Crucial decisions: leadership in policymaking and crisis management*. The Free Press, New York, 1989.

Janis, I.L.; Mann, L.: *Decision making. A psychological analysis of conflict, choice and commitment*. The Free Press, New York, 1977.

Jaques, E. *Requisite organization. The CEO's guide to creative structure and leadership*. Cason Hall and Co., Arlington, 1989. En castellano: *La organización requerida*. Granica, Buenos Aires, 2004.

Johnson, D.E.: "Concepts of Air Force Leadership". *Maxwell AFB*, Air University Press, Alabama, 1970.

Johnson-Laird, P.N.: *Mental models. Towards a cognitive science of language, inference, and consciousness*. Cambridge University Press, Cambridge, 1983.

Jutorán, S.B.: "El proceso de las ideas sistémico-cibernéticas". En *Sistemas Familiares*, Año 10, N° 1, abril 1994.

Kahneman, D.: "Autobiography". En Frängsmyr, T. (ed.): *Les Prix Nobel - The Nobel Prizes 2002*. Nobel Foundation, Stockholm, 2003.

————: "New challenges to the rationality assumption". En *Journal of Institutional and Theoretical Economics*, 150, 1994, pp. 18-36.

Kahneman, D.; Tversky, A.: "Prospect theory: an analysis of decisions under risk". En *Econometrica*, 47, 1979, pp. 313-927.

————: "Choices, values and f ames". En *American Psychologist*, 39, 1984, pp. 341-350.

Kaplan, S.; Foster, R.: *Creative destruction. Why companies that are built to last underperform the market –and how to successfully transform them*. Doubleday, New York, 2001.

Kast, F.E.; Rosenzweig, J.E.: *Organization and management. A systems and contingency approach*. McGraw-Hill, New York, 1979.

Katz, D.; Kahn, R.L.: "Common characteristics of open systems". En Emery, F. (ed.): *Systems thinking*. Penguin Books, Harmondsworth, 1969.

————: *The social psychology of organizations*. John Wiley, New York, 1978.

Koenig, O.: "Modularidad. Neurociencia". En Houdé *et al.: op. cit.*, 2003, pp. 305-306.

Kolb, D.A.: *Experiential learning. Experience as the source of learning and development*. Prentice Hall, Englewood Cliffs, 1984.

Kosslyn, S.; Koenig, O.: *Wet mind. The new cognitive neuroscience*. The Free Press, New York, 1992.

Kotarbinski, T.: *Gnoseology: the scientific approach to the theory of knowledge*. Pergamon, Oxford, 1966.

Kotter, J.P.: *Power and influence*. The Free Press, New York, 1985.

Kotter, J.P.; Cohen, D.S.: *The heart of change. Real-life stories of how people change their organizations*. Harvard Business School Press, Boston, 2002.

Kruglanski, A.W.: *Lay epistemics and human knowledge: cognitive and motivational bases.* Plenum, New York, 1989.

Kuhn, T.S.: *The structure of scientific revolutions.* University of Chicago Press, Chicago, 1970.

Labovitz, G.; Rosansky, V.: *The power of alignment. How great companies stay centered and accomplish extraordinary things.* Wiley, New York, 1997.

Lane, R.E.: "Patterns of political beliefs". En Knutson, J.N. (ed.): *Handbook of political psychology.* Jossey-Bass, San Francisco, 1973.

Lawrence, P.; Lorsch, J.: "Differentiation and integration in complex organizations". En *Administrative Science Quarterly,* N° 12, 1967.

Levy, A.R.: *Planeamiento estratégico.* Macchi, Buenos Aires, 1981.

————: *Estrategia competitiva.* Macchi, Buenos Aires, 1983.

————: *Estrategia en acción.* Macchi, Buenos Aires, 1985.

————: *Por qué ganan los que ganan. Estrategia y psicología del desarrollo económico empresario. (Y lo que le falta a muchísimas empresas).* Levy Marketing Press, Buenos Aires, 2000.

————: *Liderando en el infierno. Competitividad, empresas, clusters y ciudades.* Paidós, Buenos Aires, 2003.

Lewin, K.: *Field theory in social science.* Harper & Row, New York, 1951.

Liddell, H.B.: *The sword and the pen.* Thomas Y. Crowell Company, New York, 1976.

Lorange, P.: *Implementation of strategic planning.* Prentice Hall, Englewood Cliffs, 1980.

Lorenz, E.N.: "Deterministic nonperiodic flow". En *Journal of the Atmospheric Sciences.* Marzo 1963, pp. 130-141.

————: *The essence of chaos.* University of Washington Press, Seattle, 1993.

Löwenhard, P.: "Mind: mapping and reconstruction of reality". En Alonso, M. (ed.): *Organization and change in complex systems.* Parangon House, New York, 1990.

MacArthur, R.H.; Wilson, E.O.: *The theory of island biogeography.* Princeton University Press, Princeton, 2001.

MacGregor Burns, J.: *Leadership.* Harper & Row, New York, 1978.

Mandler, G.: *Mind and body.* Norton, New York, 1984.

March, J.G.; Simon, H.A.: *Organizations.* John Wiley & Sons, New York, 1961

Martín Barbero, J.: "Saberes hoy: diseminaciones, competencias y transversalidades". En *Revista Iberoamericana de Educación,* Organización de Estados Iberoamericanos, N° 32, agosto 2003.

Marton, F.; Hounsell, D.; Enwistle, N. (eds.): *The experience of learning.* Scottish Academic Press, Edinburgh, 1984.

Marton, F.; Saljo, R.: "Approaches to learning", en Marton, F. *et al., op. cit.,* 1984.

Mason, R.O.; Mitroff, I.I.: *Challenging strategic planning assumptions. Theory, cases, and techniques.* John Wiley & Sons, New York, 1981.

Mateos, M.: *Metacognición y educación.* Aique, Buenos Aires, 2001.

Maturana Romesín, H.: *Desde la biología a la psicología.* Editorial Universitaria, Santiago de Chile, 1996.

Maturana Romesín, H.; Nisis, S.: *Formación humana y capacitación.* UNICEF-Chile/Dolmen, Santiago de Chile, 1997.

Maturana, H.; Varela, F.: *El árbol del conocimiento.* OEA/Editorial Universitaria, Santiago de Chile, 1984.

Mayer, R.E.: *Pensamiento, resolución de problemas y cognición.* Paidós, Barcelona, 1986.

Maznevski, M.L.; Rush, J.C.; White, R.E.: "Drawing meaning from vision". En Hendry, J.; Johnson, G.; Newton, J. (eds.): *op. cit.,* 1993.

Melot, A.M.: "Metacognición. Psicología". En Houdé *et al., op. cit.,* 2003, pp. 290-292.

Mill, J.S.: *El utilitarismo.* Hyspamérica, Buenos Aires, 1980.

Miller, D.; Friesen, P.H.: "Strategy-making in context: ten empirical archetypes". En *Journal of Management Studies,* 14 (3), 1977, pp. 253-280.

Miller, G.A.: "The magical number seven, plus or minus two: some limits on our capacity for processing information". En *Psychological Review,* N° 63, 1956, pp. 81-97.

Miller, G.A.; Galanter, E.; Pribam, K.: *Plans and the structure of behaviour.* Holt, Rinehart & Winston, New York, 1960.

Mintzberg, H.: *The nature of managerial work.* Harper & Row, New York, 1973.

———: "Patterns in strategy formation". En *Management Science,* may 1978.

———: *The structuring of organizations.* Prentice Hall, Englewood Cliffs, 1979.

———: *Power in and around organizations.* Prentice Hall, Englewood Cliffs, 1983.

Mitroff, I.I.: *Business not as usual. Rethinking our individual, corporate and industrial strategies for global competition.* Jossey-Bass, San Francisco, 1987.

Mitroff, I.I.; Linstone, H.A.: *The unbounded mind. Breaking the chains of traditional business thinking.* Oxford University Press, New York, 1993.

Molinari Marotto, C.; Duarte, D.A.: "El concepto de 'modelo mental' y su papel en la investigación neurolingüística de las anáforas". En *Revista del Instituto de Investigaciones de la Facultad de Psicología,* Universidad de Buenos Aires. Año 3, N° 1, 1998, pp. 27-39.

Morgan, G.: *Images of organization.* Sage Publications, Beverly Hills, 1986.

Newell, A.; Simon, H.A.: "The logic theory machine. A complex information processing system". En *IRE Transactions on Information Theory,* IT-2, 1956, pp. 61-79.

Nystrom, P. C.; Starbuck, W.H.: "To avoid organizational crisis, unlearn". En *Organizational Dynamics,* Vol. 12, Spring 1984, pp. 53-62.

Ostrom, T.M.: "The sovereignty of social cognition". En Wyer, R. S.; Srull, T.K. (eds.): *Handbook of social cognition*. Vol. 1, Erlbaum, Hillsdale (NJ), 1984.

Penrose, R.: *The emperor's new mind. Concerning computers, minds and the law of the physics*. Oxford University Press, New York, 1989.

Perner, J.: *Understanding the representational mind*. The MIT Press, Cambridge, 1991.

Perrow, Ch.: *Normal accidents: living with high risk technologies*. Princeton University Press, Princeton, 1999.

Peterfreund, E.; Schwartz, J.T.: *Información, sistemas y psicoanálisis. Enfoque biológico evolutivo de la teoría psicoanalítica*. Siglo XXI, México, 1976.

Pfeffer, J.; Salancik, G.: *The external control of organizations: A resource dependence perspective*. Harper & Row, New York, 1978.

Pfeffer, J.; Sutton, R.I.: *La brecha entre el saber y el hacer. Cómo transformar el conocimiento en acción en una pequeña empresa*. Granica, Buenos Aires, 2005.

Piaget, J.: *Six psychological studies*. Random House, New York, 1968.

———: *La construcción de lo real en el niño*. Grijalbo, México, 1995.

Pitrat, J.: "Metacognición. Inteligencia artificial". En Houdé *et al., op. cit.*, 2003, pp. 293-295.

Pondy, L.R.: "Union of Rationality and Intuition in Management Action". En Srivasta, S. and Associates (ed.): *The executive mind*. Jossey-Bass, San Francisco, 1984.

Porras, J.: *Stream analysis*. Addison Wesley, Reading (Mass.), 1987.

Pozo, J.I.: "La adquisición de conocimiento científico como un proceso de cambio representacional". En *Investigações em ensino de ciências*, Vol. 7, N° 3, diciembre 2002.

Pozo, J.I.; Gómez Crespo, M.A.: *Aprender y enseñar ciencia. Del conocimiento cotidiano al conocimiento científico*. Morata, Madrid, 1998.

Pozo, J.I.; Monereo, C.: "Las concepciones sobre el aprendizaje como teorías implícitas". En Pozo, J. I.; Monereo, C. (eds.): *El aprendizaje estratégico*. Santillana, Madrid, 1999.

Pozo, J.I.; Rodrigo, M.J.: "Del cambio de contenido al cambio representacional en el conocimiento conceptual". En *Infancia y Aprendizaje*, Vol. 24, N° 4, 2001, pp. 407-423.

Premack, D.; Woodruff, G.: "Does the chimpanzee have a theory of mind?". *Behavioral and Brain Science*, 1, (4), 1978, pp. 515-526.

———: *Order out of chaos*. Random House, New York, 1984.

Prigogine, I.: *El fin de las certidumbres*. Andrés Bello, Santiago de Chile, 1996.

Putnam, H.: "Minds and machines". En Hook, S. (ed.): *Dimensions of mind*. Collier, New York, 1960.

Quinn, J.B.: *Intelligent enterprise. A knowledge and service based paradigm for industry*. The Free Press, New York, 1992.

Quinn, J.B.: *Strategies for change.* Irwin, Homewood, 1980.

Rabossi, E.: *Filosofía de la mente y ciencia cognitiva.* Paidós Básica, Barcelona, 1995.

Rechtin, E.: *Systems architecting of organizations: why eagles can't swim.* CRC Press, Boca Raton, 1999.

Reisenzein, R.: *A theory of emotional feelings as metarepresentational states of mind.* (Inédito.) University of Bielefeld, Germany, 1998.

Rivière, A.: *Razonamiento y representación.* Siglo XXI, Madrid, 1986.

————: *El sujeto de la psicología cognitiva.* Alianza, Madrid, 1987.

————: "Teoría de la mente y metarrepresentación". En Chacón, P.; Rodríguez, M. (comps.): *Pensando la mente. Perspectivas en filosofía y psicología.* Biblioteca Nueva, Madrid, 2000.

Rivière, A.; Núñez, M.: *La mirada mental.* Aique, Buenos Aires, 1996.

Roberts, M.J.: "Human reasoning: Deduction rules or mental models, or both?". En *The Quarterly Journal of Experimental Psychology.* Vol. 46A, N° 4, 1993, pp. 569-589.

Rodríguez, D.; Torres, J. "Autopoiesis, la unidad de una diferencia: Luhmann y Maturana". En *Sociologias,* Año 5, N° 9, Porto Alegre, enero-junio 2003, pp. 106-140.

Rogoff, B.: "Los tres planos de la actividad socio-cultural: apropiación participativa, participación guiada y aprendizaje". En Wertsch, J.; del Río, P.; Álvarez, A. (eds.): *La mente socio-cultural. Aproximaciones teóricas y aplicadas.* Fundación Infancia y Aprendizaje, Madrid, 1997.

Rogovsky, I.: *Fuentes cognitivas de las falsas concepciones del hombre.* Instituto para el Desarrollo Organizacional, GR-Israel, 1982.

Rogovsky, I. *Análisis organizacional.* Publicación del Institute for Organizational Development, Tel Aviv, 2001.

Rojo, R.E.: "Por una sociología jurídica, del poder y la dominación". En *Sociologias,* Año 7, N° 13, Porto Alegre, enero-junio 2005, pp. 36-81.

Rokeach, M.: *Beliefs, attitudes and values.* Jossey-Bass, San Francisco, 1968.

Ropohl, G.: "Philosophy of socio-technical systems". En *Society of Philosophy and Technology,* Vol. 4, N° 3, primavera 1999, pp. 59-71.

Ruiz Vargas, J.M.: *La memoria humana. Función y estructura.* Alianza Editorial, Madrid, 1994.

Ruiz, A.B.: "The contributions of Humberto Maturana to the sciences of complexity and psychology". En *Journal of Constructivist Psychology,* 9, 4, 1996, pp. 283-302.

Sanders, T.I.: *Strategic thinking and the new science. Planning in the midst of chaos, complexity and change.* The Free Press, New York, 1998.

Schein, E.: *Organizational culture and leadership.* Jossey-Bass, San Francisco, 1985.

Schelling, T.C.: *La estrategia del conflicto.* Tecnos, Madrid, 1960.

Schön, D.A.: *The Reflective Practitioner: How Professionals Think in Action.* Basic Books, Harper Torchbooks, New York, 1983.

Searle, J.: *Speech acts.* Cambridge University Press, Cambridge, 1969.

Segal, L.: *Soñar la realidad. El constructivismo de Heinz von Foerster.* Paidós, Barcelona, 1994.

Senge, P.: *The Fifth Discipline.* Doubleday, New York, 1990. En castellano: *La quinta disciplina.* Granica, Buenos Aires, 2006

Shackle, G.L.S.: *Decisión, orden y tiempo en las actividades humanas.* Tecnos, Madrid, 1966.

Shaw, P.: *Changing conversations in organizations: a complexity approach to change (complexity and emergence in organizations).* Routledge, London, 2002.

Siéroff, E.: "Atención. Neurociencia". En Houdé *et al., op. cit.,* 2003, pp. 39-41.

Simon, H.A.: *El comportamiento administrativo.* Aguilar, Buenos Aires, 1957.

Smith, R.: *The 7 levels of change: different thinking for different results.* Tapestry Press, Irving, 2002.

Steier, F. (ed.): *Research and reflexivity.* Sage, London, 1991.

Steiner, M.; Neuman, M.: "Traumatic neurosis and social support in the Yom Kippur War". En *Military Medicine,* 143 (12), 1978, pp. 866-868.

Sternberg, R.J.: *The triarchic mind. A new theory of human intelligence.* Penguin Books, New York, 1984.

Stroup, T.G.: "Leadership and organizational culture: actions speaks louder than words". En *Military Review,* 76 (1), 1996, pp. 44-49.

Tajfel, H.: "Individuals and groups in social psychology". En *British Journal of Social Psychology,* 18, 1979, pp. 183-190.

Tennant Snyder, N.; Duarte, D.L.: *Strategic innovation: embedding innovation as a core competency in your organization.* Jossey-Bass, San Francisco, 2003.

"Termodinámica". En *Enciclopedia Microsoft® Encarta®,* http://es.encarta. msn.com©, Microsoft Corporation, 1993-2004. Artículo disponible en línea, en: http://es.encarta.msn.com/encyclopedia_761571911_1____4/Termodinámica.html#s4. Consultado 15/08/06.

Tienson, J.L.; "Una introducción al conexionismo". En Rabossi, E. (comp.): *Filosofía de la mente y ciencia cognitiva.* Paidós, Barcelona, 1995.

Toch, H.: *The social psychology of social movements.* Bobbs-Merrill, Indianapolis, 1965.

Tomasello, M.; Kruger, A.C.; Ratner, H. "Cultural learning". En *Behavioural and Brain Sciences,* Vol. 16, N°3, 1993, pp. 495-557.

Tory Higgins, E.: "Social cognition: learning about what matters in the social world". En *European Journal of Social Psychology,* N° 30, 2000, pp. 3-39.

Townsend, P.; Gebhardt, J.E.: *Five stars leadership*. Wiley & Sons, New York, 1997.

Tulving, E.; Craik, F.I.M. (eds.): *The Oxford Handbook of Memory*. The Oxford University Press, New York, 2000.

Turing, A.: "Computing machinery and intelligence". En *Mind*, 59, 1950, pp. 433-460.

Varela, F.: "A calculus for self-reference". En *International Journal of General Systems*, 2, 5, 1975, p. 24.

Varela, F. J.; Thompson, E.; Rosch, E.: *The embodied mind*. The MIT Press, Cambridge, 1999.

Von Bertalanffy, L.: "The theory of open systems in physics and biology". En *Science*, Vol. 111, 1950, pp. 23-29.

————: *Teoría general de los sistemas*. Fondo de Cultura Económica, México, 1976.

Von Foerster, H.: "On constructing a reality". En Watzlawick, P. (ed.): *The Invented Reality*. Norton, New York, 1984.

————: *Las semillas de la cibernética*. Obras escogidas. Gedisa, Barcelona, 1991.

————: *Understanding understanding. Essays on cybernetics and cognition*. Springer-Verlag, New York, 2003.

Von Glasersfeld, E.: "An introduction to radical constructivism". En Watzlawick, P. (ed.): *The Invented Reality*. Norton, New York, 1984.

————: *The construction of knowledge. Contributions to conceptual semantics*. Intersystems, Seaside, 1987.

————: "Knowing without Metaphysics: Aspects of the radical constructivism position". En Steier, F.: *op. cit.*, 1991.

————: "La construcción del conocimiento". En Fried Schnitmann, D. (comp.): *op. cit.*

Von Glasersfeld, E.: "Despedida de la objetividad". En Watzlawick, P.; Krieg, P. (comp.): *op. cit.*

Von Neumann, J.: *The computer and the brain*. Yale University Press, New Haven, 1958.

Von Neumann, J.; Morgenstern, O.: *Theory of games and economic behavior*. 3rd ed., Princeton University Press, Princeton, 1944.

Vosniadou, S.: "Capturing and modeling the process of conceptual change". En *Learning & Instruction*, 4, 1994, pp. 45-69.

Vygotsky, L.: *Pensamiento y lenguaje*. Paidós, Barcelona, 1995.

Warner Burke, W.: *Organization change: theory and practice*. Sage Publications, London, 2002.

Watzlawick, P.: *The language of change. Elements of therapeutic communication*. Basic Books, New York, 1978.

————: *The situation is hopeless, but not serious. The pursuit of unhappiness*. Norton, New York, 1983.

————: *Ultra-solutions: How to fail most successfully*. Norton, New York, 1988.

Watzlawick, P. (ed.): *The Invented Reality. How do we know what we believe we know? Contributions to Constructivism.* Norton, New York, 1984.

Weber, M.: *Economía y sociedad. Esbozo de sociología comprensiva.* Fondo de Cultura Económica, México, 1992.

Watzlawick, P., Weakland, J. (ed.): *The interactional view. Studies at the Mental Research Institute, Palo Alto 1965-74.* Norton, New York, 1977.

Watzlawick, P.; Bavelas, J.B.; Jackson, D.: *Pragmatics of Human Communication. A study of interactional patterns, pathologies and paradoxes.* Norton, New York, 1967.

Watzlawick, P.; Krieg, P. (comp.): *El ojo del observador. Contribuciones al constructivismo. Homenaje a Heinz von Foerster.* Gedisa, Barcelona, 1994.

Watzlawick, P.; Weakland, J.; Fisch, R.: *Change. Principles of problem formation and problem resolution.* Norton, New York, 1977.

Weick, K.E.: *The social psychology of organizing.* 2nd ed., Random House, New York, 1979.

Wertsch, J.: *Voces de la mente. Un enfoque socio-cultural para el estudio de la acción mediada.* Visor, Madrid, 1993.

Whitney, D.; Trosten-Bloom, A.: *The power of appreciative inquiry. A practical guide to positive change.* Berret-Koehler Publishers, San Francisco, 2003.

Williams, R.: *Renewable advantage. Crafting strategy through economic time.* The Free Press, New York, 1999.

Wofford, J.C., Gerloff, E.A.; Cummins, R.C.: *Organization communication. The keystone to management effectiveness.* Mc Graw-Hill, New York, 1977.

www.ingramcontent.com/pod-product-compliance
Lightning Source LLC
Chambersburg PA
CBHW072112270326
41931CB00010B/1533